近代租税史論集 1

近代日本の形成と租税

近代租税史研究会 編

有志舎

はしがき

奥田晴樹

本書は、近代租税史研究会がその研究成果を公にする最初の論文集である。

近代租税史研究会は、近代日本における租税について、法制と実態の両面から、外国史との比較も視野に入れて考察することをめざす、関係分野の研究に携わる有志の研究と交流の集いとして、平成一七年（二〇〇五）二月にその活動を開始した。

この「租税史」という視角での研究では、国税と地方税といった租税の体系はもとより、個々の税目について相互の関連にも留意しつつ、その法制の関わる構想・立法・解釈と、それを運用する租税事務（課税と徴税）の実態の究明が、まずもって固有の課題となる。同時に、それらの解明の十全を期するには、行政（政策）や財政との関連、租税立法と政治（政局、官僚、政党）との関係、産業・経済や社会・文化、民衆の動向や心性、学問・思想の動向など、幅広い視野からの検討も不可欠であろう。

このように、近代日本の租税について、さまざまな角度から考えていこう、というのが近代租税史研究会の設立趣旨である。そのため、年四回ほど研究例会を開催し、すでに一五回を重ねている。毎回、一人の報告者からじっくり話を聞き、率直で忌憚のない議論の花を咲かせ、そこから参加者各自が自分の研究の糧となるものを引き出そうとしてきた。そして、この度、その成果の一端を本書として公刊することとなったのである。

本書は、明治初期の租税に関わる問題と、立憲政体成立後の租税をめぐる問題とを扱った、それぞれ五本の論文からなる。さらに、今後の研究課題目録の意味も兼ねた付録として、租税立法を中心とした近代日本の租税史に関する年表（今村千文編）を付した。

本書に収録した各論文について、その内容を簡単に紹介しておく。

佐々木寛司論文は、明治維新期に実施された地租改正によって成立した地租の性格が、かつて議論されたような「地代」や「貢租」ではなく、近代国家に特有な「租税」であったことを立証することで、明治以降の国家を「租税国家」と総括する視点を提示している。これは同時に、近年の研究動向にみられる地租改正後の土地所有を近代的土地所有と了解する認識と対応しており、地租改正の性格を税制と土地制度の両面から明らかにすることに繋がるものである。

徳永暁論文は、従来の研究では十分解明されていない、地租改正事業に先行する壬申地券調査と改租のための地押丈量の実態を、栃木県の茅堤村（現・真岡市）周辺地域におけるそれらの記録である『縉紳録』を用いて、明らかにしたものである。また、その中で地主豪農層などが事業にどう関わり、その作業経験の中からどのような認識や自覚が生まれたのかを分析している。

鈴木芳行論文は、武家地解体と新町形成の関連を明らかにし、かつ一五区別に、政府施設地の偏在状況と明治一八年（一八八五）の東京府統計掛調査にかかる「管内地価調」を分析し、華族・士族・平民などの土地所有にみられる特色を析出したものである。廃藩置県の頃まで東京市中に広大に存在した武家地は沽券税の実施で解体され、九年（一八七六）の「市街地地租調査法細目」により、個別の土地は官民有区分、土地所有確認、地価の設定などが行なわれ、一一年（一八七八）の一五区制発足の頃に確定するに至ることを確認している。

池田良郎論文は、明治一三年（一八八〇）の「地方税規則」改正により翌年から土木費への国庫下渡金が廃止されたことが、府県財政と府県会を中心とした地方政治にどのような影響を及ぼしたかを、一〇年代後半の神奈川県について検証したものである。『東京横浜毎日新聞』に掲載されている「神奈川通常県会議事録」を用いて、甲州街道の道路開鑿事業をめぐる県会での地方税の審議過程を分析し、そこに地方政治状況や地域利害の有り様を見出そうとしている。

牛込努論文は、松方デフレ下において行き詰まりを見せた地租と酒造税を中心とする税制の改革構想を究明している。明治二〇年（一八八七）に所得税が現行税制の改良策として導入されたが、そこに至る過程には、土地所有者の負担軽減と地方費削減問題を課題とする、国と地方を通した税制改革構想が存在した。家屋税や営業税など地方税規則の改正を含むこの構想は、内閣制へ向けた機構改革と地方制度改革のなかで断念され、後の課題として引き継がれていくことを展望している。

大湖賢一論文は、明治初期に欧米から輸入された租税理論の分析の一例として、地方税論についてお雇い外国人カール・ラートゲンの講義録である『自治政講義』を検討している。ラートゲンは、ドイツ国家学に依拠して各国の租税制度を解説し、日本の行政学や法律学が英仏流からドイツ流へとモデル・チェンジする中で官僚層に一定の影響を与えた。しかし、それは地方税や地方制度の理論の紹介に重点があり、日本の地方財政の実態はラートゲンが想定したようにはならなかった、と論じている。

今村千文論文は、初期議会期の地価修正について大蔵省主税局の目賀田種太郎を中心に再検討を試みたものである。民党が提案した地価修正は地価引き上げと地租率軽減であったが、反対にあい地価の引き下げのみを求めるようになり、政府も引き下げのみを行う地価修正計画を立てる。目賀田はこのような安易な引き下げを批判し、地価の根本的見直しや引き上げを含む地価修正を提案するが、ここに目賀田の地価修正の当事者としての真骨頂があると評価している。

関根仁論文は、明治二六年（一八九三）に日本が参加したシカゴ万国博覧会について、①参加準備過程における実業者の役割、②輸出税免除の問題、③日本の出品物と受賞品、という三点から分析を加えている。①では民間の実業者が準備段階から参加事業に関わった状況、②では海外博参加において出品物に課税される輸出税がシカゴ万博を契機として政府内で再検討された点、③では実際に収集された日本の出品物とその評価について検討し、シカゴ万博参加の全体像とその経済的効果を解明しようとしている。

高村昭秀論文は、明治後期の町村財政の動向について分析したものである。当時の町村財政は府県税戸数割の付加税による税収が主要財源であったが、山梨県中野村（現・山中湖村）では林野改租・官民有区分以来の官有地（御料地）払下料の財政上に占める比重も大きかった。その中で、基本財産の造成を企図する部落や下戻請願を行う町村・部落の動向について行政史料を中心に探っている。

奥田晴樹論文は、「町村制」に規律された町村を町村制町村と捉え、その歳入構造を検討し、そこにおける戸数割の税収が果たす決定的な役割を、石川県石川郡野々市村（現・野々市町）と栃木県上都賀郡鹿沼町（現・鹿沼市）を取り上げ、この二つの町村の具体的事例に即して確認している。また、戸数割の賦課資料を分析して、町村財政と明治後期以降におけるその膨張を支えたのが住民の上位階層であることを明らかにし、こうした歳入構造がやがて破綻を免れないことを見通している。

これらの論文は、直截的には近代日本の租税史に関する主として具体的な知見の実証的提示に力点を置いているが、それらによって「租税国家」としての明治国家の相貌の一端を開示しているとすれば、将来その全体像を解明する上での一石たり得るのではないかと思われる。研究の第一着としては、こうした足固めから始めた次第である。大方の叱正を乞い、今後の更なる研究の糧としたい。

近代日本の形成と租税　近代租税史論集1

目次

I　明治初期の租税

一　租税国家と地租

佐々木　寛司

問題の所在

第一次世界大戦の最末期に、近代国家を「租税国家」範疇を用いて明示的に総括した古典的労作、シュムペーター著『租税国家の危機』[*1]が出版された。その後、半世紀近く経過した一九六〇年代の中葉にいたって、この視点を受け継ぎ日本の明治維新に適用した注目すべき研究が現れた。林健久『日本における租税国家の成立』[*2]がそれである。だが、このような試みは当時の学界の関心を得るまでにはいたらなかった。

明治維新を「租税国家」範疇で捉え返すにあたっては、地租改正の検討が不可欠となるが、一九六〇年代までの当該研究の内実は、戦前講座派や戦後歴史学の特有なアプローチに深く影響されており、国家論・戦略論から引き出された「明治維新＝絶対主義の成立」説の結論に基づいて地租の性格を規定したり、原理論・本質論を日本へ直接的に適用（マルクス『資本論』体系の機械的適用）する方法から免れていなかった。[*3]

かかる視座から導出される地租の性格規定は、封建地代（野呂栄太郎『日本資本主義発達史』）、集中地代（近藤哲生『地租改正の研究』）＝封建地代のたんなる形態転化（生産物地代→貨幣地代）、あるいは半封建貢租（平野義太郎『日本資本主義社会の機構』・有元正雄『地租改正と農民闘争』）といった結論が大勢を占めることとなった。[*4]

九〇年代以降になると、地租の性格規定を正面から取り上げる研究は影をひそめたが、地租改正の近代的性格、ないしは地租改正後の土地所有を近代的土地所有と理解する趨勢が一般化した。[*5] しかし、地租改正によって認定された土地所有の性格も、当然のことながら地租の性格規定と分かちがたく結びついており、この土地所有を近代的土地所有と理解する研究者は、地租の性格も暗黙のうちに近代的なものとみなしていることになる。

今日では、地租改正の半封建的性格を云々するような理解はほぼ姿を消し、地租改正の性格を近代的なものとして認識することが研究者の共通見解となっている。つまり、地租に「地代」や「貢租」といった概念を付与する旧来の研究から解放された自由な発想で議論が展開されるようになったのである。

地租が近代的性格を有するということになると、それは近代国家に特有な租税概念で総括することが必要不可欠となる。本章は、かかる視点から地租の性格に焦点を充て、その研究史の陥穽をも振り返りながら、あらためて地租の性格を近代的租税の一つとして位置づけつつ、学界の関心がきわめて薄かった「租税国家」論のもつ積極的意味を確認することを課題としている。

1　租税と地代――『資本論』への視座とも絡めて――

マルクス『資本論』第三巻第四七章「資本主義的地代の生成」[*6]は、地代論のいわば補足的位置にあると云えるが、旧来の経済史学（講座派・戦後歴史学）からは異様と思えるほどの着目をされてきた。それと云うのも、この章において労働地代、生産物地代、貨幣地代が分析対象とされ、それが歴史過程における現実的展開として認識されたからにほかならない。

マルクス系の経済史学は、この章の展開を現実の歴史過程に重ね合わせるかのように、資本主義に先行する封建社会の分析へと適用したのである。ところが、マルクスが当該章で企図したことは、必ずしも地代の歴史的展開過程を現実にそくして検討することではなかった。農業経済学者である渡辺寛によれば、いわば純粋原理的に規定された資本主義的地代を前提として、「それに先行する諸地代形態のなかから、『資本主義的地代』成立の前提をなす利潤発生の契機を探り出すことにあった」[*7]とされている。

と同時に、ここで取り上げられた三つの地代類型は、労働地代→生産物地代→貨幣地代と段階的に展開してゆくプロセスを示したものでもない。その分析基準とでも云うべきものは、個々の地代諸形態のうちに、「利潤成立の契機があるか否か」、つまり、「剰余労働から利潤が分離することによって発生する資本主義的地代の成立の契機があるか否か」[*8]を論理的、抽象的に論述しているのであって、決して歴史具体的に検討している訳ではないのである。

もちろん、当該章が「資本主義的地代の生成」と題している以上、それに先行する歴史的社会が抽象化の対象とされてはいるが、あくまでも「身分的制約関係の強弱という一定の視角から、類型的に整理されたもの」[*9]であって、三つの地代形態がその内部矛盾によって順次に転化しつつ、資本主義的地代へと展開するといった論理構造を採用しているのではない。

旧来の経済史学は、右のような文脈で「地代の生成」章を読み込んではおらず、「歴史と論理の一致」を前提としつつ、三形態の地代序列を歴史的転化の過程として受け止めたのである。つまりは発生史論的な認識である。この理解が通説化されるとともに、地租の性格解釈へと適用されたことで、地租改正研究は隘路へと入り込み、そこからの脱出には多大の時日を労することになった。

右の様な研究傾向が生じた背景には、マルクスの側にも多少の問題があったように見受けられる。純粋原理的な資本主義的地代にあっては、資本家と土地所有者とは身分的に対等な関係において契約を結ぶことが大前提となっているのに対し、マルクスがこの章で資本主義的地代の生成を論理的に検討する際には、前資本主義的な社会を想定せざるを得ないため、身分的な従属関係が導入されることになる。かかる条件の下で議論が展開されたため、あたかも領主制下における地代の段階的転化と誤解される側面があった。

加えて、この「生成」章で用いられる地代概念は、「資本主義的地代」を歴史過程に投影したものであり、一種の類推概念である。本来であれば領主制下の貢租とすべきなのであろう。領主は本来的な意味での土地所有者ではなく、領地、領民を独占した武力を擁しつつ支配し、経済外的強制によって領民から剰余労働を収奪する存在である。領主を土地所有者に擬することも、貢租を地代と置き換えることも、いずれも資本主義的原理からの類推的方法と云うべきであろう。[*10] このような方法が、「生成」章の理解に混乱をもたらした一因でもあった。[*11]

2　貢租と租税

資本主義社会以前に実現される剰余価値の収奪を、地代範疇で捉えることが大きな混乱を招いたことは右に述べた通りである。そこで、この地代範疇として把捉されていたものを領主制下の貢租と読み替え、かつ、その後に展開する資本主義社会における公権力によって徴収されるものを租税と設定し、その両者の区別をこの節で論じておきたい。その上で地租の歴史的性格に言及すれば、事の本質がみえやすくなるであろう。

資本主義社会に先行する領主制の下では、領主は土地（領地）と人民（領民）とを支配するが、その経済的基盤は領民からの貢租収入にある。この場合、土地を媒介とした領主と領民との関係は経済的な貸借関係にあるわけではない。領主は領地経営の一環として領民を身分的―政治的に支配しており、領民の多数は直接生産者として、「彼自身の生産手段を、彼の労働の実現と彼の生活手段の生産とに必要な対象的労働条件を、占有している。彼は、彼の農耕をも、それと結合された農村家内工業をも、独立に営[*12]んでいる。つまり、領民は独立した農業経営を営んでおり、必要労働部分は「自主的に独立して行われ得る[*13]」ということになる。

マルクスは「生成」章においてこの領主を「名目的土地所有者[*14]」と呼び、ここでの剰余労働の収奪はただ経済外的強制によってのみ可能であると指摘している。この経済外的強制をマルクスは、「人的従属関係が、程度の如何を問わず人的非自由が、そして土地の付属物として土地に緊縛されていること」、したがって「直接生産者が非自由者として現われざるをえない[*15]」ものと規定している。これを端的に云えば人格的な支配—隷属関係であり、領主の独占する強力がそれを保証している構造である。

領主によって徴収される貢租とは、この経済外的強制に基づいて収奪される剰余労働のことであり、領主制に特有な割拠性がその分散性、不統一性、不公平性を特色づけている。さらに領主制固有の恣意性が、それに加わる。右のような貢租を中心とした領主の収入体系とそれらによって蓄積された財、つまりは領主の「諸権利の総計[*16]」が家産と呼ばれる。

かかる領主制が衰退してゆく場面は、同時に資本主義の基礎をなす商品経済的な諸関係が成長してゆく過程でもあった。これに対外的危機などが加わることで領主に「共同の困難[*17]」が生じ、近代的統一国家の成立契機となる。

領主制下の貢租の性格に対して、資本主義社会に特有な租税の特質は、それとは対極的な統一性と公平性にあることは周知のところである。資本主義が経済活動の自由と私有財産権の保障とをその体制原理とすることは、領主制にみられるような私的性格を払拭した公権力の成立が要請されることになる。そこに私有財産から分離された「無産国家」成立の背景がある。近代統一国家は、こうして「無産国家」の装いを基に組織されたのである。

その「無産国家」が国土防衛、治安維持の活動を恒常的に営むにあたっては、「資本家的生産の外に立ち、私有財産の果実に公権力的に参与することによってえられる収入、すなわち租税収入によって自らを維持する」[*18]ほかはない。そこでは、地方的に分散した割拠体制下の不統一な貢租や、身分的な差別に基づく不公平な課税等々を廃絶して、国民に対して統一的で公平な課税原則に基づいた租税制度を樹立する必要があった。「租税国家」は、こうした歴史的条件の下で創出された。

したがって、シュムペーターが指摘しているように、「『租税』は『租税国家』という表現がほとんど重複語ともおもわれるほど、深く国家と関連」[*19]しているのであって、近代国家を租税の観点からみれば租税国家そのものであると総括しうるのである。

その近代国家の基における租税の特質に関しては、アダム・スミスが四つの一般原則を指摘している。㈠公平であること、㈡確実であること、㈢支払いに便宜があること、㈣徴収費が少なくてすむこと、がそれである[*20]。諸領主が恣意的に徴収する貢租とは異なり、統一国家の枠組みのなかで国民に対して公平に課税されることが、その最大の特徴と云えよう。

日本においてこの貢租から租税への転換は、地租改正を通して達成されたと云ってよい。そして、そこに租税国家の成立をみるのである。その転換を支えた客観的条件は、土地所有権が社会的に成熟していたことにあった。ここに云う所有権とは処分権（売買・譲渡権）、利用権（占有権）、利益権の三つの根源的要素から成り立っており、本来的に排他的、一元的な特性を有しているものである。このような所有権が土地において広汎に発生することが、領主制を解体し資本主義社会へと移行する基本的な条件となる。次節においてこの点を日本の近世に探りつつ、その終結点としての地租改正の性格について言及したい。

3　貢租から地租へ

近世社会における領主と領民（直接生産者）の支配─従属関係は、土地を媒介として成り立っており、一つの土地に対して領主の領有権と領民の占有権とが、重畳化しているのが一般的であった。この重畳的関係が変質しはじめる契機は、一七世紀後半から顕著になる農業技術の向上とそれにともなう農業生産力の増大であった。それは農業内部における剰余の成立を可能とし、次第に恒常的な剰余の実現をみることになる。かかる条件の下で、土地は剰余を生むものとして利殖の対象となり、地主によるその集積が進められることになる。

近世における土地の権利移動は、土地売買の禁令に規制されているため質地金融として展開していったが、これが事実上の土地売買と同様の機能をはたすことで、直接生産者と生産手段（土地）との分離が進行していった。このことは、直接生産者（領民）による土地の処分と同義であり、土地に対する直接生産者の権利が占有権から所有権へとなし崩し的に移行している事実を示すものであり、他面からみれば領有権の後退を象徴しているものでもあった。

同様のことは、一八世紀以降に具現化する特産物地帯の形成という動向のなかに、穀作強制にみられるような耕作制限が形骸化し、直接生産者による土地利用の範囲がひろがり、そこから商品生産を見据えた農業が広汎化してゆくことになる。いずれも、経済外的強制に基づく領有権の後退を示す事象であると云ってよい。

このような傾向に加えて、動態的な農業生産力の上昇を石高制特有の静態的、固定的な石高では現実的に掌握できないという領主側にとっての矛盾が、時代の進展ともに大きくなってゆく。さらに、領有体制にとっての根幹ともいいうる貢租収入も、例えば幕府のそれなどは一八世紀中葉にピークへと達し、その後は停滞、減少の方向に進んでゆくことになる。多くの諸藩も同様の傾向にあったろうことが推察しうる。この事実の意味するところは、領有権に基づく貢租収奪の弱体化であり、その裏面としての農民的土地所有権の前進である。[*21]

右のような動きを背景として、農民の土地占有権が次第に近似的な土地所有権へとなし崩し的に移行していった。石高制に基づく近世的原理のこのような変質は、一七、一八世紀の交わりあたりから一九世紀後半へといたる長い期間にわたって、かつ地域的な強弱を孕みながら畿内を中心に次第に拡大してゆき、明治維新の地租改正へと到達する。このような視点からみれば、近世後期の貢租は近代的租税の前史としての過渡的租税の性格を色濃くもつようになったとの評価も可能であろう。

幕藩体制から明治維新への転換は、石高制原理に基礎づけられた領主制から国民国家体制への移行であった。その内実は、領主—領民の身分的支配関係が、権利—義務関係を根幹とする国家—国民の近代的関係として編成替えされたところにある。その原点に位置するのが、国民の基本的権利たる所有権保障の対象を土地に設定するとともに、地租を土地所有者の納税義務として規定した地租改正であった。

その地租改正の基本理念は、旧貢租水準の継承、地租負担の公平、地租金納制、土地所有権の公認の四点である。第一に掲げた旧貢租水準の継承が改租理念として設定された理由は、あらためて説明するまでもないことだが、西欧諸外国との対峙を通して統一国家体制を創出する上で、かつ、資本主義システムの導入財源として、是が非でも確保せねばならない水準であった。

第二に記した地租負担の公平は、藩の割拠体制と身分制を消滅させ、四民平等政策による国民創出に対応する租税負担の公平を企図したものであり、第三の金納制は前代からの商品経済の進展の流れに即応すると同時に、新たな資本主義システムに照合させるものであった。第四の土地所有権の公認は、前代ですでに広く形成されていた事実上の土地所有権を、法的に追認するという性格を有している。

右のような理念に支えられて明治六年（一八七三）七月以降実施に移された地租改正は、従来の貢租負担者を土地

図1　地価算定方式

$$地価 = \{(収穫米 \times 米価 - 種肥代 - (地租 + 村入費)\} \times \frac{1}{利子率}$$

上の算定方式の要素のうち，種肥代は収穫の15%，地租は地価の3%，村入費は同1%と設定されているので，大方の府県が適用した利子率6%を用いて変形すると，以下のようになる．

$$地価 = \{(収穫米 \times 米価 - 種肥代 - (\frac{3}{100} \times 地価 + \frac{1}{100} \times 地価)\} \times \frac{100}{6}$$

註)「地租関係書類彙纂」(『明治前期財政経済史料集成』第七巻，明治文献，1963年) 328〜329頁より作成．

所有者へと横すべりさせ、その所有者に地租負担の義務を課したのである。したがって、土地所有者の認定に関しては、一部を除いて比較的スムースに事が運んだ。金納制も地租改正を待たずに事実上の金納たる石代納が大勢を占めるにいたっており[*22]、金納制の機は熟していたと云ってよい。

地租改正に託された現実的な政策課題は、したがって、旧貢租収入の水準確保と地租負担の公平という二つの理念を同時に達成させることにあった。数年間にわたる全国的な地租改正事業の困難は、ひとえにこの点に集中した。つまりは、地価―地租額の決定作業である。この課題克服のためにとられた方式が、各種の等級を段階的に編成する方法であった。地位等級からはじまり、村位、組合村位、郡位等々の等級編成を行うことで、旧貢租水準の継承を図るための概算とそれを基に算出された平均反収を県単位に割り振り、負担の公平に斟酌しつつそれを確定してゆく作業が、二〇、三〇か村を連合させた組合村を中心として進められていったのである。ここでは、右の課題達成のために、郡↓組合村↓村↓一筆といった順番で上から等級が編成されてゆくこととなった。

地租の課税標準は土地収益を資本還元した地価であり、当初はその三%と設定された(明治一〇年以降は二・五%に軽減)。地価の算出方法は図1に示されている通りであり、不十分な点はあるにしても近代的な収益税としての性格を有していると云ってよい[*23]。この地価が決定されるまでには、個別地片を対象とした地押丈量、各種の等級調査、収穫量調査が実施され、地域ごとの米麦価等も調査される。この調査結果を用いて地価が算出されるわけである。

表1　地区別・地目別新旧地租額比較表

地区	改正反別割合			新旧地租額増減割合(A)			同左(B)		
	田	畑	宅地	田	畑宅地	小計	田	畑宅地	小計
東北	57.2	36.7	6.2	−19.4	+27.3	−11.9	− 3.3	+ 52.7	+ 5.7
関東	40.1	51.0	9.0	−28.2	+99.6	−8.6	−13.9	+139.5	+ 9.7
北陸	72.7	21.0	6.3	−14.9	−27.8	−25.0	− 2.1	− 13.4	−10.0
東海	54.1	38.1	7.8	− 2.8	−18.8	− 7.6	+16.6	− 2.6	+10.8
東山	50.0	42.6	7.3	− 9.1	−13.0	−10.3	+ 9.1	+ 4.4	+ 7.6
近畿	72.9	20.5	6.7	−24.8	−27.6	−25.3	+ 9.8	− 13.1	−10.4
山陰	67.6	26.0	6.4	−32.3	+ 6.9	−27.5	−18.7	+ 28.3	−13.0
山陽	64.1	29.7	6.2	−16.3	−20.1	−14.0	− 0.5	− 4.2	+ 3.2
四国	59.1	33.6	7.4	−24.2	−20.9	−23.5	+ 9.1	− 5.1	− 8.2
九州	50.4	42.8	6.8	−32.9	−14.8	−29.2	−19.4	+ 2.3	−15.1
全国	56.1	36.7	7.1	−23.2	− 2.0	−19.5	− 7.8	+ 17.6	− 3.5

註1）拙著『日本資本主義と明治維新』（前掲）428頁.
「新旧税額比較表」〔『明治初年・地租改正基礎資料』上・中・下巻（有斐閣，1953−57，71年)〕より作成.
2）新旧地租額増減割合のA欄は地価2.5%の新地租，B欄は地価3%の新地租を用い，各々旧貢租と比較したもの.

改租事業の過程で全国各地に大小さまざまなトラブルが生じながらも、耕宅地に関しては明治一一年にほぼ竣功し、山林原野も含めれば同一四年にすべての改租が完了する。この間、明治九年にはいわゆる秩禄処分の断行があり、財政支出の三割を占めていた家禄等への政府負担が消滅したが、一〇年の地価三%から二・五%への地租減税を実施したため、旧貢租水準の継承は断念せざるをえなくなった。*24 これらのことを踏まえて、地租改正の結果をみると、表1の通りである。

地租負担の公平という理念に基づいて改租事業が実施されたことを承けて、旧貢租の重い地域は新地租の負担が軽減され、反対に旧軽租地域は負担が引き上げられた。地目別にみても、旧来の田地は畑地に比して貢租負担が過大であったが、地租改正の一般的な結果は田地の減税、関東畑永等の畑方軽税地は大幅増税となった。いずれも、負担の公平を企図した結果である。表1の数値からは、以上のような傾向を読み取ることができる。

土地所有権の保障については、地租改正に先立つ田畑勝手作の解禁（明治四年）、田畑土地永代売買の解禁（同五年）にはじまり、壬申地券の交付（同年〜）を媒介として進めら

表2　歳入に占める租税・地租の比率

	歳入総計		租税収入		地租収入	
	千円	%	千円	%	千円	%　　%
第1期	33,089	(100.0)	3,157	(9.5)	2,009	(6.1／63.6)
第6期	85,507	(100.0)	65,014	(76.0)	60,604	(70.9／93.2)
明治12年	62,151	(100.0)	55,579	(89.4)	42,113	(67.8／75.8)
同　20年	88,161	(100.0)	66,255	(75.2)	42,152	(47.8／63.6)
同　25年	101,461	(100.0)	67,172	(66.2)	35,924	(35.4／53.5)

註）林健久『日本における租税国家の成立』（58〜63頁）の各表に多少の追加と修正を加えていくつかの年度を抽出．地租収入の（　）内左欄は歳入総計に占める比率，同右欄は租税収入に占める比率．

れ、改租竣功によってその認定作業は完了した。地租改正により地券が土地所有権の証となり、その所有権は国家的に公認された。地券面には土地所有者が負担すべき地租額もが記されており、義務（地租負担）と権利（土地所有権）の関係が相即的に設定されているのが、特徴である。この点についてさらに補足すれば、「地租改正事業に託された理念そのものは、国民国家という枠内における権利―義務関係を、一枚の地券のなかに包含することで、実質的に体現された」*25、と云うことができようか。

新たな国家体制の建設に必要な財源が極端に不足している新政府にとって、地租改正は土地―租税制度の改革であると同時に、旧貢租に匹敵する地租収入を確保する手段としても重要な施策であった。表2をみれば明らかな通り、地租収入が歳入全体に占める比率は、第一期（明治元年）は戊辰内乱期の混乱を反映してわずかに六%にすぎないが、地租改正直前の第六期（同六年）には七〇%強をも占めている。同一〇年の減税の結果を承けた耕宅地改租が竣功している一二年には、およそ六八%となっている。地租収入の重さが伝わってくる数値である。*26

結びに代えて

旧貢租負担者をスライドさせて新地租負担者とした地租改正は、財源が農業に頼らざるをえない当時の状況のなかでの選択であり、西欧諸国への対峙を迫られた国際環境からの圧力によるものであった。そうしたなかで、国民国家体制と資本主義システムの導入を企図していた新政府は、旧貢租制度を換骨奪胎して新たな租税制度の核として地租を設定したのである。

そこには、近代的な租税制度の原則とでも云うべき性格が附与され、統一的で公平な負担が資本主義に照応した金納という形態で創出された。同時に地租改正の結果は、安定した租税収入の確保という課題にも応えうるものであった。その意味で、地租改正が近代日本における租税国家の原型を創り出したのであった。租税史的な観点からみても、地租改正のもつ意味はたいへん大きなものであったと云うことができる。

地租を地代ないしは貢租概念で総括するかつての視点からは、右のような枠組みを読み取ることは不可能である。地租を租税の一種として積極的に捉えなおす解釈こそが、地租の歴史的本質を見分けることを可能とするのである。そして、その租税であるが、表2に眼を戻すと歳入総額に占めるその割合は、改租後の明治一二年には九割近くにもおよび、その後の十年代にも八〜七割台を持続している。明治維新がなかんずく地租改正が、日本における租税国家の成立に深く関わっていたことは、この点からも明らかであろう。

註

＊1　シュムペーター『租税国家の危機』（原著、一九一八年／訳書、勁草書房、一九五一年、岩波文庫、一九八三年）。

＊2　林健久『日本における租税国家の成立』（東京大学出版会、一九六五年）。本書に先立って、武田隆夫・遠藤湘吉・大内力『再訂近代財政の理論』（再訂版、一九六三年）のなかで、「租税国家の成立」という用語が登場している。ところで、この「再訂版はしがき」には「林健久君に多くの助力を仰いだ」とのコメントがあるので、この用語が林のアイディアで本書に導入されたと推察して差し支えあるまい。

＊3　拙著『歴史学と現在』Ⅰ二およびⅢ六（文献出版、一九九五年）参照。

＊4　拙著『日本資本主義と明治維新』第三章序（文献出版、一九八八年）参照。

＊5　近年の研究では、奥田晴樹『日本近世土地制度解体過程の研究』（弘文堂、二〇〇四年）、同『明治国家と近代的土地所有』（同成

社、二〇〇七年）が、その代表である。なお、拙稿「書評・滝島功『都市と地租改正』」（『日本史研究』五二〇号、二〇〇五年）をも参照されたい。なお、土地所有の近代的性格に関する筆者の見解の一端は、拙著『日本資本主義と明治維新』（前掲）、同『地租改正』（中公新書、一九八九年）、近年のものでは拙稿「栃木県の地租改正」（『二宮町史研究』四号、二宮町、二〇〇七年）を参照されたい。

＊6　マルクス『資本論』第三巻第二部（向坂逸郎訳、岩波書店、一九六七年）九七八頁以下。

＊7　渡辺寛「『資本論』第三巻『第四七章　資本主義的地代の発生』小考」（『経済学批判』9、社会評論社、一九八〇年）一四二頁。

＊8　同右。

＊9　宇野弘蔵編『資本論研究』Ⅴ利子・地代（筑摩書房、一九六八年）一三五〜一三六頁。

＊10　さらに云うならば、資本主義的地代に先行する本源的地代（労働地代、生産物地代、貨幣地代）は、厳密な意味での経済学上の概念としては成り立たない。そもそもこれらの「地代」が徴収される時代には、一元的、排他的な土地所有権が形成されておらず、土地に対する権利は領主による領有権と、直接生産者に慣習的に分与されている占有権とに分離しており、ここでは地代が発生する根拠が存在していない。したがって、いわゆる経済外的強制に基づいてのみ、その実現が可能なのである。それ故、ここに云う「地代」とは、厳密には「貢租」と呼ぶべきものなのである。

＊11　この「生成」章に限らず、マルクスが『資本論』で展開した歴史分析章は、旧来の経済史学が全面的に依存した箇所であるが、そこにはいろいろと問題点も多い。たとえば、「分業とマニュファクチャ」（第一巻第一二章）における「本来のマニュファクチャ時代」論、「いわゆる本源的蓄積」（第一巻第二四章）で展開された「自己の労働に基づく私有の自己分解」論、「商人資本に関する歴史的考察」（第三巻第二〇章）にみられる「二つの途」論等々、がそれである。右のごとき「歴史分析」章におけるマルクスの史実認識の誤りや論理的不整合などが十分に検討されることなく歴史過程に適用されたことが、無用の混乱を生じさせるもととなったのである（拙著『日本資本主義と明治維新』第一章第一節参照、前掲）。なお、マルクス『資本論』を歴史過程へと機械論的に適用する方法の問題点については、拙著『歴史学と現在』（文献出版、一九九五年）を参照されたい。

＊12　マルクス『資本論』前掲、九八八頁。

＊13　『宇野弘蔵著作集』第八巻（岩波書店、一九七四年）七一頁。

＊14　マルクス『資本論』前掲、九八八頁。

＊15　同右。

＊16　シュムペーター、前掲、一六頁。
＊17　同右、二四頁。
＊18　林健久『日本における租税国家の成立』前掲、三三六頁。
＊19　シュムペーターは、「中世では、公法は私法的契機によって貫徹されていたとか、あるいは、一般に私法だけが存在していたとかいうような表現の仕方は、逆の主張と同様、われわれの思考過程の、許すことのできない過去への投影である」と論じて、「国家の概念は、当時の状態には適用しえないものである」（前掲、一八頁）との、注目すべき発言をしている。
＊20　アダム・スミス『諸国民の富』Ⅱ、大内兵衛・松川七郎訳、（岩波書店、一九六九年）一一八六〜一一八八頁。
＊21　貢租金納化の進展なども、これら一連の動きと大いに関係しているところである。以上の諸点については、拙著『日本資本主義と明治維新』第一章（前掲）、拙著『地租改正』Ⅰ（前掲）、拙稿「明治維新—近代化の第二段階」（『学習院史学』三六号、一九九八年、後に拙編著『茨城の明治維新』文眞堂、一九九九年に再録）等々を参照されたい。
＊22　丹羽邦男『明治維新の土地変革』（御茶の水書房、一九六二年）二〇七頁。
＊23　『大内力経済学大系』第七巻（東京大学出版会、二〇〇〇年）一二五頁、林、前掲、一九〇頁。
＊24　この間の経緯については、拙稿「栃木県の地租改正」（前掲）を参照されたい。
＊25　同右、一一二頁。
＊26　イギリス、フランス等の西欧先発資本主義国における租税構造を、日本の明治維新期のそれと比較した林健久によると、イギリスでは消費税と関税が租税収入の中心であったが、名誉革命後の一八世紀には地租の比重が高まった。それでも消費税と関税の地位は高く、また、地租収入は時代とともに減少してゆく。フランスでも消費税・関税の収入が主柱をなしたが、革命後は地租収入が歳入の半ばを占めるにいたる。しかし、革命政府の主要な収入はアッシニヤ紙幣にあったとされる。プロイセンの税収も関税、生活必需品への間接税が大きく、地租の比重は小さい、と日本との違いを対比的に総括している（林、前掲書、六七〜七〇頁）。日本における租税国家成立の実情は、先にも指摘したように担税者を農民に求める他に術がなかったという、後発資本主義国がおかれた国際的条件によるものである。

二　栃木県における壬申地券調査と地押丈量の実態

徳永　暁

はじめに

本章は、栃木県の壬申地券調査から地押丈量までの実態と、その役務に携わった地域の人々の動向を分析したものである。

近年の地租改正研究は、地租改正によって起きる土地の諸問題を取り上げたものや、地租改正に立法過程と地方統治機構との関連、水利・墓地・林野関係や、都市との関係といった様に多岐にわたり進められている。[*1]

その中、壬申地券の研究については、福島正夫氏が市街地券から郡村地券に至るまでの実施過程および発行過程の全体像を明らかにされた。[*2]ここで、初めて壬申地券調査の全体像が明確になった。それ以降、地租改正の全国的な研究が進められた事により、各県別での実施過程が明らかにされる事となった。しかし、使用される史料が中央からの指令や県からの布達類によるもので、各県がどの様に事業を進めていたのかという段階に留まっている。ゆえに、壬申地券の作業を人々がどの様に遂行していたのかというより具体的な実態については未だ明らかにはされていない状況にある。

一方、栃木県の地租改正研究は笠井恭悦氏によって概観されており[*3]、近年では奥田晴樹氏が関東諸府県の地租改正が減租になっていることの歴史的意味を追求し、地租改正事務局と栃木県令の改租結果に至る経緯を検討されている[*4]。また、本稿で主に使用する『縉紳録』を扱った研究では、まず笛木隆氏の研究がある[*5]。そこでは、『縉紳録』の著者である坂入源左衛門が地租改正にどのように携わっていったのかを検討し、その途上における坂入の動向についても詳述されている。たしかに、動向の全課程を追われているが、等級編成段階における地租改正事務局の専制的な側面を強調されている。そのため、坂入ら地主惣代については政府に屈服していく存在として相対的に描かれている。政府の専制的な側面は見られるが、そのような状況であっても、役務を全うした彼らの意識と行動を評価していくことが重要ではなかろうか。

他にも、事業に携わった人々の動向に焦点を当てるという点で、地租改正研究に重要な指摘を含んでいると考えられる研究をここで挙げておきたい。

高久嶺之介氏は、明治維新から自由民権期を「徐々に「国」が地域に入っていった」時期と捉え、「日本の近代地域史を、国家による「統合」の進行過程のみで把握することは、地域で行政や政治に携わった人びとの主体的活動を無視することになる」と主張し、「地域への「国」の登場」を主体的に受けとめた「人々」(有力豪農)の行動と意識に焦点を当てる必要性を述べている[*6]。重要な点は、第一に地租改正の実施とその完遂を「国家の強制」だけで説明するのではなく、それを可能とした地域と、それに携わった「地主豪農層」(地主総代)に視線を向けることの必要性を述べている事である[*7]。それは、地主豪農層が「国のために行動したのか、地域のために行動したのか」ではなく、地租改正という当該時期の人々にとっての「未曾有の大作業」がなぜ可能であったのかを「国家の強制」で可能となったとするのではなく、それを受けた地域の人々の「主体的な活動」から解き明かすという点にある。

その意味で、従来の地租改正事業の分析とは異なる方法で、地主豪農層をはじめとする地域の人々が地租改正事業にどのように携わったのか、という問題を掘り下げていく必要があると考える。

これらの事から、栃木県の事例として壬申地券調査から地押丈量までの実態を具体的に明らかにすることを第一とする。同時に、その事業に携わった地域の人々の動向を追いつつ、その人々が作業を経験したことでどのような認識や生まれるのか、またどのような獲得が見られるのかに迫っていきたい。具体的には、栃木県芳賀郡茅堤村（現真岡市）で名主を勤めていた坂入源左衛門を採り上げ、彼の書いた日誌『縉紳録』から探ることとする。*8

坂入は、一八四七年（弘化四）年茅堤村の名主の家に生まれ、村用掛や第三大区二小区の副戸長を務め、一八七五年（明治八）一〇月から栃木県の地租改正が始められると、地主総代に選ばれ芳賀郡の地租改正事業に従事していく。その中、一八七七年には大小区地主総代の互選で県の地位等級比準鑑定委員に選ばれる。そして、一八七九年二月に地租改正事業が終了し、翌年四月に芳賀郡での県議会議員選挙に当選している。しかし、同年一二月には肺結核の為に病死する。*9

1　壬申地券調査

地租改正の末端で事業を遂行していく坂入らの動向を見る場合、その前段階である壬申地券調査を見なければならないのは当然である。本節では、壬申地券調査というものがいかなる調査であったのか、そしてその調査で坂入らにどの様な動向が見られ、そこでどの様な経験をし、何が芽生えたのかを第一に探っていくこととする。

坂入の居住地域であった茅堤村（現真岡市）は、鬼怒川左岸の真岡台地に位置し、伊勢崎村、小橋村、下大沼村、長田村と接している。

宇都宮県の壬申地券調査は、一八七二年三月に開始した。[*10]『縉紳録』の記載は一八七三年三月一八日から始まっている事から、宇都宮県の壬申地券調査が始められて約一年後からの記録という事になる。そして、茅堤村へ壬申地券が交付されるのは同年九月二二日であり、壬申地券調査終了は一八七四年二月一七日であることが確認される。日誌の最初の記載日である一八七三年三月一八日から一ヶ月後、宇都宮県から壬申地券調査に関する「地券取調方規則」の達しが出される。[*11]その作業手順内容は

①耕宅地を一筆ごとに測量して、それを記録する「野帳」を作成すること。

②これを、検地帳・名寄帳・割付帳とつき合わせて、絵図を作成すること。

③そして、絵図を元に「一筆限帳下帳」を作成すること。

④次に、巨細の検査を受けること。

⑤後に、「請書」を作成して、最終的に惣代・地租改正担当人立会いの下で、戸長の検印を貰うこと。

⑥そのほかに、「地券願帳」を作成し、絵図面と共に提出すること。

という手順の下で作業を行っていく。壬申地券調査・交付とは上記のように、各土地の面積を測量する事と絵図を作成する事、そして、各土地の面積を記載した帳面と各土地の地券願いを記載した帳面を作成する事である。

この作業を行っていく上で宇都宮県は、河内郡宇都宮、芳賀郡真岡・市塙、塩谷郡鷲宿、那須郡福原に地券取調出張所を設け、ここに県の官員を派遣して地券事務を担当させた。また、県の官員の他、地券事業推進のために民間から起用した「附属」の人物を起用し事業を推進させた。[*12]そして、実地にあたっての測量は村の惣代人が行う事とし、その上で一筆毎の照合・確認作業を小区の戸長・副戸長が担当する事とした。

茅堤村の惣代人であった坂入は、壬申地券調査が始められると地券調査担当人なり、一八七二年五月二四日には第三大区二小区の副戸長となり事業を推進していった。また、地券が交付されてから壬申地券調査が終了するまでの間、

坂入は県の地券校合係に就いており、各地券の確認作業を行っている。

では、坂入の記録から壬申地券調査の内容と彼らの動向を見ていくこととする。

【史料1】[*13]

三月廿日

小橋村へ罷出、分間仕方相考へ並ニ磁石ヲ以凡方角相附弐筆三筆相試候得共、何分面倒ニ御座候間、明日寺内江罷出、右雛形写し并ニ方儀拝借之趣申入候積りニ而同日夕方引取。

三月廿一日

小橋村へ罷出へく与存道迄参り右村弥平ニ逢候ニ付、只今より寺内村江右道具拝借ニ参り可申哉之旨相談致し候所、定而寺内村ニ而も御入用ニも可有之。もし又破し候節者不容易候ニ付、如何様ニも致し道具工夫致し拵へ候方可然哉之旨相談致し、左候ハヾ兎も角も真岡村へ罷出建具屋へ申談し候方可然与存候ニ付、両人ニ而早速真岡村へ罷出、田町根小屋国次江申談候所、何ニも取掛り可申趣ニ而引取同日午後弐字頃引取。

同日昼者小橋弥平親類田町豊田利平宅ニ而馳走ニ相成、両人ニ而源一郎宅へ帰り、右針盤ニ相成り候木ヲ見付右国次方江弥兵衛方より届呉候筈。且明日者弥平同道致し宇都宮江磁石其外道具買ニ参り候筈ニ而引取。

明治三《六》酉三月二十二日

宇都宮江行相尋候得共、何ノ家ニも磁石無之、針屋与申家ニ見当リ気ニいり不申候得共、無拠買求夜の八時頃

帰宅仕候。

明治三《六》年三月廿三日

真岡町へ弥平一同罷出候所、右細工人養父横田村勇次死去致し候趣ニ付、差支之由ニ而明日二十五日ニ細工致し候筈。同日経師屋東平へ分度規裏打ヲ頼、荒井屋廣吉方ニ而標の旗ニ致し候白赤の木綿切ヲ求候也。

このように、壬申地券調査を行う際、坂入らは土地調査に必要な測量道具を買い求めているのである。これは、宇都宮県が達した「地券取調方規則」には測量についての具体的な指示・方法が一切述べられていないことによる。そのため、土地調査のための必要な道具は自らそろえなければならず、測量方法については坂入ら自身が言っているように「分間仕方相考え」なければならない作業であったということがわかる。

土地測量の為の必要な道具が揃い、測量を開始するのは三月二六日からとなっている。測量は村内外の者を合わせて、七人を一つのグループで行っており、村内の一つ一つの土地を測量・記録・確認している。一通りの測量・確認作業は約一ヶ月間に渉って行われ、その後は各土地の絵図作成や測量改めの作業に移行していく。

【史料2】[*14]

明治六年四月十五日

雨天（中略）昼後源一郎壱人ニ而尚又再調仕候処、五拾七番之方角ニ少し違ひ有之ニ付、相直し筋ヲ引参り候得共、末ノノ止リニ而三四分直り候迄ニ付是非共地蔵堂大標へ繋ヶ取より外有之間敷与存候也

【史料3】[*15]

明治六年四月廿日

小橋弥平参り拙者両人にて絵図面相認メ不都合之廉々見直し候心得ニ御座候也

三月下旬から測量を開始し、全体の測量を約一ヶ月間で一通り終え、四月中旬からは傍線部のような絵図面の作成や測量のやり直しの作業が中心となっている。この作業は、壬申地券が交付される九月段階まで約三ヶ月間に渉って続いている。日記の中で注目されるのは、【史料2・3】のような改め直した土地を、再改めや再三改めと一つ一つの土地を何度も繰り返し調査している点である。これも、前述のように測量方法について具体的な指示が無く、初めての経験で試行錯誤しながら行っていたためであろう。以上のような作業を続けていく中、測量に関する問題につい

て、彼らの中でその解決案を見出している。

【史料4[*16]】

明治六年四月廿二日

拙者少し不快ニ候処長文之廻状参り写取候ニ付絵図面ニ不掛ラ、夕方縄ヲ延縮ヲ不残相改メル。

【史料5[*17]】

明治六年四月廿五日

東沼村惣代小菅良平分間仕諸方聞合ニ参り候間、当村ニ而仕候趣相咄し候。尤右村方ニ而も昨日横田村副戸長横田留十郎立会、東沼横田両村之境ヲ分間仕候野帳十二支之度数者相定メ候得共、図面ニ纏メ候手段不相知候趣ニ御座候。其節之咄しニ水縄之延縮は糸巻江からみ候節右巻左巻与かわなくからみ候得者延縮無之由良平より承り候。

前者の史料で測量に必要な縄の伸び縮みを直しているのは、再三にわたって測量改めが行われたことによるものであろう。それと同時に、それだけ作業が困難を極めたことを物語っていよう。後者の史料はその対処についてであるが、傍線部からも分かるとおり、自分たちの間で作業方法についての情報交換を行いながら、自ら問題解決し作業を円滑に行おうとしていたのである。

このように試行錯誤しながら土地調査を行っている中、県の検査官からの督促があった。

【史料6[*18]】（筆者註――明治六年五月六日）

（中略）右ニ付朝早ク小橋村へ罷出候所、未タ支度出来不申候ニ付、同村舘弥六、大森滝蔵、高橋辰五郎三人相頼、同村表通り之田畑之内土手ヲ再分間致し、午前十一時頃真岡町江罷出候所、権田権少属様、浜野喜太郎様ヨリ、其村方者絵図下帳共出来候哉之旨御尋ニ付、未タ出来へ不申日々精々仕候得共、無人ニ付行届不申旨申上候

所、精々即日成功相成候様可致旨被御申聞候。且拙者事早々ニ寄、繁多ノ砌者書記御雇被御申付哉之旨御談ニ御座候。且地券取調江者惣代ト加判可為致之御達ニ御座候。

史料中の権田（等）と浜野喜太郎という人物は、前述の県から派出された検査官である。再三、絵図の書き直しや測量の見直しを行っている中、県官からの督促を受けながら、彼らは作業を続けていかなくてはならなかった。「作業人数が足りずに行き届いていない状態であっても、絵図の下書きを即日提出せよ」というように、作業の進行状況に関わらず、県官からの強い督促を受けていたのである。

これら一連の流れを見てくると、作業のありようとして、次の二点が見えてくる。第一に、坂入らにとって土地調査自体が初の経験であったにもかかわらず、県からの具体的な測量方法の提示が無く、日々彼ら自身で試行錯誤しながら行っていたこと。第二に、再三の土地調査を行わなければならないほど正確な測量が要請され、それは時間との格闘でもあったことである。

彼らはこのような作業をほぼ毎日休むことなく行っている事が日記より確認される。昼は実地測量、夜は絵図面等の作成というように、丸一日作業にあたっていたことから、日誌の中には時折「源一郎不快ニ付休ミ」[*19]というような記述も散見できる。

このような激務を経て、一九七三年（明治六）九月二二日茅堤村の地券が交付されることとなる。その後、坂入らは栃木県の地券校合係となり、一つ一つの地券を確認し取りまとめる作業を進め、一八七四年二月一七日になって、ようやく壬申地券調査を終えることになった。

ここでは、壬申地券の具体的作業と、それを遂行していく坂入らが壬申地券調査にどの様に携わっていったのかを追い、それがいかに激務であったかをみてきた。その激務を経て、坂入らは壬申地券（土地所有権）を得ることとなる。しかし、私は彼らの得られたものが土地所有権に留まるものではないと考える。

それを探る手掛かりの一つとして、次節では、坂入らの土地調査が終了した後の一八七三年（明治六）九月一四日に、坂入が書き残した壬申地券調査についての感想に注目し、その内容の検討を通して、本節で見てきた彼らの壬申地券調査における経験を跡づけてみたい。そうすることで、彼らが壬申地券（土地所有権）という「権利」以外に、どのようなものを得たのか、あるいは何を新たに認識したのかという点について明らかにしていく。

2　壬申地券調査で得られた自覚

前述した坂入の壬申地券調査の感想を次に掲げる。この感想は、最初に書かれた段階から、何度か削除・修正がされている。①と②と二つに分けている内、①は最初に書かれた原形であり、②は削除し再度書き加えられ、最終的な形となったものである。②で文字上に網がかかっている部分が新たに書き加えられた部分である。ここでは②を中心に見ていくこととする。

【史料7[*20]】

①右之条々朝ニ暮ニ不滞りなく右調置べし。請按するにさし止め検地の古きは「自」《(挿入)》慶長元和寛永に至り、其新敷は享保延享明和至り、村里に検地帳ありと雖も、悉ク実地ニ引合不申有共無がごとくなるあり。又水火の難にあい「又紛変して」《(挿入)》失がるあり。又紛乱してなきあり。適其古しへヲ悉ク書残し其子孫も又其志しを継ぎ絶えたるをなげ廃れるを起し「夏秋蚊帳壊の難を凌ぎ」《(挿入)》弐百有余年の古しへを眼前に見るあり、嗚呼誠に暮に堪たり感ずるに絶えたりあり。古語に曰後世之見今猶今之「見」《(挿入)》古見と云り方今七百年来未曾の大変革にして改正の際ニ至り、其精神を尽すはその時ニ生く人の素より天命にして私になすにあらず、此時に当り姑息の人情に移り一日の安きを愉しみ終に「今般」《(挿入)》数百年の「誤りを残し」《(挿入)》紛紛たる地券を不顧は何事ぞや歎ても尚あまりある事な

るべし医書ニ曰精関一度誤れは美ひ百度起こる祖此理に近し、明倫正名而治国家「一世」(挿入)亦古ノ神ノ法皇朝古ノ神世中奥仁徳延暦ノ聖代若「キモ」(挿入)西土唐虞三代之治教ノ書有テ、而後今世ノ人知之今方今村里の形勢数百年の後に知る者何ぞや、書籍にあらずして知る者なし故に各其精神を励まし後世ヲ慮りて改正怠りなくして諸書簿ヲ書残す至置べし、已後もまた其志しを然りといへども「素ヨリ」筆の道に拙く又心も及ばずして其正しきに等至らさるを憐れむ歎くといへとも、且又是又天命にして「私の及ぶ処にあらず。願クは其の志しを継ぎ歎(カ)けたるを補助して数百年の後世までの春夏秋帳表帳壊の難を防ぎ、「庫櫃ニ」(朱書)備へ之至ん事を希而已。時に明治六年秋八月中三日第三大区二ノ小区副戸長坂入の道君つ、しんて記ス。

②請按するに有之、検地「自」(挿入)慶長元和寛永享保延享年間に至ル。村里に検地の帳簿ありと雖も、悉ク実地合曖昧なるも「の」(挿入)多有これ、先ツ申有共無がごとくなるあり。或者水火の難にあい「又紛擾して」(挿入)失るあり。適其後世を慮りしヲ悉ク書残し、其子孫も又其志しを継ぎ、絶えたるをなげ廃れるを補ひ「夏(挿入)秋表帳壊の難を凌ぎ」弐百有余年の古しへを眼前に見るあり。嗚呼誠に其事迄恍如在目追感往事殆不勝精事ヲ飛シ往ニあり。古語に曰、後世之見今猶今之「見」(挿入)古。と云り。方今七百年来未曾有の大変革にして改正の際ニ至り、其精心をを尽すはその時ニ生く人の素より天命にして私になすにあらず。此に秋当り姑息の人情に引れ一日の安きを愉しみ、終に「今般」(挿入)数百年の「誤りを残し」(挿入)紛紛たる事件を不顧は何の心ぞや、歎ても尚あまりある事なるソや。医書ニ曰、精関一度誤れは美ひ百度起こる租、此理に近し。明倫正名而治国家「一世」(挿入)皇朝古ノ神世中奥仁徳延暦ノ聖代若「キモ」(挿入)西土唐虞三代之治教ノ書有テ而後今世ノ人知之。方今村里の形勢数百年の後に知る者何ぞや、書にあらずして知る者なし。故に其精神を励まし後世ヲ慮りて窓下□硯を洸し禿ノ筆を揮て諸書簿に備んとす。されど「素ヨリ」筆の道に拙く又心も及ばずして其「全備せざるヲ」(朱書)なりざるを歎く。然りといへども是亦天命にして及ぶ処にあらず。願クは志しを継ぎ歎(カ)けたるを補助して数百年の後世までの夏秋表帳壊の難を防ぎ、「庫櫃」(朱書)

ニ」備へ之置ん事を希而已。時に明治六年秋八月中三日第三大区二ノ小区副戸長坂入の道君つゝしんて記ス。

訳すと「検地は慶長より始まり元和、寛永、享保、延享年間に至るまで行われてきた。各村々に検地帳が残されてはいるが、実地に合わせると悉く曖昧なものが多い。これは、水火の難や紛擾して、詳細が不明となっているのだろう。また、後世のことを思い、各土地を悉く書き残し、その子孫も志しを継ぎ、補ってきた。その二百有余年の過去を眼前に見ると、如何にいい加減にしてきたか、またその帳簿が如何に不便なものであったかを感じる。古語には、後世の人々がこれを見る時、今ある姿をありのままの過去としなければならないとある。まさに今、七百年以来未曽有の大変革の改正の時に至る。その精神を尽くすのはその時代に生まれた人の天命である。この時に、姑息の人情に引かれて一日の安楽を楽しみ、数百年の誤りを残し、それを顧みないのはどの様な心だろう。歎いてもまだあまりある事だ。（中略）現在の村里の形勢を数百年後の人々が何によって知るだろうか、書物以外には知るものはない。そのため、精神を励まし後世の事を思い、硯を汚し筆をふるって諸書簿を備える事とする。しかし、筆の能力が無く、心も及ばなく完全に備える事が出来ない事を歎く。しかし、これは天命であり自分が決める事ではない。願うならば、この志しを継いで欠けてしまったものを補って、数百年の後世まで残していってほしい。」となろう。

この感想で第一に着目したいのは、冒頭にある「「自」（挿入）慶長元和寛永享保延享年間に至ル。村里に検地の帳簿ありと雖も、悉ク実地ニ合曖昧なるも「の」（挿入）多有之、先ツ有共無がごとくなるあり。」という部分である。これは、壬申地券調査を経た坂入の率直な感想といえよう。土地の調査を一つ一つ把握した上で、従来の（近世以来の）検地帳と照らし合わせたときに、如何に今までの土地調査が曖昧で杜撰であったかを、壬申地券調査を通じて思い知ったのである。

その上で坂入は、「方今七百年来未曽有の大変革にして、改正之際ニ至り。其精心を尽くすは、其時ニ生く人の素より天命にして私になすにあらず。」と述べ、明治という現在が、これまでの武家社会が大きく変化した事を感じ、その「大変革」の一環である壬申地券調査を請けおい尽力するのは、その時代に生まれた人の「天命」であるとしている。これは、壬申地券調査および今後の地租改正事業に携わる自らの存在（位置）を「大変革」という時代状況のなかに見出している様子が読みとれるだろう。そして、彼は「此秋に当り姑息の人情に引れ一日の安きを愉み、終に「今般《（挿入）》」数百年の「誤りを残し《（挿入）》」紛紛たる事件を不顧は何の心ぞやても尚あまりある事なるソや。」と述べ、今回の事業（壬申地券調査および今後の地租改正事業）に対する取り組み方、換言すれば、後世に誤りを残さないよう事業に尽力し、正確に土地調査を遂行していくことを自覚するに至るのである。

　彼がこのように自覚するに至ったのは、何よりも壬申地券調査が成功裏に終わったことが大きいだろう。この点については、次ぎに掲げる史料をみてみたい。

【史料8*21】

明治七年二月十三日

地券調御出張引き上げニ而御名残の酒宴あり。其の時の送別并ニ辻膳の詩歌あり

（中略）

栃木県権少属

権田等

元伊王野鮎ヶ瀬氏の産ニ而大田原藩へ養子江成、今栃木県へ出勤也

同県等外三等

浜野喜太郎

是者三軒在家村之農ニ而宇都宮県より副戸長ヲ被仰付後、地券附属被仰付外等外三等ニ被仰付、続而栃木県へ出勤也

出張所
同県地券調附属
真岡台町　飯山半平
同県出張所
校合方
若旅　松本大八郎
同
茅堤　坂入源左衛門
同出張所
書記長
真岡台町　廣瀬依志
書記
東郷　柳庄九郎
同
大嶌　細島全次郎
同
八木岡　島田省三
同　徳太郎
以上

送別
久かたの月の光を隔てぬにま見えんことを祈りぬるなり
折ふし雪ふりはれす
~~由雪のふれる是の夜の~~
白雪のふれる重飯のひとりねに
枕のちりを払ふ北風
また地券の官員方は二月十四日御引揚ニ成、跡の用向者迚悉皆廣瀬依志与拙者へ御申付ニ相成、二月十七日迄掛りて栃木県へ荷物等夫々運送致し悉皆用向相済候ニ付明治七年二月十七日真岡出張所ヲ引払宅仕候事

第五大区弐小区
芳賀郡
茅堤村
坂入源一郎

これは茅堤周辺地域の壬申地券調査が総て終了した後の一八七四年二月十三日に開かれた、酒宴・歌会について記された史料である。この酒宴・歌会が誰の主導によって行われたのかは分からないが、注目したいのは、その参加者の顔ぶれである。中でも坂入や松本大八郎など壬申地券調査に携わった者達数名のほかに、県官側から権田等と浜野喜太郎の二名が出席している点である。権田等と浜野喜太郎は前節でも見てきたように、坂入らに対し地券作業の督促を行っていた立場の者たちである。

確かに、坂入は自らの土地調査が終了した後、交付された壬申地券の確認作業を行う県の地券校合係に就き、県官の下で作業を行う役職についている。この点からすれば、壬申地券調査終了後に彼らの間で開かれた酒宴は特別な事

ではないかもしれない。

しかし、坂入らとそのような立場にあった権田らとの間で、「名残の酒宴」が催され、送別の歌が送り交わされている点に、両者の間に育まれた一体感と、今回の壬申地券調査に対する達成感を読み取ることはできるだろう。この点は、前節でみたように壬申地券調査という作業が激務であったからこそ、より大きなものとなって彼らの中に表れたと思われる。


ここまで見てきたように、壬申地券調査を経た坂入のなかには、今回の事業（壬申地券調査および今後の地租改正事業）に尽力する事や、以前の検地帳が如何に杜撰であったか、そして誤りであったかを認識し後世に誤りを残さないよう正確に土地調査を遂行していこうとする自覚が芽生えていた。それは、今回の事業に取り組む姿勢、換言すればどのように携わるべきかという作業を担う者としての自覚が形成されたのと、同時に時代とどのように携わるべきかという、自身の立場（主体）が形成されたことをも意味するのではないだろうか。次節では、地租改正作業段階に入り、そこでの彼らの動向を追うと共に壬申地券調査の経験がどの様に結びつき活かされるのか、また「地主惣代」に任命され、事業上の立場が変化したことにより、坂入のなかでどの様な意識変化がみられるのかを見ていく事とする。

3　地押丈量段階

地租改正法は一八七三年七月に公布されているが、当該期栃木県では壬申地券調査を行っていたために、改正事業は一八七五（明治八）年十月から開始された。

地押丈量についての調査内容は以下。[*22]

①最前交付した地券は人民に所有権のみを与えていた／面積についての調査方法は統一されておらず／具体的には検地帳を元にしているために現況の詳細な実地面積とは言えない／更なる正確な調査が必要とされるため、まず地押丈量を第一段階に行う。

②その作業は各区の正副戸長・用係や「小前ノ内ヨリ改正担当ノ者相選用係一同協力可致、依之各村大小ニヨリ十人迄ヲ限リ適宜ニ民選」された者が担当して行う。

地押丈量の一連の流れとしては、②の人物達で行われた土地調査の結果を「野帳」に記し、同時に「切絵図」を作成する。そして、「野帳」を清書した「清野帳」と土地面積を記した「歩詰帳」、切絵図を基にした一村絵図を作成する。「歩詰帳」を作成した段階で地主総代が五～一〇筆の実地検査を行う。その検査を経て、認定・再修正した土地等も含めた形で、地番、地種、畦畔、持主、面積を記載した「地引帳」を作成し、それを基に県の官員が一筆ごとに検査・確認し、合格が出されて地押丈量作業が終了する。

地押丈量期の坂入の日誌は、作業の開始（一八七五年一〇月）から八ヶ月後の一八七六年五月二九日からの記載となっており、坂入はこの時「地主総代」になっていることが確認できる。

地主総代の主たる任務内容は、①各村から出来上がった歩詰帳の検査、②区内の巡回・実地検査であった。壬申地券調査段階での坂入は、一つ一つの土地を調査する側であったが、地租改正事業期に入ると、村々の巡回や帳簿の検査等を行う側に立場が変わったのである。

本節では、地租改正事業に入り、坂入が「地主惣代」に任命され、事業上の立場が変化したことにより、彼のなかでどの様な意識変化がみられるのかをみていく。

㈠　管内の実地調査

五月二十九日以降の坂入の行動は、日誌に「横田村　実地丈量済坪上ニ始ルト云」や「大嶋村　同日丈量今五七日も可掛ト云」と記しているように、担当管内である第二大区六小区の各村々を巡回し、その進行状況を確認する作業が中心となっている。この各地を転々とする巡回作業は七月初頭までの約一ヶ月間続けられている。巡回作業を進めていく中で、各村から徐々に完成される「歩詰帳」を基に村々の各土地を照らし合わせ確認する実地検査も行っている。それが以下の史料である。

【史料9】*23

○明治九年七月六日
　石嶋村実地検査
　　　　　　　　　　　　松本大八郎
　　　　　　　　　　　　松本宗内
　　　　　　　　　　　　坂入源左衛門
同日同所出立寺内村ニ相越、実地一弐ヶ所相試候。同昼ハ大雨ニ相成候ニ付、引取両松本者隣村ニ付居村へ帰リ拙者ハ久保三八郎宅へ泊ス
○明治九年七月七日
寺内村実地検査ス
同所ニ而昼午後四時江至リ、様子相尋候所実地内検査相願度由ニ付、明早朝ニ副戸長横松要七宅ニ而出会候筈ニ而同日夜別候事

表1　坂入の管轄していた各村

壬申地券時	地押丈量時
下大曽村，上大曽村，若旅村，寺分村，中村，上大沼村，大沼村，下大沼村，加倉村，長田村，柳林村，勝瓜村，茅堤村，伊勢崎村，八木岡村，下高間木村，西高間木村	鷲巣村，西大島村，大道泉村，上江連村，大田村，青田村，古山村，程島村，長嶌村，下大曽村，上大曽村，堀込村，砂ヶ原村，上谷貝村，谷貝新田，若旅村，寺内村，石嶌村，谷田貝町，大和田村，中村，粕田村，寺分村，上大沼村，大沼村，柳林村，勝瓜村，長田村，下大沼村，加倉村，茅堤村，八木岡村，小橋村，伊勢崎村，大根田村，阿部品村，桑ノ川村，鹿村，高田村，反町村，根小屋村，水戸部村，三谷村，阿部岡村，物井村，沖村，横田村，東沼村，西沼村東大島村
17ヶ村	50ヶ村

注）『栃木県史料　史料編・近代一』122頁と『縉紳録』161～163頁までを参照に作成．

○同八日三人にて中村実地ヲ試験ス取調候所、不都合有之候ニ付再
調致候
夜十二時ニ至リ引取同日晩、松本大八郎殿宅へ泊ス

壬申地券調査段階の坂入は、自村の土地調査をして、検査を請ける側の立場にあった。しかし、地主総代となった立場では土地調査ではなく、各村の巡回と実地検査という役務に就いたのである。それに加えて、壬申地券調査段階では近隣の村程度であった作業範囲が、第二大区六小区全体（全五ヶ村）へと広がりを見せたことにも注目しておきたい。*24

㈡　地租改正事務局員の検査

次にあげる史料は、一八七五（明治八）年三月、中央が設置した地租改正事務局の局員と坂入が実地検査をした時の史料である。

【史料10】*25

一、同廿九日（七月―筆者註）
七八小区　佐藤茂十郎　鯉渕嘉平太
此日午後一時頃、本省官員為実地御検査佐藤信哉金田（小寺）某給部
村へ　御出張ニ付、地主総代一同拝見与して罷出ル
同日晩、村々検査請与して罷出候ニ付、手分ヶ之上給部村ヨリ
引別れ候事

右給部村ニ残リ候人

権田等　田中主一郎　杉田官一郎　飯塚直四郎

松本宗内　永山弥四郎　松本大八郎　佐藤茂十郎

（朱書）「出張所滞在」

鯉渕嘉平太　飯塚弥平　茂垣茂　古内武治平　坂入源左衛門

右、同日ヨリ同三十日まで給部村御検査相成候所、何分不都合有之御調直し被　仰付候趣ニ候事

御検査之形勢悉ク厳重ニ而実ニ恐縮之様ニ候事

最初の下線部にある小寺（成蔵）とは、地租改正事務局員である。ここでは、坂入が事務局員をどのような眼差しで見ていたのかという点に注目したい。史料後半の下線部では、坂入に対し事務局員が再検査を命じているが、それに対し彼は「御検査之形勢悉ク厳重ニ而実ニ恐縮之様ニ候」と述べている。この事務局員の指示は、決して土地の収穫量を上げるというものではなく、検査方法の「厳重」を求めたものである。その方法に対して、彼は「実ニ恐縮之様ニ候」と述べているのである。この「恐縮」という点に、彼にとって事務局員の検査方法がかなりのインパクトを持つものであったことが示されていよう。そして、この事務局員の検査に同行した後の坂入の行動に変化が見られてくるのである。

㈢　村々への督促

同年七月二十九日以降、坂入ら地主総代は、茅堤村の隣にある祖母井村に設置された回在所での事務処理が主な任

務となっている。
地押丈量作業は一九七六（明治九）年中に終了させることが県より通告されている。この時期は、ほぼ終了時期にさしかかっていたが、坂入の日誌には未だ「地引帳」等が提出されていない村への督促状関連の記述が多い。次の史料はそのうちの一つである。

【史料11[*26]】

第二大区六小区

加倉村

右村方地租改正日限追々延期ニ付、回在所へ罷出可取調旨過日相達シ、去月廿六日着之旨届出候得共未タ成頓之趣不申出候間、相尋候所不在之趣ニ有之何時何等之事故ヲ以帰村致候~~哉も不相訳、剰未タ納帳ニ~~《ス之由ヨリ》も不致ヲも不相届、剰帰村~~致候段~~《数日ヲ打過ス之段》、如何之心得方ニ候哉。情実御取糺之上、正副戸長担当人一同早々申出候様、御達被下度右之段可相達旨被　御申付候条此段申入候也

地租改正　祖母ヶ井回在所詰

地主総代

九年九月廿日発ス

第二大区六小区

区務所

御中

【史料12[*27]】

九月廿九日

加倉（村—筆者註）

右村方尋候義〔過日出頭可致旨〕有之候条此状相達候所、未タ出張之趣不届出何等之筋ニ候哉、不都合之事ニ候条此状披見次第一同
出張可致候段、相達候也
此書状申入候之陳者、別当区内村々之義、予メ成功之際ニ至リ残村々之義者当回在所元ニ罷出取調候筈之所、別
紙村方ニ限リ成功之趣も不届出、且出張も不致不都合之至リ最早各区七八分成功ニ至リ手後之村方者回在所元へ
罷出日夜勉励之折柄ニ候得者、右之段篤与御達被下早々出頭相成候様宜敷御取計之義御依頼申上候也

地租改正
回在所詰
地主総代

二大区六「小」（挿入）区
区務所
御中

終了間際になっても、地押丈量が済んでいない加倉村に対しての出頭要請である。差出は「祖母井回在所」となっており、あて先も坂入の管轄内であることから、坂入から出されてものであることは確かであろう。

この加倉村以外にも、同様の督促が各村に出されており、また実地の再調査を要請する文書も多く出していることが日誌から確認できる。

ここで注目したいのが、各村への督促や再調査の要請が前述した地租改正事務局員の登場以後に見られる、ということである。もっとも、督促自体は地押丈量の終了時期が近づいていたためとも考えられるが、実地の再調査の要請が多くなされている点は、検査する側の立場としての姿勢がそれ以前にも増して強化されていることを表しているといえないだろうか。そこには、事務局員の検査方法が如何に「厳重」であったかを感じ、それまでの自身の検査方法

を改めた坂入の意識変化が指摘できるのではないかと考える。事務局員の「厳重」な検査方法を目の当たりにして、壬申地券調査段階で得た正確な土地調査への希求がさらに強化されたものと考える。

まとめにかえて

壬申地券調査から地租改正の初段階までの流れを追うと共に、作業を行っていく坂入らがどのように行動し役務を遂行していたか、またその中でどのような意識変化が見られるかを検討してきた。まとめると、壬申地券（土地調査）は坂入らにとって初めての経験であったが故に、道具を買いそろえ試行錯誤を繰り返し、日々昼夜を徹して行わなければならないほどの激務であった。それほどの激務であったからこそ、感想の部分で見たように坂入の中に事業へ取り組む姿勢、換言すれば作業を担う者としての自覚が芽生えた。また、それが地押丈量期における事業上の立場変化や、地租改正事務局員との接触を通して、より強化されるようになったことを見てきた。

また、このような意識面とは別に彼らが身につけた経験について述べておきたい。壬申地券では、自村隣村の土地調査を行い、絵図を作成。そして、地押丈量では作業範囲が六小区全体へと地域に拡大する中、地域への巡回や実地検査、各村からもたらされる書類等を取りまとめた。これらの経験の中には、土地の測量や書類作成、さらには地域の取りまとめといった「実務能力」が内包されていると考える。同時に、壬申地券から地押丈量までの坂入の作業範囲を表1としたが、坂入はこの後、等級編成段階に入り地位等級比準鑑定委員という栃木県全体を視野に入れた地位に躍進し各地を転々とする。ここには、坂入の中で地域の把握という視野の広がりが少なからず存在すると考える。[*28]

土地調査とそれら書類の取りまとめ、そして各地を巡回する中での地域の把握、これらの能力・知識の蓄積は、今後に行う地位等級編成のみならず、地域指導者としての基礎となるものであったと考える。

註

＊1　例えば、地租改正自体の歴史的意義を求めたものとして、佐々木寛司『日本資本主義と明治維新』（文献出版、一九八八年）『地租改正　近代日本への土地改革』（中公新書、一九八九年）がある。次に、地租改正によって起きる土地の諸問題を取り上げたものでは、丹羽邦男『土地問題とその起源　村と自然と明治維新』（平凡社、一九八九年）。大庭邦彦「地租改正前後における土地所有観念の位相―茨城県小谷沼開墾地所有権訴訟を題材として―」がある。地租改正の立法過程と地方統治機構との関連では、奥田晴樹『地租改正と地方制度』（山川出版社、一九九三年）がある。水利・墓地・林野関係では、北条浩『明治初年地租改正の研究』（お茶の水書房、一九九二年）。都市関係では、滝島功『都市の地租改正』（吉川弘文館、二〇〇三年）がある。

＊2　福島正夫『地租改正の研究（増訂版）』（有斐閣、一九六二年）

＊3　『栃木県史』通史編七　近現代二。

＊4　白川部達夫編『近世関東の地域社会』（岩田書院、二〇〇四年）内、奥田晴樹「栃木県の地租改正―「押付反米」問題を中心に―」。

＊5　『真岡市史』第八巻　近現代通史編　第二章「地租改正―『縉紳録』と坂入源左衛門」、「栃木県の地租改正―公正な税制を求めて―」（『歴史と文化』一一号、二〇〇二年）など。その他、坂入源左衛門関係の研究としては小貫隆久「坂入源左衛門と『事蹟考』」

＊6　高久嶺之介『近代日本の地域社会と名望家』（柏書房、一九九七年）

他にも、小学校の建設や地租改正事業へ主体的に携わった「人々」が、その後、地域の「名望家」へと成長していくと指摘しており、「名望家」への成長過程の中に地租改正の経験（地租改正事業の経験）を重視している。高久氏の取り上げられている「経験」とは地租改正事業の中で、区会および県会開設を要求していたことであり、それらを通じて地域社会へ文明開化を広める先導役（名望家）へと成長していったとしている。この点は、本稿とは直接的関係は無いが、当該時期の人々にとって地租改正が如何なる意味を持ったのかを検討していく上で重要な指摘であると考える。地租改正事業の経験の意味を問うことで、従来の減租率や増租率の分析、あるいは一揆・訴訟の分析とは異なる角度から、地租改正が当該時期の人々にあたえた、もしくはもたらしたものをみることができるのではないだろうか。

＊7　たしかに、これまでの地租改正研究においても、地租改正事業における地主豪農層の動向については言及されてきた。そこでは「身分的中間」に位置する地主豪農層の行動をどのように評価するのかという問題関心のもと、地租改正事業での彼らの役割が論じられてきた。例えば六〇・七〇年代の地租改正研究において、地租改正事業の実施に寄与した地主豪農層が、独自の改租プランをもって県当局に対抗したとしている。他にも、山中永之祐氏は、彼ら地主豪農層を「府県地方官の手先」としている。（山中永之祐

『近代日本の地方制度と名望家』弘文堂、一九九〇年)。他には、有元正雄氏『地租改正と農民闘争』(大原新生社、一九六八年)、原口清氏の『明治前期地方政治史研究』上下(塙書房、一九七二・一九七四年)、近藤哲生氏『地租改正の研究』(未来社、一九六七年)、関順也氏『明治維新と地租改正』(ミネルヴァ書房、一九六七年)などがある。

＊8 『縉紳録』は現在、上・中・下の三巻で刊行されており、構成は「縉紳録」と題されていなくとも、地租改正に関係する日誌を含んだ形となっている。原史料の所在は二つに分かれており、一つは栃木県立文書館、もう一つは国会図書館に収蔵されている。

＊9 『縉紳録　上』解題　三七五頁

＊10 壬申地券調査が開始された頃、茅堤村は宇都宮県に属している。

＊11 『栃木県史』近現代四・史料編　一六八〜一六九頁。

＊12 『芳賀町史』通史編・近現代　一〇一〜二頁。

＊13 『縉紳録』上　三〜四頁。

＊14 『縉紳録』上　八頁。

＊15 『縉紳録』上　九頁。

＊16 『縉紳録』上　九頁。

＊17 『縉紳録』上　九頁。

＊18 『縉紳録』上　一〇頁。

＊19 『縉紳録』上　一二頁。

＊20 『縉紳録』上　一五〜六頁。

＊21 『縉紳録』上　一〇六〜八頁。

＊22 『栃木県史』史料編・近現代四　一七五頁。

＊23 『縉紳録』上　一三二〜三頁。

＊24 壬申地券時は第三大区二小区となっており、地押丈量時では第二大区六小区となっている。これは、県の大区小区制の改正の結果によるものである。

＊25 『縉紳録』上　一三七〜八頁。

＊26 『縉紳録』上　一六三〜四頁。

＊27　『縉紳録』上　一四九頁。

＊28　坂入は各地を転々とする中、各地域の地誌や記録を書き残している。このような記録は、地押丈量頃から始まり、日記が進むほど増加している。これは、坂入自身が単に意欲的に行っていたものとも考えられるが、これらの役務に就くことで得ることの出来た地域の「知識」とも考える事が出来るのではなかろうか。地域指導者としての基礎として考える上では、必要な事であると考えているため、この点については、後の等級編成段階を検討する上で同時に分析を行っていきたい。

三　明治十年代東京の土地所有

鈴木芳行

はじめに

明治四年（一八七一）七月に廃藩置県が断行されるころまで諸藩の城下町には、身分制に基づく武家地・町地・社寺地など旧来の土地利用区分が厳然と存在し、城下町に展開するこれら市街地では一般的に、年貢に相当する地子が免除され、年貢は城下町の周辺に展開する農村だけが負担するという、地租負担の上で不公平が存在していた。

明治維新政府は廃藩置県後の明治四年一〇月、由緒による地子免除を廃止した。次いで同年一二月には、東京府の武家地・町地を廃止し、地券を発行して地租を賦課する沽券税の実施を予告、さらに翌明治五年正月には、沽券税の全国的な実施を明らかにした。そして同五年二月、「今般府下武家地町地之称ヲ廃シ、一般地券発行、地租上納被仰出候」と、東京府を最初の沽券税実施地とし、その具体的な内容を定める「地券発行地租収納規則」を布告したのである。

沽券税の目的は市街地に地券を発行して、地券登録者の土地所有権を確認し、やはり地券に登録される沽券金高を課税標準として、沽券税という地租を課税することにより、市街地と農村との間に存在した地租負担上の不公平を解消するとともに、身分制的な土地利用区分を廃止することにあった。

地券は市街地を対象に発行したことから市街地券とも呼び、地租改正による地券と区別する意味でも用いる。また明治五年の干支である壬申に因み、郡村に発行した「地券之証」と併せて、壬申地券とも呼ぶ。

廃藩置県ころまでの東京市中は、幕末まで江戸幕府の所在地であり、比肩無比な巨大城下町であっただけに、城下町特有の身分制的な土地利用区分も大規模かつ複雑に存在した。土地所有権の確認、地租負担の不公平解消、身分制的な土地利用区分の廃止など全国的な沽券税実施過程にあって、首都東京にみられる特色は次の四点である。

第一点は、沽券税の第一着手が東京であり、東京の実施過程が全国の規範となったことである。第二点は、首都として国政機能を担う政府の施設用地が大規模に確保されたことである。第三点は、そうした政府施設の一大集積区に西南雄藩出身者を中心に東京府外士族による集中的な土地所有がみられることである。第四点は、廃藩置県に先立って東京居住を義務づけられた武家華族並びに公家華族の土地所有がみられることである。[*1]

明治九年三月布告の市街地地租調査法細目に依拠し、東京では市街地における地租改正を同九年三月から同一一年七月にかけて実施し、土地一筆ごとの地価を法定し、土地所有権者を確定した。[*2]

このような沽券税実施過程における諸特色と東京の市街地地租改正を念頭に入れつつ、本章では次の諸点を解明し、主に地租改正後における東京市中の土地利用、土地所有について、理解を深めたいと考えている。

最初に身分制的な土地利用区分の廃止にともなって、東京市中には新しい町が一気に多数設けられるにいたったが、新町の集中的形成が具体的にはどのような理由で生じたのかをまず明らかにする。

次いで身分制的な土地利用区分の廃止後、引き続いて行われた市街地地租改正により、東京市中には新たな土地利用がみられるようになったが、ここでは市街地地租改正を必要とした理由と、政府施設地・宅地・農地などを分析し、改租後の土地利用について概要を得る。

最後に明治維新の変革により士農工商という旧来の身分制は再編成され、華族・士族・平民などの新しい身分が設定されたが、市街地地租改正後における東京市中の華族および士族、平民などの土地所有に、どのような特色がみられるのか明らかにする。

1 新町の形成

慶応四年七月、江戸は東京と改め、同年九月、明治と改元、翌明治二年三月、遷都を実現させた。同月、東京市中を五〇番組に区分し、五〇区制を施行した。次いで廃藩置県後の明治四年一一月、大区小区制を施行し、市中は六大区九七小区となった。東京の沽券税や市街地地租改正は、この大区小区制下で実施された。市街地地租改正の進行にともなう区制整理により、小区数は次第に減少した。明治一一年七月の郡区町村編制法に基づき、同年一一月、東京市中では大区小区制を廃止し、従前の六大区八八小区を分合して一五区制に移行した。その後、明治二二年市制・町村制の実施により、一五区を市域として市制が施行された。東京市一五区制は、昭和七年に隣接の荏原・豊多摩・北豊島・南足立・南葛飾の各郡下町村と合併し、東京市三五区制が発足するまで続くことになる。[*3]

東京一五区を俯瞰すると、各区は大体、ひらがなの「の」の字状に配置されていることが知られる。起点は皇居を包み込む麹町で、以下、城央に属する麹町・神田・日本橋・京橋、城南の芝・麻布・赤坂、城西の四谷・牛込・小石川、城北の本郷・下谷・浅草と円弧状に連なり、隅田川を渡って城東の本所に至り、深川が終点となる。一五区の周囲は、ほぼ七時の位置の荏原郡を起点として、時計回りに東多摩・南豊島・北豊島・南足立・南葛飾の六郡が囲繞し、全体として東京府域が形成されていた。

表1　東京15区の町数推移

区名＼年期	江戸期	明治元	明治2	明治3	明治4	明治5	明治中期（6〜22年）	明治後期（23〜44年）	合　計
麹　町	13	2			1	57 （5）	2		75
神　田	40		30	3	1	47 （14）	2		123
日本橋	97		14		2	15 （4）		1	129
京　橋	70	16	29	1	4	15 （2）	2	60	197
芝	75		14		2	34 （23）	3		128
麻　布	23		9			21 （19）		3	56
赤　坂	11		2			36 （10）	1		50
四　谷	22		3		1	15 （13）	5	3	49
牛　込	31		5	1	21	19 （21）		1	78
小石川	42	1	13			16 （40）	3	2	77
本　郷	36		10			16 （23）	1	1	64
下　谷	26		20	3	5	17 （6）	2	6	79
浅　草	45	1	21	4	5	31 （7）	5	5	117
本　所	48		8	5		16 （47）	1	8	86
深　川	51		16	1	14	1 （22）	4	9	96
（総計）	630	20	194	18	56	356 （256）	31	99	1404

註）『東京町名沿革史』（吉川弘文館 1967年）より作成．明治5年の（　）内は合併数．

明治末年の段階で一五区各区の町数を時期別にみると、表1が得られる。

江戸期に属する町とは、町名の始原が江戸時代にあり、維新期までは町地に沽券地が広がり、明治末年まで始原時の町名が存続していることを意味し、他の時期はいうまでもなく同時期の新町、あるいは江戸期以来の町名を改称した新町を指す。合計町数一〇〇以上の区は、神田・日本橋・京橋と芝および浅草である。これら各区には江戸期の町が多いから、江戸時代にはすでに町地が広がって市街地化が相当に進み、町人による商工業の活発な区である。明治後期では京橋の六〇町が突出している。このわけは佃島の沖合を埋め立て、月島に多数の新町が立てられ、明治二五年から同二七年にかけて京橋区に編入されたからである。*4

明治末期、東京市中の町数は総計一四〇四町である。時期別では江戸期がもっとも多い。江戸時代において江戸市中の町数は「八百八町」、盛時には「千町あまり」あったといわれているが、首都になって以降は合併などの町名整理で減少し続け、明治末期で六三〇町となる。これに対して明治元年から五年は合計六四四町と江戸期を若干上回り、明治末期総町数の四六パーセントと過半数近くを占める。すなわち明治初期、東京市中に新町の集中的な形成のあったことが明白である。

明治初期では、明治二年と五年の新町数が顕著である。明治二年の新町は五〇区制の実施にともなう町名整理で設けられ、通称などの改称、小さな町の合併による改称などが中心であったが、町名整理が武家地におよぶことはなかった。同年の新町は神田・京橋・浅草・下谷の各区に多く、神田に神田台所町、京橋に汐留町、浅草に浅草同朋町、下谷に上野広小路町などが設けられている。*5

これに対して明治五年の新町には、次に示す明治五年二月の東京府令にあるように、沽券税実施にともなう武家地・町地など土地利用区分の廃止が深くかかわっているのである。*6

府下元武家地之儀は、元来地名発輝と不致、何町続或ハ何小路等里俗之古名を以テ地名之様唱来候得共、今般武家地町地之称を廃シ、一般地券発行候ニ付而は、毎区町名番号等判然不致候而は不都合ニ付、たとへハ浜町小川町の如キ大町ハ、其地勢ニより一丁目二丁目ヲ分チ、又従前之町続ハ其町へ組合セ、可成其古名ニよって耳目に通し易きを主ト致し、各区申合更ニ地名相定メ可伺出候事

明治五年の四月から八月にかけて、武家地同士の合併や武家地と接続町との合併などにより、一五区には合わせて三五〇を超える新町が一気に形成された。したがって新町の多い区には、武家地も当然多かったことになる。新町のもっとも多い区は麹町、次いで神田・赤坂・芝・浅草の順位で多い。各区の主な新町を示すと次のようになる。ただし浅草の新町には寺地の合併によるいわゆる寺町も多数あり、芝区にも同様に寺町が多い。*7

麹町　祝田町　宝田町　竹平町　八重洲町一・二丁目　内幸町一・二丁目　外桜田町　三年町　紀尾井町　一番町
　飯田町一・二丁目　富士見町一〜三丁目など五七か町

神田　一ツ橋通町　表神保町　裏猿楽町　今川小路一〜三丁目　西小川町一・二丁目　三崎町一〜三丁目　淡路町

一・二丁目　須田町　駿河台鈴木町　駿河台南甲賀町など四七か町

芝　烏森町　愛宕下町一〜四丁目　汐留一・二丁目　南佐久間町一・二丁目　西久保巴町　葺手町　三田四国町

白金志田町　白金丹波町　上三光町など三四か町

赤坂　元赤坂町　表町一〜四丁目　赤坂裏一・二丁目　丹後町　台町　新坂町　霊南坂町　福吉町　榎坂町　葵町

和泉町　青山高樹町　青山権田原町など三六か町

浅草　福井町一〜三丁目　新福井町　諏訪町　象潟町　花川戸町　向柳原町一・二丁目　西鳥越町　南富坂町　北

三筋町　七軒町　芝崎町　北田原町など三一か町

しかし武家地と隣接町との合併後に古町、すなわち江戸期の町名を採用し、新町の形成にいたらない場合も多例であったから、合併数の多い区にも武家地は多数あったわけで、牛込・小石川・本郷・本所・深川が該当する。麹町から深川にかけて武家地の多かった区と、江戸期の町すなわち町地が多かった芝・神田・日本橋・京橋・浅草と城南から城央、城東に連接する区とを重ね合わせ考えると、区名の重ならない日本橋・京橋には町地がとくに多く、区名の重なる芝・神田・浅草には、武家地・町地ともに多かったことが窺えよう。このようにみると、身分制的な土地利用区分が廃止される以前の武家地は、東京市中の全域に広大に展開しており、そのなかに商工業の活発で市街地化の相当に進む町地が、城央を中心として一定の区域に帯状に存在する、という都市景観が浮かび上がってくる。

武家地には維新以来の土地変革によって多様な土地が生じ、華族賜邸、士族賜邸、貸付地、拝借地、官省地などが数多く混在していた。[*8] 沽券税の実施にともない発行する市街地券には、土地一筆ごとに課税標準となる地価を登録する必要があった。しかし華族賜邸あるいは士族賜邸は下賜地であり、売買などは許されていなかったため地価などはなく、また貸付地・拝借地には賃貸料などはあるがやはり地価はなく、武家地を上地して官有地となり成立した官省地などにも勿論、地価はなかった。

地価のない土地に地価を定めるには、一般的に、まず貸付地・拝借地の賃貸料に着目し、賃貸料を基本に低価格な地価を設定し、拝借当人や希望者に払い下げた。払い下げ地価の基本である賃貸料は沽券金高が基礎となったが、町地で行われていた沽券金高が土地の売買価格であることはいうまでもないであろう。また華族や士族の賜邸はそのまま当人の所有が許されるか、払い下げられたが、該当地の地価、すなわち沽券金高は周辺の払い下げ地価、あるいは町地の沽券金高に準拠して定めた。そして地券にはこの沽券金高が登録され、これを課税標準として沽券税が課税されることになったのである。[*9]

地券には沽券金高のほかに、土地の所在する町名・地番、土地の間数・坪数、地主名などが登録されるが、地券面には「永代所持之証トシ此地券ヲ与ヘ」と、地券発行の主目的である土地所有権公認の文言が明示されているのである。[*10] 地券はこのように土地所有権の確認を第一の目的としていたから、確認の対象となる土地の所在地が「判然不致候而は不都合」極まりないことになる。武家地に混在している諸種で多数な土地の所在地を明示するためには、個別の土地を町内に内包される一区画とし、それを町名などによって位置づける必要があったのである。

すなわち明治五年東京市中に多数の新町が形成された理由は、土地所有権を確認する前提として、武家地に混在している諸種で多数な土地を町名により明示しなければならなかったことから、武家地を解体して新しい町を多数設けたことによる、と指摘できよう。

2　政府施設地・宅地・農地の土地利用

明治六年四月公布のいわゆる地租改正法[*11]は、江戸時代以来の年貢を地租に改めることを目的として、郡村の土地を一筆ごとに測量し、収穫を基準として地価を法定、これを課税標準として、毎年税率三％の地租課税を定めた。そして明治七年五月の布告により、五年ごとの地価見直しを決定し、地価の長期間固定制を導入した。新地租は、地租改正終了府県から実施に移した。明治一〇年一月、地租の税率を二・五%に引き下げた。また明治一三年五月、五年ごとの地価見直しを延期し、明治一七年三月制定の地租条例により、五年ごとの地価見直しは廃止、地価の改正は法令によることとしたから、地価の長期間固定制はさらに延長されることになった。[*12]

これに対して各府県の市街地で行われる沽券税は、邸地の間数・坪数を求め、地券に沽券金高を登録し、これを課税標準にして税率一%の沽券税を前期・後期の二期に分けて収税、明治五年後期からの実施を指示した。しかし各府県の沽券税実施過程では、次に要約できるような数多くの問題が露呈し、大蔵省の地租改正事務局は対応に追われることになる。[*13]

①六尺五寸あるいは六尺三寸など異なる間竿使用による、測量単位の不統一
②地券発行事務の煩雑さなどによる、沽券税の収税遅延
③市街地（無租）と郡村地（有租）の錯綜地における、沽券税実施地確定の困難
④士族邸地など無地価の地価設定で準拠となる町地の沽券金高が様ざまなどを原因とする、地価設定の困難
⑤売買の都度および盛衰などによる地価の変動から必然的に生じる、地租負担の不公平

地租改正事務局では、①測量単位の不統一は原則的に六尺一寸竿の採用を決め、②沽券税の収税遅延は明治六年前期以降の収税を容認し、③沽券税実施地確定の困難は、錯綜地の色分け絵図を作製し境界を明示した上で、近傍の沽券金高に準拠して適宜な地価を求め沽券税地を定めるなどとし、④地価設定の困難についても、近傍町地の平均沽券金高を参照して定める、などと指示している。しかし⑤地租負担の不公平については、沽券金高という私的かつ流動的な売買地価に課税するところから必然的に生まれる問題であり、沽券税実施上容易に解決法が見出されなかったからであろう、地租改正事務局の直接的な回答は留保されている。

この必然的な問題を直接的にあるいは間接的に指摘する府県は多かったが、次に代表的な府県伺いを示そう。[*14]

【明治七年六月一四日　三重県伺い】　沽券地分一の儀、売買の都度地価昂低を生じ候節は、その月十五日前後をもって新旧地価に割賦、地租収入致すべき旨、日報中諸県へご指令相成り居り候處、本年第五十三号地租改正条例第八章追加公布ある上は、沽券地の儀も売買の節月割をもって地租取立て候テハ手数容易ならざるに付、右追加第八章に準拠、五か年地租据置き相成候様仕りたき旨

【明治七年一〇月三日　岐阜県伺い】　譬へば沽券税地甲乙丙の三ケ所あり候に、従前県庁甲の地にあり人民輻輳し、乙丙の二地は通常の市街たるのみ、しかるに県庁を丙の地へ移され、この地追日昌盛に向い、随って地価沸騰して、前日一坪十銭なるも、今日二十銭あるいは三十銭の価を有し、甲の地は之に反して地価前日の半数あるいは三分の一に低下なすに至る、ここに地税は前日の券面地価に就いて収入するときは、大いに不公平なれば、夫々券面の地価を更正せずんばあるべからず、右等の類は何時にても改正の儀取計らい、上申に及びしかるべく候哉

三重・岐阜両県の伺いを総合すると、売買地価は売買の都度あるいは盛衰によっても価格変動が激しいから、収税に不安定を来たし、また地券に登録済みの沽券金高にしたがって収税すると、発行後の変動した地価が課税に反映されないところから、地主の負担する地租には不公平が生まれ、公平を期すためには売買の都度あるいは盛衰を見極めて地価を見直し、さらに地券に登録し直さなければならないが、それらの再実施には膨大な事務量が必要となる。すなわち地租負担に不公平が発生する主因は、売買地価という当事者同士の決める私的かつ流動的な取引価格を課税標準とすることから生じる必然的な問題であり、問題解決のためには、市街地にも郡村地租改正で行われると同様な土地利用度に応じた地価を法定し、地価の長期間固定制を導入する必要がある、と要約できよう。

このような府県の指摘が、明治九年三月に公布される市街地地租調査法細目の内容を形成したと考えられる。同細

目では市街地の宅地を一筆ごとに求積し、地価は賃貸料と売買地価を斟酌して定めるとし、地価と土地所有者を改正地券に登録して、地価を課税標準に地租を課すと定めた。そして明治八年八月布告の市街地への税率三％適用と、明治九年九月布告の市街地地価の五か年間据置きと併せ、市街地にも郡村と同様な法定地価の長期間固定制が導入されることになったのである。[*15]

明治六年七月から全国的に始まる地租改正は、郡部、市街地、山林原野の順序で実施され、同十四十二月に完了した。東京府では明治七年七月に着手、同一一年五月に完了しているが、市街地の場合は明治九年三月に着手、同一一年五月に完了している。[*16]

明治六年三月の地所名称区別、翌明治七年一一月の改正地所名称区別により、官民有区分、各土地の名称、地種、地券発行の有無、地租賦課の有無などが明確になる。改正地所名称区別では、地種を次のように区分している。[*17]

官有地　第一種　皇宮地　神地（無地券・無租）
　　　　第二種　皇族賜邸　官用地など（有地券・無租）
　　　　第三種　山岳　丘陵　林藪　原野　河海　湖沼　溝渠　堤塘　道路　田畑　屋敷　鉄道線路敷地　電信架線柱敷地　灯明台敷地　旧跡名区　公園　堂宇敷地・墳墓地　行刑場など（無地券・無租）
　　　　第四種　寺院　大中小学校　説教場　病院　貧院など（無地券・無租）
民有地　第一種　人民所有田畑（耕地）　宅地　山林（有地券・有租）
　　　　第二種　人民数人・一村・数村所有学校　病院　郷倉　牧場　秣場　社寺など（無記載—筆者註）
　　　　第三種　墳墓地　郷村社地など（有地券・無租）

表2は、明治一一年の東京府地租改正終了後における一五区六郡別の地積、および政府施設地・宅地・農地の地積、各郡区地積に占めるこれら三地の各占有率を示す政府施設率・宅地率・農地率からなり、当該期の土地利用が読みと

表2　地租改正後の東京土地利用概要

項目 / 郡区	郡区地積	政府施設地	政府施設地率	宅地	宅地率	農地	農地率
麹　町	5,706	2,979	44.9	2,060	31.1	33	0.5
神　田	2,776	317	10.8	1,871	63.9		
日本橋	2,313	63	2.3	1,828	65.8		
京　橋	2,776	519	14.6	1,441	40.6		
芝	6,323	1,660	26.9	1,821	29.5	417	6.8
麻　布	3,547	69	1.9	1,722	46.5	1,035	28.0
赤　坂	4,010	1,134	25.4	1,388	31.0	1,038	23.2
四　谷	1,388	26	1.7	876	56.7	235	15.2
牛　込	4,472	393	8.2	1,954	40.9	942	19.7
小石川	5,552	985	17.7	1,656	29.8	2,010	36.2
本　郷	3,701	469	12.2	1,841	47.8	545	14.1
下　谷	3,393	208	6.1	1,564	46.1	122	3.6
浅　草	3,393	165	4.3	2,099	54.5	46	1.2
本　所	3,701	142	3.3	2,698	62.5	182	4.2
深　川	4,010	651	15.1	2,562	59.3	86	2.0
(小計)	57,066	9,782	15.8	27,832	44.3	6,691	10.8
荏　原	91,615	714	0.7	7,663	7.3	65,012	61.7
東多摩	41,951	79	0.2	3,101	6.6	28,598	61.0
南豊島	23,239	2,165	8.2	2,251	8.5	14,188	53.8
北豊島	96,859	334	0.3	7,765	7.2	73,574	67.8
南足立	44,265	0	0.0	3,081	6.3	39,322	80.4
南葛飾	82,824	291	0.3	6,519	6.9	68,559	72.3
(小計)	380,753	3,583	0.8	30,380	7.0	289,253	67.1
(総計)	437,819	13,365	2.7	57,762	11.7	295,944	60.1

註1)　明治16年「東京府統計書」，政府施設地のみ明治12年「東京府統計表」．
　　　地積の単位はkm²．坪＝0.3025の変換率を用いた．
註2)　農地は田・畑の合計値．

れよう。*18 政府施設地とは、この場合、官有地第二種中より山岳・丘陵・林藪・原野・河海・湖沼・溝渠・堤塘・道路などのいわば自然地、および同第四種中より寺院・大中小学校・説教場を除いた、同第二種の官用地を中心とする国政機関の管理地を指す。

当該期の東京府全体の地積はおよそ四三万七八〇〇キロ平方、このうち一五区は五万七〇〇〇万キロ平方であるから、東京府域の七分の一強を占めるに過ぎない。一五区別の地積では城南の芝が一番広く六三〇〇キロ平方、次いで城央の麹町五七〇〇キロ平方、城西の小石川五五〇〇〇キロ平方と続く。一五区の平均地積は三八〇〇キロ平方で、芝・麹町・小石川のほかにこれを上回る広い区は赤坂・牛込・深川である。平均地積を下回り二〇〇〇キロ平方台は、城央の神田・日本橋・京橋、および麻布・本郷・本所が相当する。もっとも狭いのは四谷の一四〇〇キロ平方である。

東京府全体の官有地地積を求めると二万一〇〇〇キロ平方で、府域の五・三%に相当する。官有地のうち政府施設地は一万三四〇〇キロ平方で、六四%の高率となる。政府施設地は一五区九八〇〇キロ平方、六郡三六〇〇キロ平方の内訳となるから、実に七三%もが一五区に集中していることになる。そして一五区の政府施設率では、麹町が四五%と突出して高く、続いて芝二七%、赤坂二五%となる。麹町区における政府施設地の一大集積が明らかである。

一五区では二番目に広く、また政府施設地のもっとも集積されている麹町区では、明治元年から武家地の上地が継続行われ、明治五年の新町も一五区最多で、かつ新町五七町のうち二四町は「官収」、すなわち武家地の官有地成により新町が立てられた。[*19] これら新町には皇居および皇宮附属地のほかに、国政機関の太政官・外務省・内務省・元老院・大蔵省・陸軍省・文部省・司法省・大審院など本庁舎敷地・用地と、その下部庁舎敷地・用地などが確保されており、いわゆる官庁街の形成がみてとれる。麹町区への首都機能の集中は、歴然としていよう。

一五区の宅地率で五〇%を超える区は、神田・日本橋・四谷・浅草・本所・深川である。四谷を別とすれば、城央から城北、そして隅田川を渡河して城東に連接するこの神田ほか五区は、地租改正終了ごろにおける市街地化の進展度は極めて高い。そしてこれら連なる区の江戸期の町数をみると、神田四〇町、日本橋九七町、浅草四五町、本所四八町、深川五一町と実に多い。[*20] 江戸期の町数の多さと宅地率の高さを合わせ考えると、江戸商業の中心日本橋を抱える日本橋区は勿論、江戸期の町数七〇町の京橋を加えて、神田ほかの城央から城北・城東に連なる区は、江戸時代すでに市街地化が相当に進んでいた、前述の一定の区域に帯状に存在する地域が相当する。

市街地地租調査法細目では一宅地に孕まれる小規模な田畑は宅地として求積したから、市街地にある田畑とは、田畑として独立の区画を形成している土地である。*21 一五区の平均農地率は八%に過ぎない。江戸時代、相当に市街地化が進んでいた神田・日本橋・京橋ではすでに農地は皆無であり、浅草・本所・深川もごく低率である。平均農地率を上回るのは小石川・牛込・本郷のみで、それぞれ三六・二一・一五%である。城西の牛込・小石川は武家地の多い区であった。両区の宅地の多くはこうした武家地を解体して形成されたとみられるが、宅地率も城央などと比べるとそれほど高くはなく、両区の後背に連なる郡部の高い農地率をも考慮に入れると、東京府の地租改正が終了したころの両区はいまだ農村の色合いが相当に濃い地域であったといえよう。

3 華族・士族・平民の土地所有

東京都公文書館所蔵にかかる「管内地価調」は、明治一八年一二月段階における東京府一五区六郡の宅地地価調査書である。*22 調査項目は土地一地ごとの地価額は勿論のこと、地主名、地主の本籍府県郡区並びに地名、地主の所有する土地の所在郡区、華族・士族・平民の身分や会社名、社寺名などからなる。これら諸項目を手がかりにして各種な分析を加えてみよう。

表3は、一五区と郡部の地数・地価および一地当り地価である。*23

東京府全体の調査土地数はおよそ二万六〇〇〇地、そのうち一五区は二万二六〇〇地で八四%、また東京府総地価は一三八〇万円、そのうち一五区は一二九〇万円で九四%の高率を占め、地数・地価とも一五区が圧倒している。一五区で地数がもっとも多いのは牛込で、浅草がこれに次ぐが、この両区を含め小石川・本郷・下谷・本所と城西から城北、城東にかけて二二〇〇地台から一六〇〇地台と、多数である。しかし一地当り地価では、地数最多の牛込が一〇三円もっとも低く、隣区の小石川も第三位と低いが、地数二位の浅草は一五区の平均値を僅かに上回る。これは農地率の比較的高い牛込や小石川には低地価の土地が多数あること、および浅草はすでに江戸時代から市街地化が進んでいたこともあり、高地価の土地が比較的多いことを示していよう。

いっぽう城央の区でやはり江戸時代から市街地の相当な進展がみられる神田・日本橋・京橋は、地価・一地当り地価とも極めて高いが、なかでも日本橋の地価三九二万円余、一地当り地価三二五〇円余は抜きんでた高さである。

地租改正事務局の幹部吏員として改租事務を推進した有尾敬重は、一般的に、市街地は高地価でわずかな地価の差異も課税上に大きく関係してくるところから、地価設定前の等級立てに当っては、商業が繁華で売買地価の高価なところを選び、同地を標準として全体の等級を定める方針を吐露している。そして東京の一等最高地は、日本橋区では安針町および室町、京橋区では銀座と定め、以下、郡境まで順次等級を降下させながら等級立てを実施し、この方式は他区でも、また横浜や大阪、神戸などの市街地でも同様であったと明言している。[*24]

これは日本橋区の安針町・室町などは区内の一等地であるが、いっぽうで日本橋区全体が東京でも地価最高位の区

表3 郡区の地数・地価

郡区		地数・地価	1地当り地価
麹町	地数 地価	1,018 359,240	352.9
神田	地数 地価	1,430 1,540,539	1,077.3
日本橋	地数 地価	1,204 3,918,757	3,254.8
京橋	地数 地価	1,174 1,785,310	1,520.7
芝	地数 地価	1,743 902,078	517.5
赤坂	地数 地価	1,198 152,498	105.8
麻布	地数 地価	1,441 364,400	252.9
四谷	地数 地価	1,098 142,068	129.4
牛込	地数 地価	2,242 231,928	103.4
小石川	地数 地価	1,962 247,354	126.1
本郷	地数 地価	1,782 390,916	219.4
下谷	地数 地価	1,653 511,250	309.3
浅草	地数 地価	2,087 1,220,875	585.0
本所	地数 地価	1,843 625,537	339.4
深川	地数 地価	807 556,655	689.8
(小計)	地数 地価	22,682 12,949,405	570.9
郡部	地数 地価	3,322 877,322	264.1
(総計)	地数 地価	26,004 13,826,727	531.7

註）地価の単位は円，次表も同様.

であったことを示しており、明治一八年末における日本橋区の地価、一地当り地価の抜きんでた高さは、その明証であるといえる。[*25]

東京の地主の多くは、郡区に複数の土地を所有することがすでに指摘されている。[*26]したがって「管内地価調」が載せる個々の地主について実際に所有する全地価を知るためには、全体二万六〇〇〇地を対象として、地主ごとに名寄せを行う必要がある。

表4は、名寄せを行った上で、東京市中に一地でも土地を所有する地主を抽出し、地主が所属する一五区・郡部・他府県別に、かつ華族・士族・平民・会社・社寺などの身分・組織別に、地主の所有地価を集計した結果である。この場合、一五区に所属する地主とは東京府区部に本籍を有する居付地主のことであり、郡部とは東京府六郡に、他府県とは東京府外の府県に、それぞれ本籍を有する地主を指す。

さて東京市中に土地を所有する地主は全体でおよそ二万二〇〇人、このうち郡部に属する地主は四〇〇人と少なく、他府県に属する地主が一九〇〇人である。他府県の地主では士族がもっとも多く、その上位五府県を求めると、静岡三二三人、鹿児島二一〇人、山口一二七人、佐賀七四人、高知五七人となる。静岡県の士族とは江戸幕府の崩壊後に静岡県に移った旧幕臣、鹿児島ほか四県の士族は県名から判断して倒幕の主体となった西南雄藩出身の旧藩士、と考えられる。また他府県士族の土地所有区では、麹町三〇三人・麻布一六六人・本郷一五八人・芝一五三人・赤坂一四三人が上位五区であり、他府県士族の土地所有は、沽券税実施以前には武家地が多くあり、以後は政府施設の一大集積地がある麹町区に取分け集中する傾向が読みとれる。なお他府県地主の華族一四人のうちには、明治十七年の華族令によりいわゆる新華族となり、麹町区に土地を所有する旧士族が六人見出される。[*27]これも他府県士族の土地所有が麹町区に集中する傾向の一端を示すといえよう。

他府県の平民地主のうち上位で目立つのは、神奈川五七人、埼玉五〇人、京都二九人、千葉二八人、愛知二〇人、

表4　東京市中の身分・組織別土地所有

地域など＼所属		華族	士族	平民	会社	社寺	その他	合計
麹町	地主	58	278	322		5	8	671
	地価	121,952	92,559	156,414		680	1,967	373,572
神田	地主	33	238	733	7	1	6	1,018
	地価	160,022	158,531	855,978	38,281	41	24,943	1,237,796
日本橋	地主	9	90	1,197	16	4	6	1,322
	地価	124,631	59,698	2,913,535	314,316	3,482	3,410	3,419,072
京橋	地主	6	123	684	5	4	1	823
	地価	41,589	96,318	1,216,078	11,218	6,184	77	1,371,464
芝	地主	47	191	871	1	147	5	1,262
	地価	175,265	230,897	349,607	428	18,594	3,485	778,276
赤坂	地主	11	368	478		25	2	884
	地価	13,842	47,973	75,041		1,873	3,028	141,757
麻布	地主	25	339	692	1	82	2	1,141
	地価	187,881	162,133	118,349	15	4,593	220	473,191
四谷	地主	4	423	426		13	4	870
	地価	5,430	40,292	83,957		442	845	130,966
牛込	地主	21	993	771		63	1	1,849
	地価	22,629	100,492	110,997		4,029	2	238,149
小石川	地主	21	569	923		60	5	1,578
	地価	85,413	74,376	150,775		3,834	209	314,607
本郷	地主	14	418	790		65	1	1,288
	地価	110,469	84,382	190,211		5,522	157	390,741
下谷	地主	19	388	799		80	6	1,292
	地価	88,706	86,500	295,712		10,312	612	481,842
浅草	地主	20	232	1,468		134	11	1,865
	地価	48,450	119,062	1,048,948		26,462	4,897	1,247,819
本所	地主	33	360	974		41	6	1,414
	地価	120,605	111,399	411,744		7,458	1,877	653,083
深川	地主	6	53	498	3	73	1	634
	地価	27,693	54,180	620,764	1,328	8,071	1,124	713,160
（小計）	地主	327	5,063	11,626	33	797	65	17,911
	地価	1,213,972	1,407,393	8,186,366	365,586	94,119	44,976	11,312,412
郡部	地主	11	88	315		11	1	426
	地価	50,362	30,680	96,190		1,360	288	178,880
他府県	地主	14	1,525	383		1	3	1,926
	地価	25,675	432,664	751,883		465	1,407	1,212,094
（小計）	地主	25	1,613	698		12	4	2,352
	地価	76,037	463,344	848,073		1,825	1,695	1,390,974
（総計）	地主	352	6,676	12,324	33	809	69	20,263
	地価	1,290,009	1,870,737	9,034,439	365,586	95,944	46,671	12,703,386

註）その他には，学校地などの公共地，複数人による公共地が含まれる．

三重一九人、滋賀一七人である。他府県平民地主の土地所有区では日本橋五七人が突出して多く、このなかに神奈川ほか七府県平民は合わせて四五人を占める。神奈川・埼玉・千葉といった隣接県の地主が多いのはむしろ当然として、江戸時代における伊勢商人の日本橋大量出店、および京都・三重・滋賀の府県名から判断して、これら三府県の平民地主は、大半が京商人あるいは伊勢商人、近江商人を指すと考えられる。*28

さて東京市中の居付地主は全区でおよそ一万七九〇〇人、最多区は浅草で、第二位牛込、第三位小石川である。しかし一五区の地主一人当り地価では牛込一二八円、小石川一九九円日と地主の土地所有規模は小さい。これに対して日本橋は二五八六円と最高で、これは第二位の京橋一六六六円、第三位の神田一二一五円と比べても断然高い。城央でも日本橋区に大土地所有者の存在が明らかである。

一五区の身分・組織別の地主一人当り地価を求めると、会社がおよそ一万一〇〇〇円でもっとも高く、次いで華族四〇〇〇円、平民七〇〇〇円、士族三〇〇〇円、社寺一〇〇〇円の順位となる。身分別では、華族の土地所有が極めて大規模である。

一五区の華族三二七人では、麹町五八人がもっとも多い。華族の土地所有も他府県士族と同様で、麹町区に集中する傾向が判然とする。しかし華族一人当り地価では麹町の華族は二〇〇〇円で、華族一人当りの半額程度に過ぎないから、むしろ比較的小規模である。同じ一人当りでは日本橋の華族が一万二〇〇〇円と断然高い。また一人平均地数では日本橋の華族二・二地と多いのに対して、麹町の華族は一・五地と少ない。日本橋区で華族の土地所有が大規模となるのは、日本橋区全体の土地が高地価なことも一因であるが、所有する地数が多いことも挙げられる。

日本橋の華族は、全員が武家華族である。一般的に、かつての地方支配者であり、版籍奉還では知藩事に任じられた武家華族は東京府内に多数の土地を持つことから、所有規模が大きくなる傾向にあり、日本橋の華族には武家華族による土地所有の特色がよく表れているといえよう。これに対して麹町の華族の約半数は、公家華族である。公家華族は単一の土地所有者が大多数で、一人当り地価もごく低い。麹町区華族の土地所有が小規模となるのは、同区に公家華族が多いからと考えられる。なお居付の新華族は、芝区に比較的多くみられる。

一五区の士族で区平均地主数を上回るのは、赤坂・麻布・四谷・牛込・小石川・本郷・下谷と本所で、城南から城西・城北・城東にかけて士族は多く、城央は少ないことが分かる。士族数第一位は牛込で、同一区内の平民数を上回る唯一の区であり、第二位の小石川と比べても断然多いが、士族一人当り地価は牛込一〇一円、小石川一三〇円とともに低い。両区では士族の員数は多いが土地所有規模は小さいわけで、すでにみた両区の地数あるいは地主は多いが、一地当りあるいは一人当り地価は極めて低い特色と合致し、両区の地主による土地所有とは士族の土地所有を示している、と考えられる。一般に士族は単一の土地所有者が圧倒的に多く、平均地価も華族・平民のそれより低い。牛込・小石川両区には、士族による単一小土地所有の典型をみることができよう。

牛込区には次のようにかつては小禄な幕臣のいた古町が多く、[*29]同区に多数あった武家地の士族も多くは旧幕臣と考えられる。

市谷鷹匠町　市谷佐内町の東北に在り、元と鷹匠組屋敷なり
東五軒町　昔時幕士の宅地に係る
簞笥町　具足奉行組同心並弓矢鎗奉行組同心の拝領町屋敷
市谷仲之町　元と根来与力組屋敷及尾州邸西門通馬場址開墾地たり
東榎町　元と先手組屋敷にして馬之組と呼べり
赤城下町　元と幕府筒持筒組、大番組の屋敷たり
南榎町　元と幕府の先手組与力屋敷たり

これらから、牛込区の士族は維新後も移封地静岡に赴かず東京の士族邸地に留まり、そのまま所有を認められるか、

あるいは払い下げを受けた小禄の旧幕臣という可能性が高い、と判断される。

次に一五区の平民地主をみると、地主数では日本橋と浅草が突出して多いが、平民一人当り地価では日本橋が二四〇〇円と極めて高いのに対して、浅草は七〇〇円と平民平均よりも僅かに低いことが判然とする。この差異が生じた理由には、浅草の地主数が東京市中で最多にもかかわらず、同区平民の地価は日本橋のそれよりも随分低いこと、平均地数が日本橋の一・五地に対し、浅草が一・二地と少ないこと、および浅草の地主が持つ複数の土地が地価の比較的低い南葛飾郡・北豊島郡などに多くあるのに対して、日本橋の地主は城央の京橋・神田など地価の極めて高い区に集中すること、などが挙げられる。

平民地主の主体は商人である。日本橋・浅草の両区には多数の土地を持つ商人が多く、所有規模では日本橋の商人が大きく、浅草の商人は小さいことが判明した。この所有規模の差異は、日本橋の商人が城央の区に、浅草の商人が郡部に、それぞれ商業活動の基盤となる土地を持つことから生じた特色といえよう。そして日本橋区では、地主数でも地価額でも平民が飛びぬけている。東京市中でも最高地価を誇る日本橋区にあって、大規模土地所有者の主体は商人であることが明白である。

日本産業革命の開始を告げる民間企業勃興期は、明治一九年から同二三年であるから[*30]、明治一八年はその前夜に相当する。当期、東京市中に土地を持つ会社は三三社が知られるのみで少ないが、一人当り地価では身分・組織別のなかで一万一〇〇〇円の最高額を示す。それに会社数・地価額ともに日本橋区が抜きんでているが、同区の会社には銀行が多くこれに運輸会社が僅かに加わる程度で、金融業と流通業が主体であり、未だ生産会社は皆無という状態であった。

社寺数・地価額では、芝区と浅草区が際だっており、下谷区がこれに次ぐ。社寺地といっても神社地はごく僅かしかないから、主体は寺地である。したがって芝・浅草・下谷の各区にはいわば寺町の存在が窺えよう。なお社寺地は免租地である。

むすびに

本研究の着手理由と土地所有分析の困難、士族の土地所有について簡略に書き留めることで、むすびとしたい。藩域にあって地租を負担するのは農村に居住義務のあった農民だけであって、城下町に居住義務のある武士と町人、僧侶などは一般的に、地租の課税を免除されていた。しかし町人は沽券制度により買得地を所有していた。また田畑は永代売買禁止であったが質制度により実質的な土地売買があり、農民も土地を所有していたことになる。また大寺社が領主であったことも周知のところである。このように考えると、それに土地所有の問題がそんなに単純に割り切れないことも充分承知ではあるが、江戸時代に土地所有のないのは一般の武士だけということになる。明治維新政府は、一般の武士を士族に再編した。市街地券は土地所有の確認を第一とし、地券に登録した沽券金高にしたがって登録者の士族に沽券税を負担させた。それでは従来土地所有がなく、地租も免租であった士族は、沽券税実施の過程でどのような土地の所有が認められ、地租を負担するようになったのか。この解明が、本研究の契機となったのである。

廃藩置県ころの東京市中は、かつての江戸城を中心とする巨大な江戸城下町が相当する。そのなかにあって士族邸地は下賜地あるいは拝借地が多く、沽券税の実施により、そのまま所有が許されるか、払い下げを受けるかして、邸地は所有主の士族に帰属した。次いで武家地の解体にともなう新町の形成により、士族の所有地は所在が明確に掌握されて、所在地と所有者が市街地券に登録され、士族の土地所有権が確認されるとともに、沽券税という地租を負担することになった。こうして士族の土地所有権は確認されたが、いっぽう課税の面では免租という従来の特権を失うことになったのである。免租特権の剥奪も、士族解体を促す一因を形成したといえよう。

そして市街地地租改正により、下賜地や拝借地などは一様に宅地に区分され、宅地一筆ごとの地価が法定され、地価を課税標準として二・五％の地租が課税され、かつ地価は長期間固定されることになった。

明治一八年末調査の「管内地価調」が載せる二万六〇〇〇地を対象として、地主ごとに名寄せを行うと一口にいっても、容易なことではなかった。東京一五区六郡には同姓同名・同字あるいは同異字の地主が思いのほか沢山おり、しかも地主は複数の土地を持つ場合が実に多い。地主名を頼りに名寄せし、多数な同一名地主と多数な土地とを突合させて、地主一人の所有なのか、二人なのか、あるいはそれ以上なのかを見極めなければならないことが幾百例もあり、かつ補正や確認などは数限りないほどあって、牛歩のような遅々とした作業を膨大に要したからである。

「管内地価調」は、地租改正後七年を経た東京府管内の宅地地価調である。改租後七年間の土地異動は知り得ようもないが、法定地価は長期固定であって、分析の結果は地租改正終了ごろにおける士族の土地所有について概況を伝えている、と考える。東京市中の地主はおよそ二万二〇〇〇人、このうち士族は平民に次いで多く六六七〇人である。士族は単一の土地所有者が多く、士族一人当り地価も華族・平民と比べ誠に小さい。こうした単一小土地所有という士族の典型的な存在は、牛込および小石川両区に求められた。また他府県士族は一九〇〇人、土地所有規模は士族一般とあまりかわらないが、西南雄藩出身士族による土地所有は、政府施設地の集積される麹町区に多数であった。すなわちこれら西南雄藩出身士族の多くは国政機関の官僚として、藩閥政府の一翼を担う存在であったと考えられる。

註

＊1　沽券税および市街地地租改正の理解はとくに断わらない限り、自稿「城下町の地租改正」（『租税史料館報』平成一六年度版、国税庁税務大学校租税史料館、二〇〇五年）による。

＊2　東京の市街地地租改正は、滝島　功『都市と地租改正』（吉川弘文館、二〇〇三年）による。

＊3　区制の変遷、小区数の推移などは、明治一一年までは東京都編『東京市史稿』市街篇　第五十（一九六一年）、『同』市街篇　第五

十二（一九六二年）、『同』市街篇　第六十一（一九六九年）により、同一二年以降は東京百年史編集委員会『東京百年史』五巻（一九七二年）などによった。なお大区小区制の区番号により地域を掌握することは、地域概観が思い描けないという難点がある。沽券税の実施や市街地地租改正などは、一五区制の区名により掌握した。

＊4　江戸期の町数、明治の町数、町名の変遷などは、重藤　魯編『東京町名沿革史』（吉川弘文館　一九六七年）による。

＊5　前掲註3『東京市史稿』市街篇　第五十。

＊6　東京都編『東京市史稿』市街篇　第五十三（一九五三年）。

＊7　前掲註4『東京町名沿革史』。

＊8　武家地および武家地処分については、東京都編『明治初年の武家地処理問題』（一九六五年）が詳しく論じている。なお沽券地、拝借地など土地種類については、安藤春夫『封建財政の崩壊過程』（酒井書店、一九五七年）による。

＊9　前掲註1「城下町の地租改正」。

＊10　税務大学校租税史料館『平成十五年度特別展示図録　地券の世界』。

＊11　地租改正法とは、明治六年七月に公布された「上諭」「地租改正条例」「地租改正施行規則」「地方官心得書」の総称である（大内兵衛・土屋喬雄編『明治前期財政経済史料集成』第七巻、原書房、一九七九年）。

＊12　前掲註11『明治前期財政経済史料集成』第七巻。

＊13　前掲註1「城下町の地租改正」。

＊14　我妻　栄編『明治初年地租改正基礎資料』上巻（有斐閣、一九七一年）。

＊15　前掲註1「城下町の地租改正」。

＊16　滝島前掲註2『都市と地租改正』。

地租改正のポイントのひとつは、求積にあった。しかし東京市中では、明治六年から「皇国地誌」編纂事業の一環として、府下の「邸地」、すなわち市街地の宅地一筆ごとの測量調査が開始されており、地租改正による市街宅地の測量は実際には行わず、編纂事業の結果にたいする調整と現場の検査とが実施された、という重要な指摘がある。

＊17　前掲註11『明治前期財政経済史料集成』第七巻。民有地第一種の人民所有の田畑の地種は、明治六年地所名称区別では田畑、翌七年の改正地所名称区別では耕地、明治一〇年一〇月四日第七十号布告で耕地と田畑の併用と定めた。

＊18　市街地の測量単位は坪、田畑は町反畝歩である。単位を平方メートルに統一するため、町反畝歩を坪に換算し、さらに一坪＝〇・

三〇二五平方メートルにより再換算した。なお明治一六年「東京府統計書」は、郡区別の統計数値が分かる最初の統計書であり、これ以前の「東京府統計表」は大区小区別の統計数値が多い。なお官有地地積および官省地名は明治十二年「東京府統計表」による。

＊19 前掲註4『東京町名沿革史』。

＊20 同右。

＊21 「市街地地租調査法細目」は、我妻　栄編『明治初年地租改正基礎資料』中巻（有斐閣、一九七一年）による。

＊22 「管内地価調」（604・C3・1～3））は、東京都公文書館所蔵文書である。同史料および土地所有などの詳細な分析は、自稿「明治十八年『管内地価調』にみる東京府の土地所有」（税務情報センター租税史料室「平成十八年度租税史料室年報」）を参照されたい。

＊23 所有土地を「筆数」ではなく「地数」とした理由は、「管内地価調」には地積の記載がなく、所有地は郡区名が分かるだけだからである。

＊24 有尾敬重『本邦地租の沿革』（御茶の水書房、一九七七年）。

＊25 求積のほかに地租改正のいまひとつのポイントは、地価の算定である。算定は地位等級調査によってなされるが、東京の市街地では一八三等級に区分し、これに類外の九等級を加え、一坪当り地価は一等の二九円五五銭を最高とし、以下、進級ごとに単価を降下させ、一八三等は七銭五厘とし、類外九等の末等は二銭五厘五毛に設定した。これら等級のうち、二等と五等から九等、および一二等は空位としている（大蔵省編『地租改正紀要（全）』御茶の水書房、一九七九年）。

＊26 野口孝一「明治初期東京の土地所有状況―山本忠兵衛編『区分町鑑東京地主案内』を中心に―」（東京都立大学都市研究センター『総合都市研究』第三〇号、一九八七年）。同書は地積による地主分析であるが同書の土地制度研究史上における意義、分析の評価などは、滝島前掲註2『都市と地租改正』に詳しい。

＊27 新華族あるいは公家華族、武家華族は、酒巻芳男『家族制度の研究―在りし日の華族制度―』（霞会館、一九八七年）を参照した。

＊28 伊勢商人などについては、北島正元編『江戸商業と伊勢店―木綿問屋長谷川家の経営を中心として―』（吉川弘文館、一九五三年）を参照した。

＊29 前掲註4『東京町名沿革史』。

＊30 石井寛治『日本経済史（第二版）』（東京大学出版会、一九九二年）。

四　神奈川県会における土木費審議
――甲州街道開鑿事業を中心に――

池田良郎

はじめに

明治一三年（一八八〇）一一月の太政官布告第四八号地方税規則改正により、翌一四年度から府県に対する土木費（河港道路堤防橋梁建築修繕費）の国庫下渡金の廃止が決定した。これは政府の財政運営の観点から、土木補助の増加傾向に歯止めをかける意味で、政府財源を豊かにし費用の負担を地方に転嫁するものとして捉えられている。土木費補助は基本的に災害や地勢などによるため、その補助の程度や費額を判断する基準が困難な費目である。この土木費の国庫下渡金の廃止は、国と府県で折半される県道だけでなく、国費で賄われる国道の修築にも及び、道路改修や開鑿事業を興そうとする府県の財政に大きく影響した。

そのような状況の下で神奈川県の地勢を概観すると、開港地横浜を抱え、全国的には規模は小さいが、多摩川、相模川、酒匂川などの河川もある。また道路では、近世の五街道のうち東海道と甲州街道が存在しており、これらは県

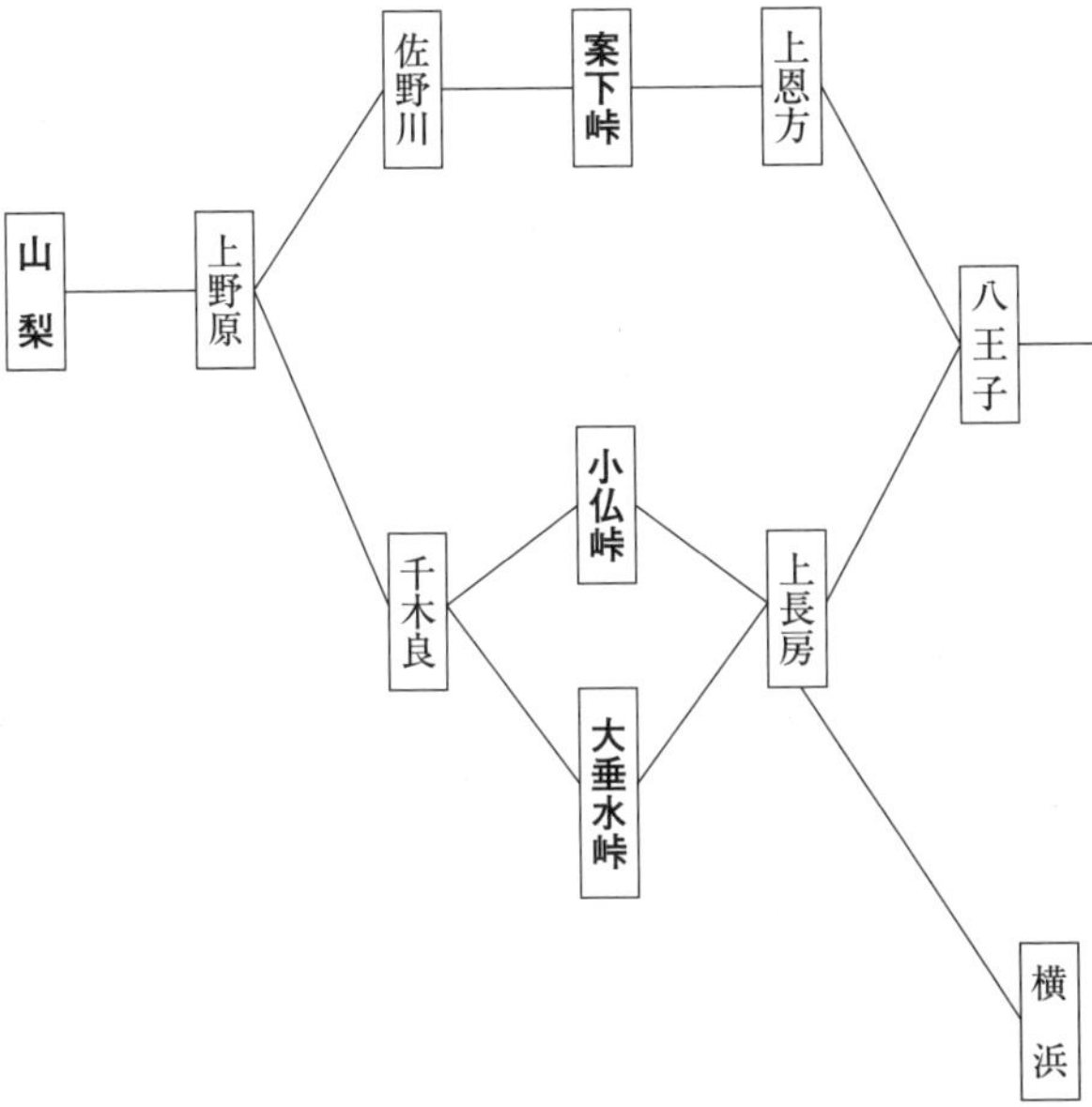

図１　甲州街道開鑿事業位置関係図（筆者作成）

内だけでなく他府県にも利害を及ぼすものである。さらに、これらの街道は東京府と隣接しているため交通量も多く、何れの街道も各地から関東地方に入るための急峻な峠が県内に存在した。当時の街道は路面に石や砂利も多く、馬車などで荷物を運搬する際の障害となっていた。そのため、明治十年代になってそれを道幅を拡大して改修したり、新規に別ルートを開鑿したりする動きが登場する。中でも甲州街道は、明治十年代中頃になって神奈川県南多摩郡と津久井郡の間にある小仏峠を新しく開鑿して、甲信地方の産物をスムーズに運搬できることを目指した具体的な計画が持ち上がる。[*1]

神奈川県内の道路行政に関する研究では、大きく分けて二つの視点がある。交通史的視点から山本弘文氏[*2]が明治前期における神奈川県内の道路輸送について『神奈川県史料』に収録されている多様な建設工事を分析する中で、甲州街道の開鑿ではそのルート決定に紆余曲折を経ていたことを明らかにしている。また地方政治の視点からは、色川大吉氏が神奈川県会の審議を分析しており、明治一六年度の土木費審議では甲州街道開鑿問題が焦点となったが、横浜区内を中心とする改進党員と郡部議員を中心とする自由党員が対立する構造になっていたことを述べている。[*3] 確かに甲州街道開鑿に関する問題が一六年度の審議の中心であったが、その分析には課題も残されていると思われる。それはルート決定から国庫金が下附されるまでの県会の審議過程について具体的に触れられていない点である。勿論、この頃は自由民権運動が盛んであった時期であり、県会審議における政党の関係性については一つの分析視角となりうる。しかし、国道を開鑿することで国益にも関わり兼ねない事業の審議を、県内の自由党対改進党の対立構造に当てはめることが可能かどうか、検討の余地があるように思われる。

本章では、主に『東京横濱毎日新聞』の「神奈川通常県会議事録」[*4] を使用し、甲州街道の開鑿事業をめぐる地方税の審議過程を具体的に分析した上で、その中心となった問題点や県内の政治状況及び地域利害などについて検討してみたい。

1 国庫下渡金の廃止と神奈川県会における一五年度土木費議案

(一) 国庫下渡金の廃止と神奈川県の道路事情

明治一一年（一八七八）一一月に施行された三新法の内、地方税規則では府県の財源確保と、従来の複雑であった地方税制度を統一的なものにするため、府県税（地方税）と町村税（協議費）を設け、府県税は地租五分の一以内の付加税である地租割、商工業者を対象とした営業税と雑種税、さらに家にかかる戸数割の三種目を税源とした。また、その費目は警察費・河港道路堤防橋梁建築修繕費・府県会議諸費・流行病予防費・府県立学校費・郡区庁舎建築修繕費・郡区吏員給料旅費・勧業費等計一二項目であった。この中で河港道路堤防橋梁修築費については、実際には地方税と協議費の連帯支弁が行われている府県もあり、負担分を明確に区分することが難しい費目であった。

その後、明治一三年（一八八〇）一一月五日太政官布告第四八号により地方税規則が改定されることになった。その改定点は、①地租割課税限度額を五分の一から三分の一に引き上げることにより、地方税の増税が可能となり、②国庫支弁であった府県庁舎建築修繕費・府県監獄費・府県監獄建築修繕費を地方税支弁に移管し、さらに、③一四年度より河港道路堤防橋梁建築修繕費（土木費）の国庫下渡金が廃止されるという三点である。[*5]

さて、明治九年（一八七六）六月の太政官達第六〇号により神奈川県では「仮ニ国道ト名称スルモノ」として、東海道（川崎駅〜箱根駅）・東京往還（横浜〜神奈川駅）・甲州街道（北多摩郡烏山村〜津久井郡小淵村）が国道に選ばれた。そして、一二年度の予算審議の中で第二号議案として河港道路橋梁堤防建築修繕費が提示されると、道路橋梁については、国県道及び横浜区内にかかるものは地方税支出と定められたが、甲州街道については北多摩郡烏山村〜南多摩郡八王子間のみ道路修造費が計上された。議案説明によると「甲州往還北多摩郡烏山村ヨリ南多摩郡小淵村ニ達スルノ道路ハ、近来大破ニ及ヒ通行頗ル困難ヲ極メ甚シキハ、車馬ノ通行ヲ絶ツニ至ルニヨリ、之レカ修造ヲ加ヘントト欲スレトモ、一時費額ノ嵩ムヲ以テ、姑ク其中間八王子ニ到ル迄ヲ修繕シ、其以往ハ十三年度ニ譲ル」[*6]としている。つまり、八王子から甲州方面に向かう最初の難関である小仏峠に関しては、車馬の通行が困難にも拘わらず修繕経費が設けられていないのである。なお、この時は横浜橋梁架替費を別に計上している。これは横浜市街のうち、県道以下に掛かる橋梁などに対しては本来なら協議費で支弁しなくてはならないが、これまでは県税で支弁されたものなので地方税から支弁することにしたのである。

(二) 明治一五年度の土木費審議過程

具体的な審議過程に入る前に県の歳出額の内訳を確認しておきたい（表1）。明治一四年（一八八一）〜一八年

表1　神奈川県（郡区連帯）の歳出額（単位　円）

	1881（明治14）	1882（明治15）	1883（明治16）	1884（明治17）	1885（明治18）
警察費	101,580	125,831	115,674	92,992	67,460
警察庁舎建築修繕費	—	8,993	21,587	1,166	593
土木費	—	10,931	23,625	28,296	30,231
県会議諸費	1,867	3,855	2,340	622	430
衛生及病院費	11,320	6,932	623	938	7,274
教育費	7,801	8,095	8,332	8,483	5,793
浦役場及難破船諸費	342	96	87	22	12
諸達書及掲示諸費	4,980	4,368	4,011	3,912	2,323
県庁舎建築修繕費	806	44,459	222	549	1,229
勧業費	217	—	—	—	—
救育費	714	—	—	—	—
監獄費	64,738	66,348	69,785	75,854	63,631
監獄建築修繕費	8,378	4,561	6,661	5,877	2,148
地方税取扱費	146	243	222	181	138
地方郵便費	—	—	3,754	3,976	—
雑出	2,432	298	441	—	143
合計	205,321	285,010	299,214	222,868	181,405

註）『神奈川県史』資料編21，統計　（神奈川県，1982年）より．

（一八八五）の歳出額の内、四〇％前後を警察費が占めている。土木費に関しては、一五年（一八八二）における土木費の総額に対する割合は約三～四％程度であるが、一五年から土木費を単独で計上しているのがわかる。

実際、甲州街道の開鑿や修繕の問題が具体的に取りあげられるのは明治一五年の通常県会の時である。ここでは、県第一七号議案として土木費金三万七三〇一円二三銭五厘の修築費の内訳に関する議論が五月三日になされた。*7 表2は二次会で審議された修繕費の内訳であるが、全体的に予算案よりも決議額の方が減額となっている。東海道では馬入村以西の道路状況はそれほど険悪ではなく、中嶋村以西も修繕する箇所が少ないことから減額されている。東京往還も多少減額されているが、これは県会議員古谷正橘（三浦郡）が「昨年英国皇孫ノ来着ニ付キ修繕シタルヲ聞クニ、粗造ニシテ其金額ハ多額ヲ要シタリトノ事ナリ、然ラハ本町ノミニテモ三百円位ハ要シ、其他高嶋町辺モ幾分カ費用ヲ備置カサレハ差支アルヘシ」*8 と述べ、減額するにしても五四〇円を充てた方が良いとする意見からである。

さて甲州街道に関する議論では、当初小仏峠以西にあたる小原町～小淵村の道路改修費が見込まれていた。しかし、戸塚千太郎（横浜区）、菊池小兵衛（高座郡）、内野杢左衛門（北多摩郡）らが、容易に着手する事業ではないと主張したため最終的に廃案となった。甲州街道の中でも小仏峠以東にあたる「烏山村~上長房村」（金四九六七円二九銭二厘）と「上長房村~小仏峠~小淵村」（金一六四八円四八銭八厘）の修繕に関しては土木費が充てられている。この議論の中で、北多摩郡上石原村出身の県議中村克昌は「補修費ハ常置委員意見ノ三分ノ一トシテ千六十一円ニ、次ノ修繕費ハ原案ノ四分ノ一トシテ四百十二円ニ減ス、補修費ノ方ハ十二年度ニ修造シタル事ニテ十五年度ニハ費用ヲ要サ、ルナレトモ、東京ニ接スル一里程ノ所ハ砂利斗リ故幾分カ費用ヲ要スヘシ」*9と述べている。つまり北多摩郡烏山村から約一里の上石原村付近までの費用は要求するが、八王子以西の上長房村~小淵村に関しては大幅な減額を主張している。これに対して古谷正橋らは、八王子以西は道路が悪く、また開鑿を実施しないにしても、常に甲州から車馬の通行があるのでできるだけ減らさないようにしたいと述べている。その結果、烏山村~上長房村は半額の二二六〇円余、上長房村~小淵村は四一二円と大幅な減額となった。つまり後者のみ中村の意見通りになったわけである。中村は一六年度の県会で小仏峠の開鑿事業を審議する際、この事業に強く反対を主張する。

表2　明治一五年度県甲第一七号議案土木費（修繕費）　（単位　円銭）

国道	区間	予算案	決議
東海道	馬入村～湯本茶屋	8,791.776	4,204.300
	中嶋村以東	3,791.968	1,066.000
東京往還		633.340	540,389
甲州街道	小原町～小淵村	15,000.000	
	烏山村～上長房村	4,967.292	2,261.870
	上長房村～小淵村	1,648.488	412.000
合計		34,832.864	8,454.559

五月五日から三次会が開始されると、最初に高座郡の菊池小兵衛から建議案が提示された。内容は一四年の第四八号公布により土木費を地方税で賄わなければならなくなったため、内務卿へ建議して国庫支弁を仰ぎたいというものである。その理由は次の通りである。

（前略）土木費ノ内ニハ治水費モアル事ナレド、本県ニ於テ現ニ負担ニ堪ヘサルモノハ東海道ニシテ、此東海道ハ二府五県、即チ東京府、京都府、静岡県、愛知県、三重県、滋賀県及ヒ本県ニ跨リ、其内本県ニハ最モ多ク沿ヒ之ニ加フルニ、彼ノ有名ナル函嶺ノ険アリテ其工事タル尋常普通ノモノニアラス、且又此東海道ノアル上ニ矢張リ五街道ノ一ニ位スル甲州街道ノ大道アリ、其他治水費モ漠大ニシテ格別大河ト云フニアラサレドモ、多摩川、相模川、酒匂川ノ大川アリ、是ニ由テ本県ノ土木費ハ非常ニ多額ヲ要シ、該三川ノ如キハ他府県ニ於テモ之レナキニアラズト雖トモ、道路ハ他府県ニ異リテ多額ノ費用ヲ要セリ（後略）[*10]

神奈川県内には五街道の内二路線があり、川については街道を跨ぐ三川が挙げられる。この菊池の建議案は多くの議員達の共感を得ることができた。特に東海道に関しては、他府県にも跨り箱根付近の急峻な峠もあることから、国庫支弁を仰ぎたいとする意見が多く出され、さらに県議の成内穎一郎（南多摩郡）や福井直吉（大住郡）らからは、甲州街道もその対象にしたいとする意見も出されていた。この県議案については、何を対象として国庫支弁を仰ぐかについては特別に立案委員を設置して追々検討することにし、この場は取り敢えず建議自体を可決するに留まっている。

㈢　南多摩郡の地域利害と小仏峠の実地調査

明治一五年一〇月五日、神奈川県令沖守固は、東京府知事芳川顕正ら十数名とともに、主に西多摩郡と南多摩郡の巡視を行った。この巡視の主な目的は玉川上水の実況見分と考えられる。神奈川県御用掛安田米斎の「沖神奈川県令管内巡廻日誌」[*11]にはその時の様子が記されている。

一〇月七日、沖守固は玉川上水の視察をした後、芳川らと南多摩郡八王子を訪れた。その日の午後、八王子から高尾山に向かい山を登ると、途中薬王院まで行ったところで芳川府知事らは下山し、沖県令や原豊穣郡長ら五、六名だけで小仏峠まで向かった。安田米斎の「巡廻日誌」には「山ノ半服ヲ屈曲上下シ小仏峠ノ絶巓武相ノ国界ニ達シ相模屋ニ憩ヒ温飩ヲ喫ス、山ノ中段ヨリ隧道口ヲ実見セラレ再小仏峠ヲ下ル、道路険悪段階忽チニシテ穴ノ如キ所アリ、小仏宿ニ至レバ日全ク暮馬車来ル」とあり、小仏峠から甲州街道を下山する際、道路状況が険悪であったことが記されている。この巡視を終えると、八王子の宿舎に戻り原や谷合弥七らに対し道路開鑿の件を促した。

原豊穣は北多摩郡上布田村出身で明治一三年四月に神奈川県勧業課用掛に任命された。谷合弥七は八王子横山宿の呉服商及び織物仲買人であり、元県会議員でもある。この二人は翌年一〇月から一ヶ月間行われた、神奈川県主催の埼玉県、群馬県、栃木県との四県連合繭生糸織物共進会が開催された際に親交が深まったとされる。[*12] 原が一五年六月に南多摩郡長となると、谷合と原との結びつきはさらに親密化する。原は南多摩郡長に就任した際、「物産殖興ノ基ト運輸ノ便ニアルハ復喋々ヲ要セス」[*13] と道路開鑿を実施することで郡内の殖産興業を軸とする施政方針を示していた。そのため、原はこの開鑿事業を何としても実施させたいという意気込みがあったのである。南多摩郡は特に八王子を中心に生糸や織物が盛んで繭や炭などが取引される地域であり、三多摩郡や高座・津久井・愛甲の各郡、さらには山梨県で生産される商品の販売市場ともなっていた。[*14]

安田の「巡廻日誌」には「長官ヨリ小仏ノ隧道及郡役所警察署ノ改築等種々ノ談示アリ道路開鑿ノ件」とある。沖はこの翌日、八王子駅八日市場における盛んな市や西長沼村にある製糸場を訪れ八王子における織物産業を巡見している。この管内巡廻を終えた後、一一月一三日に沖は七県連合繭生糸絹木綿織物共進会褒賞授与式のため群馬県へ出張しており、[*15] 授与式ではあるが地域産業に興味を示している様子が窺える。つまり、産業の観点からも沖はこの開鑿事業の重要性を認識していたと考えられるのである。

沖県令が県内を巡視した数週間後の一〇月二九日から神奈川県会議員らや地元有志による小仏峠の実地調査が行われた。[*16] これには県会議員の肥塚龍、中村克昌、成内頴一郎は常置委員として、また神奈川県土木課長谷野遠、土木課十等属正木芳介、御用掛三田善太郎、八王子有志として谷合弥七、川口寛一も同行した。その際、案下通（上恩方―案下峠―佐野川―上野原駅）と千木良通（案内通）（上長房―大垂水峠―千木良―上野原駅）の二ルートが候補に挙がった。当初、原や谷合は津久井郡長の吉野十郎とともに千木良通で開鑿を考えていた。この千木良通を選んだ理由は、距離は長いが峠自体はそれほど大きい訳ではなく、切り崩して道をつくるのであれば、むしろ案下通よりも工費を必要としないとするためである。しかし、南多摩郡上恩方村と西寺方村の有志が強力に案下通を主張し、八王子関係者がそれに同調したことから、八王子の原・谷合と津久井郡長の吉野との間で意見のすれ違いが起きてしまう。そのため、開鑿ルートを案下通にするか千木良通にするかは県側の判断に任されることになった。

この間、原と谷合は山梨県令で三島通庸と同じく道路県令として有名な藤村紫朗とも書簡を交わしている。一六年一月七日に藤村が原と谷合に宛てた書簡の中で、「県下各地ノ有志者二十余名、併郡長等庁下ニ集合、夫々協議ノ末御地ノ盛挙ヲ賛成、応分ノ御助勢致ス事ニ相決、委員ヲ選定是ヨリ募集ニ着手致候趣申出候、就テハ右募集等ノ都合モ有之候ニ付可成速ニ開鑿場処ノ義御決定相成候致企望候」[*17]と述べている。つまり、山梨県でもこの事業について協議が行われ募金をする計画を立てており、そのためにはまずルートを決定しないといけないと主張している。藤村もこの開鑿事業に関心を持っていたのである。

翌年二月八日の案下通り開鑿反対に関する請願では津久井郡下の旧甲州道中の宿村より請願が出されている。[*18]この中で、この峠を往復する者は東京と甲信地方、あるいは横浜神奈川と甲信地方との二種類あり、前者は八王子を通るが後者は通らない。また、後者は案下通になった場合距離が長くなり、津久井郡内の街道が「修然（繕）モ不行届悉皆荒蕪ニ帰」すため、千木良通を開鑿することが必然であるとしている。つまり後者の場合は千木良から大垂水峠を越え南多摩郡上椚田村から分かれ、相原を経由して横浜に向かうルートを採るのである。これならば東京横浜のどちらに行くにせよ最大の難所である峠を共に超えることができる。

二月一一日、最終的に県令沖守固は、案下通よりも千木良通の方が工費が少なく隧道を必要としないため、千木良通に決定したことを原郡長、吉野郡長、成内県議らに申し渡した。原郡長としては残念な結果となったが、それでもこの開鑿事業自体は県令の支持を得ており、如何なる形であれ事業を興したかった原としては一歩前進したことになる。

明治一六年（一八八三）三月、発起者十六名が連名で千木良通を開鑿することを確認する趣意書「小仏峠開鑿并修路之旨趣」[*19]を提出している。その十六名の内県会議員は、横浜区議員で改進党の肥塚龍、島田三郎、来栖壮兵衛、南多摩郡の中溝昌弘、土方啓次郎、青木正太郎、成内穎一郎、北多摩郡の中村克昌、三浦郡の古谷正橋、高座郡の菊池小兵衛、淘綾郡の中川良和、津久井郡の三樹十右衛門、和智保章である。これ以外に原、吉野両郡長、八王子の谷合弥七も参加している。

2　明治一六年度の土木費審議

㈠　土木費の一次会審議

こうして開鑿路線は決定したが、次にこれを議案として作成し県会の審議にかけなければならない。表3は一六〜一七年度にかけての土木費の内、号外議案の道路橋梁費支出議案である。一次会は四月一〇日から行われたが、ここでは特に国庫下渡金及び寄附金の額が不明のままで事業を興すべきか否かについて議論が交わされた。趣意書に記されていた人物の一人である中溝昌弘（南多摩郡）は、現在の不景気は憂えないわけではないが、「此開鑿事業ニ就テ人民ノ思慮如何ヲ察スルニ、此事業ニ直接ノ関係ヲ有スル彼ノ津久井郡ノ如キハ人民此挙テ賛成シ自ラ奮テ金円ヲ義捐シ、一日モ早ク其竣工ノ日

表3　明治16年一次会議案「地方税土木費中道路橋梁費支出議案」　（単位　円銭）

金額	内訳	費目
3,000.000		16年度支出額
	281.471	区部（横浜区）経費
	2,718.529	郡部（横浜区以外）経費
1,200.000		17年度支出額
15,000.000		合計

註）『横毎』1883年7月5日付より作成.

ニ會寓セン事ヲ渇望スルモノ、如シ、既ニ沿道人民ニシテ斯ノ如ク熱望スルヲ観レバ、此事業ニ就テ一万五千円ノ地方税ヲ支出シタリトテ誰カ此議会ニ対シテ人民ノ負担ニ堪ヘサルモノヲ負担セシメタリト云フ者アランヤ」とこの小仏峠開鑿事業が津久井郡でも必要としていることを主張した。[*20] 彼の立場からすれば、その背後に南多摩郡の状況、特に原や谷合の意向があったことは言うまでもない。さらに国庫下渡金については、「理事者ニ於テハ許可アルヘシト確信セラル」と自信を持って発言している。津久井郡の三樹十右衛門も、郡内で有志者による寄附金が多く集まっており、「人民挙テ此工事ノ一日モ速カニ着手アラン事ヲ希望」している郡内の状況と報告している。[*21]

これに反対意見を述べたのが横浜区改進党議員の来栖壮兵衛である。来栖は「此事業タルヤ之ヲ起セバ其公益ヲ与フル、啻ニ本県下ノミナラズ延テ他府県ニモ及ボスモノナルヲ以テ、本員モ只管此事業ニ着手セン事ヲ熱望シテ止マ」ないと事業自体は支持したが、「奈何セン前途ノ如ク此費用ニ就テ多額ヲ占ムル国庫下渡金及ヒ寄附金ノ未定ニシテ信スルニ足ラ」ないとして、国庫下渡金と寄附金の再調査を行い、十分な収入の目途が定まらない限り廃案にすると強く主張した。[*22] 来栖と同じく横浜区の改進党議員である島田三郎も国庫下渡金と寄附金が現段階で判然とせず、地方税だけでは困難であると述べたが、将来的な見通しとして「今廃案説ニ同意ヲ表セバ後日遺憾アラン事ヲ恐ル、ニ依リ、先ツ一次会ハ原案ヲ通過シテ全会諸君ヲシテ熟考ト調査ノ時間ヲ得セシメン事ヲ希望ス」と冷静な意見を述べ、[*23] 結局この意見が過半数を占めて二次会に持ち越された。つまり、一次会では県内の改進党議員の方が国庫金と寄附金の不明確な点を指摘し、慎重な意見を述べているのである。最終的にこれは廃案となったが、[*24] この事業の重要性について彼らも認識していた点については確認しなければならない。

この日の通常県会が終了した後、南多摩郡の県会議員で前南多摩郡長でもある中溝昌弘が原郡長に宛てて次の書簡を送っている。

（前略）大タルミ工業も先年者延期之姿ニ而、最初一次会ニ而廃按説陸続ト生、殆ント難繋勢之処、拙子等考案ニ者、案内ノ如キ少シク津久井ニ譲八王子之便利ニナラサルモ、本道案下とも隧道十町ニも至ル工事ハ容易ニ成業ニ難く、たとへ落成スルモ後来修繕管下之厄介物ナラン、夫ヨリハ費用も減少ナル案内ヲ開キ後患ヲ軽クシ、濃美信越之運輸ヲ便ニセンニハ不如ト存、原案維持説相唱粗勢力ヲ得一次会通過候処、二次会ニ至来栖議員等之説

本員ハ発起者ノ一人ナルモ、未タ本道ヲ開鑿スル費用ニ点開ニ工事ノ如何ニ至了解スルヲ得ス、何トナレハ鉄道スラ一里三万円ニ而嶮岨ヲ成業スルニ、僅ニ五里ノ間ニ切下ケ工事ニ十万円乃至十八万円ヲ費スハ不可思議ナラン抔頻リニ相唱候故

大ニ疑惑ヲ生スルニ付、二次会ニ至維持之念も薄く相成、議員中思想ヲ変候者も出来、終ニ廃按ニ属し候、尤案ト競争之儀も有之候得者、却而穏当之結着歟其他総而節減論ノミ、教育費壱万五千円者削除、郡吏俸給者昨年決議額、常置委員者三十円ニ被減、而シテ通常議員之旅費者昨年通ニ据置等、尤ヲカシク御座候堤防道路費者十五年額ナルヲ以諸色追々下落候故、工事者幾分歟区域ヲ広メ可申候、又県会之方巡査ニ帯剣セシムル趣ニテ、庁費千五十円も増加候処是亦削除、師範学校費衛生費等者漸々保続候程ニ止、猶其内可申上、余者期拝語

四月　廿四日　　　　中　溝　昌　弘

原　豊穣賢兄[*25]

この中で中溝は来栖等の行動について、特に来栖は実地調査にも同行し、趣意書にも同意しているにも拘わらず、ここに来て慎重な意見を述べ反対し、且つ、来栖と同じ様な不安を抱いている議員が他にもいるというのである。また、それ以外の予算審議についても言及しており、県庁費用以外で増額されることはなく、そのまま節減論しか唱えないで、積極性に欠ける議論しかなされないことに不満を述べている。

(二) 二次会における再審議

明治一六年四月二六日、再び通常県会が始まると土木費の号外議案が再審議されることになった。来栖はその中で参考書類や詳細の調査を分析し再考した上で「政府補助金ノ如キハ必定下渡アルヘシト信スルニ足レリ」と立場を逆転させた。また、地方税の支出額も一六年度に二千円、一七年度に一万三千円と修正するよう求めた[*26]。廃案を述べた前回から今回までの来栖の具体的な考え方の変化に関しては不明だが、元々小仏峠開鑿事業は必要であるとは彼自身も理解していたことであるので、前向きに検討を進めたものと考えられる。

これに異議を唱えたのが北多摩郡の吉野泰三である。吉野は前会の二次会で廃案にしたものを、来栖の意見によって再度この議案を取りあげることは不安なことであり、「若シ下渡ト寄附ト倶ニ確固タラサルトキハ、不得止地方税ノ主トナリテ支払フ様ノ場合トナルヘシ、斯様ナ（あやふや）事ニ為スヨリモ、寧ロ此二次会ニ於テ削除スルカ可ナルヘシ」と反対した。さらに、「今迄着手セサルモノヲ本年ノ如キ年柄悪キ上ニ新ニ此事業ヲ起スハ大ニ不可ナリ」とこの不景気に大事業を興すことに対し危機感を抱いている[*27]。

この再審議で焦点となったのは、地方税を負担する金額とその期間である。南多摩郡の成内穎一郎は年期を延ばし「本年ハ三千円十七十八年度ハ各六千円ト」する案を提示し[*28]、これに佐藤貞幹（都筑郡）と中溝昌弘が同意している。趣意書に同意した人物の一人である古谷正橘も成内案に同意し、「已ニ東海道ノ開鑿ノ如キハ速ニ一次会二次会ヲ通過シナカラ、本案ニ限リ斯ク纏リ易カラサルハ如何ナル因由ソヤ」とこの開鑿事業の開始が遅れていることに対し言及している[*29]。

横浜区の島田三郎は成内の三年分割案には同意するが、横浜区の立場からすると、東京―横浜間の往来が昔と比べ繁多になったのは鉄道の便があるからであり、それは道路でも同じであると指摘した。そして彼は、このような交通の便による都市の繁栄を説明した上で続けて次のように述べた。

政府ヨリ地方ニ金ヲ下付セラル、事モ漸々六ヶ敷訳ニナルベシト聞ク、例ヘハ山河ノ崩溢ノ如キハ之ヲ救フハ焦眉ノ急ナリトテ下付セラルベキモ、山道開修ノ如キハ支出ヲ節減スルニ於テハ必ラズ後ト回シニセラルベシ、故ニ此一点ヨリスレバ一年モ早ク申シ出シテ補助ノ許可ヲ得ルコソ本道開鑿ノ為メニ取リテ上策ナルベシ

このように島田は政府の動向を想定しながら早急に事業に取り掛かるべきであることを訴えた。しかしその反面、本年は新規事業が多く地方の困難も甚だしい。そのためなるべく支出を抑えなければならず、「此工事ヲ二年ト為スヨリハ、寧ロ三年ト為スカ可ナルヘシ」として、本年は一五〇〇〇円、一七年度一〇〇〇〇円、一八年度七〇〇〇円とする案を提示した*30。三年分割ではあるが、額は成内らより少なく見積もられている。最終的にこの会では取り敢えず廃案とはせず、三年間の事業で行うことを決定したのである。

表4　明治16年三次会議案「地方税土木費中道路橋梁費支出議案」

（単位　円銭）

金額	内訳	費目
3,000.000		16年度支出額
	281.471	区部経費
	2,718.529	郡部経費
6,000.000		17年度支出額
6,000.000		18年度支出額
15,000.000		合計

註）『横毎』1883年7月18日付より作成.

(三)　三次会の審議と北多摩郡議員の反対

明治一六年四月二七日、土木費議案の三次会が開催された。表4は三次会における土木費中道路橋梁費支出議案である。二次会において三年分割が決定したため、一七・一八年それぞれ六〇〇〇円ずつ支出額が提示されている。ここでは三次会での審議過程をみてみよう。

三次会では原案賛成者の一人に島田三郎や来栖壮兵衛と同じく横浜改進党の肥塚龍がいた。彼は前年の一〇月に常置委員として実地踏査に参加した人物の一人である。肥塚は小仏峠は本県は勿論他府県にも緊要な場所であり、開鑿しなければ運輸の便を欠いてしまい結果的に物価の高騰を来す。そして、地方税

自らが率先して事業を興さなければ政府も補助を為しがたく、地方税も出さず国庫金も出さないとなれば開鑿の便が開けないと説明した。[*31] 横浜改進党系の県議達は総じてこの事業自体には賛同しており、彼らの目的は五街道の一つである甲州街道を利用して、甲信地方から横浜に繋がるルートをさらに強化することを意図したものであると考えられる。肥塚はさらに反対論者に対し「先ツ利益ヲ得ルハ第一本県ニシテ第二ハ山梨ナリ、然ルニ小仏峠アルカ為メニ極テ不便ナレトモ、其道路ヲ開ケハ運送ノ便ヲ得ル少ナカラス、（中略）又眼ヲ利益ノ点ニ注視スレハ、津久井其他沿道町村ヨリ人足ヲ出シ、而シテ其質ハ低廉ナラシムル上ニ尚寄附金ヲ為スト云ヘリ、加ルニ此開鑿ニ当ル沿路ノ人ハ日ニ議会ニ来テ傍聴ヲ為シ居ルト聞ク、斯ル熱心ノ有様ナレハ決シテ此工事ハ廃スヘカラス是非起サザルヲ得ンヤ」とこの開鑿事業が津久井郡の地元住民からも期待されていることを主張した。[*32]

逆にこの三次会でこの議案に強く反対を表明したのは北多摩郡の中村克昌、吉野泰三、内野杢左衛門である。中村は「一度廃案ニ属シタルモノヲ復タ再議ニ附セラル、トハ実ニ解シ能ハス」という発言を繰り返していた。[*33] 吉野は国庫金の下附に関する確認をした上で「如何ナル金額ノアルニモセヨ斯ル不急ノ工事ハ起サ、ルコソ至当ナレ」と慎重な意見を述べるに留まっている。[*34] 内野は国庫金と寄附金が当てにならないことを述べ、さらに、「是ヲ廃棄スルニ就テハ、東海道ノ信濃阪外二坂ノ開鑿ヲ可トシタルヲ怪シマル、ノ設モアランガ、彼ハ此ニ比シテ些細ニモアリ、且ツ敷地モアリテ並木等モアリ、況ヤ事業ニ緩急アルニ由レルナリ、併シ此事業ノ如キハ一年度位ヲ延シタリトテ、国庫金ノ下附ナシト云フ訳ニアラズ、且ツ本年ハ県庁ノ建築費其他警察本署等ノ建築モアル故旁々本案ヲ廃サント欲スルナリ」[*35]と、土木費以外の支出が本年は特に多いことなどを指摘したり、東海道の事例を出して異議を唱えた。

北多摩郡の議員が反対した理由を地理的観点から考えると、北多摩郡を通る甲州街道は烏山村〜日野宿の手前までであるので、直接小仏峠の影響を受けるわけではない。同じ頃、北多摩郡を流れる玉川上水の築堤を利用した馬車鉄道の建設計画が持ち上がっている。これは東京と甲府を結ぶ甲武鉄道の端緒とされているが、このように北多摩郡では、むしろ東京との連絡の方が重要であった。明治一五年の審議において中村克昌が烏山村から一里、つまり、旧布田宿辺りまでの費用は支弁してほしいという発言の裏には、東京との接点を強化する思惑があったものとも考えられる。[*36]また、当時既に青梅街道（甲州裏街道）が大菩薩峠を避け柳沢峠を通る新ルートにより完成しており、それによって一応山梨県と接続できる状態にあったことも事実である（後述）。

最終的にこの議案は原案同意が三〇名、廃案が一一名により可決された。可決された背景には、国庫下渡金が廃止されていたにも拘わらず、国道に対する国庫補助が実際には行われていたという事実があったため、多くの県議達が自信を持って国庫金を得られると考えていた。国庫金を六万円としたことにも理由がある。長妻廣至氏によると、国庫補助率が一六年度を境に一元化が進んでおり、国庫補助率が三分の一となっていたことは不文律であったとされる。[*37]また、三次会の中で「四十八号ノ公布アリシ以後ハ土木費ハ悉皆地方税ノ支弁トナレリ、然ル以上ハ時ト場合ニヨリ国庫ヨリ下附セラレサル事アラス、別ニ其達ハ無シト雖トモ彼道路ハ国道ニテモアリ、此等ノモノヘハ随分下附セラルヘシト確信ス、現ニ兵庫県鳥取県ノ如キ道路開鑿ニ付国庫ヨリ下附セラレタル慣例モアレハナリ」[*38]と他府県の事例をあげる国庫金が下げ渡されていることを発言している者もいた。したがって、一六年度の段階では全国各地で新道開鑿事業も行われており、それらの傾向を見ながら神奈川県会でも金額を検討していたと考えられる。

3　国庫金の申請と山梨県の動向

こうして国庫金が決まり甲州街道開鑿事業の国庫補助金六万円を申請することになったが、スムーズに申請が行われたわけではない。明治一六年三月六日、地方税と寄附金の額、計一二万一六四七円七七銭五厘が決定すると（表5）、神奈川県より内務農商務省へ伺いが出された。

（前略）就中小仏峠ノ如キハ実ニ単身徒歩ト雖トモ其困難ナル見ルニ忍ヒサルノ悪路ナリ、（中略）然ルニ其場所タル県下ノ一隅ニ属スルヲ以テ其利害ノ関係ハ、本県ヨリハ却テ山梨長野ヲ始メ東京等ニアルヲ多シトス、然レトモ本県下有志人民ニ於テハ是等ノ事ニ拘ラス、単ニ右ノ難路ヲ避ケントスルニ熱心セリ*39

ここでは小仏峠が悪路であり通行に時間もかかるなど運輸に支障をきたすことを説明すると同時に、利害関係については神奈川県よりも山梨、長野、東京などの方が多くあると述べている。実際、他府県にも多く利害が生ずることは神奈川県会の審議でも出されていたが、ここでは恐らく多少誇張して書かれていると思われる。その後六月四日、神奈川県より内務省へ地方税及び寄附金の具体的予算が提出された。

表5　甲州街道開鑿工費支出額　（単位　円銭）

金額	内訳	費目
15,000.000		地方税支出額
	3,000.000	16年度支出額
	6,000.000	17年度支出額
	6,000.000	18年度支出額
15,000.000		山梨県有志者寄附金
14,303.370		県下津久井郡人民寄附金
1,580.000		同南多摩郡人民寄附金
3,000.000		潰地代トシテ沿道人民より寄附金
26,934.870		沿道人民より寄附金
45,829.535		各地有志者ノ寄附金
60,000.000		国庫補助金
181,647.775		合計

註）「公文類聚」第7編60巻より作成.

同年一〇月五日、内務省が大蔵省に対し伺いを立てた。その文中で地域利害に関しては「今之ヲ開通セハ都留郡ハ勿論甲信其他数州ノ便益ヲ起シ物産ヲ冨シ、且山梨県ヘハ笹子ノ一坂ノミニテ車運ヲ通スルニ至ル笹子峠開鑿ノ義ハ即今山梨県ニテ詮議中ノ由有益肝要ノ工事」であると、特に山梨県への交通の便について言及している。*40 しかし、大蔵省からの返答は「彼是権衡ヲ得サル義ニテ如斯ノ類方今続々申出有之、本年度ニ於テハ最早予備金欠乏致シ支出ノ目途無之候条、御聴許不相成方可然ト存候」と類似の道路開鑿事業の申請が多いため予備金が不足していることを理由に不裁可となったのである。*41 なお、同年一一月六日には「長野県下六線道路開鑿費補助金ノ内碓井嶺ノ一線ニ対スル額*42」が下附されている。これは前年八月に長野県から伺が出され、それから一年以上経過して補助されたものであり、五街道の一つ中山道の主要な峠である碓氷峠の開鑿であるので、届け出た順に国庫金を補助する形を採用したものと考えられる。
　さて、開鑿事業に対し国庫金が下附されないことがわかると、同年一二月二三日に神奈川県と山梨県が合同で内務省に再度伺いを立てた。[*43] この伺いは、甲州街道沿道の山梨県人民は神奈川県会で再議されたこの開鑿事業に賛成している。また沿道や山梨県の人民からは寄附金も集まっており、工事が着手できることを願っている。そのため、もし今回の伺いが検討できない場合には、これまで両県会で決議してきたことが無効になると同時に、両県人民は挫折し、再び事業を興すことは難しくなるだろうと主張している。
　元々、山梨県では東京へのルートとして甲州街道と青梅街道を改修することを計画していた。[*44] 山梨県は甲府盆地の周囲を険しい山で囲まれているが、県中央から南に向かって流れる富士川による舟運はあまり適するものではなかったため、陸上による輸送が望まれていた。輸送物資としては山梨の蚕糸・絹織物などの産物が主で、これらを東京や横浜へ輸送するための道路整備が重要視されるようになったのである。明治六年（一八七三）山梨県令に藤村紫朗が就任すると、彼は道路整備を周辺住民の力を借りて道路整備を行おうとした。しかし当時、甲州街道の笹子峠掘削が費用や技術面からきわめて困難であったので、もう一つのルートとして、脇往還であった青梅街道（甲州裏街道）の開鑿が浮上した。この開鑿事業は明治六年から始められ、大菩薩峠を避け柳沢峠を越える新ルートが県官と地元有志によって探索されていた。このルートは青梅の商人小沢安右衛門が計画したものであるが、当初は受け入れられなかったため、山梨県令藤村紫朗に出願し、最終的に山梨県の主導で実施された。[*45] そしてこれにより、現在の山梨市から丹波山の県境までおよそ一四里、幅二間の馬車通行が可能な道路が明治一一年（一八七八）に六月に完成した。しかしこの青梅街道は地元にはほとんど受益をもたらさなかった。それは県境から神奈川県青梅町までの九里の改修が、神奈川県により着工されなかったため、産業道路としての機能は果たせなかったのである。[*46]
　このように青梅街道に関しては神奈川県側の開鑿が行われずに終わってしまうが、甲州街道については後に神奈川県でも議論になっていた事項であった。明治一六年の『地方巡察使報告書』における神奈川県と山梨県の項を比較してみると、山梨県の土木事項では甲州街道の道路整備に重点が置かれているが[*47]、神奈川県では土木事業を行うものとして「甲州街道開鑿之事業」、「東海道坂路開鑿事業」、「同箱根車道開鑿ノ事業」、「本県庁移転之件」を計画しており、それ以外に事業状況として「県下川々堤防修築事業」、「横浜外国人居留地下水路改造ノ事業」なども行っていた[*48]。山梨県としては地理的特性から峠を越えて、東京方面へ向かうための交通手段を模索しなければならないが、神奈川県では甲州街道だけでなく東海道の開鑿事業やその他の大事業もいくつか抱えていたため、土木費の大半を甲州街道に充てることは困難であった。神奈川県が甲州街道開鑿事業に着手に遅れた理由はこのような点にも表れていると考えられる。

山梨県では一行に進まない神奈川県内の甲州街道改修のため、神奈川県津久井郡を山梨県に割譲してほしいとの建議が県会で可決されたがこれに関しては叶わなかった。そこで山梨県郡内有志と郡長らが中心となり甲州街道の工事促進のため、神奈川県側への補助金にあてる募金を一八年度から計画していた[*49]。しかし、山梨県によるこのような補助金の募集は、神奈川県の動向を検討した上ですでに一六年には計画されていたのである。

翌年五月五日、神奈川県令沖守固の名前で内務省に伺いが出された[*50]。ここに書かれた費額は表5にある工費支出額と同額である。したがって神奈川県側の寄附金だけでなく、山梨県側からも寄附金が出されている。その後、内務省から大蔵省に伺いが出されると、大蔵省は、六月二一日に、「全額十七年度ハ常用在金ノ内ヨリ渡方可取計」と、一七年度の国庫下渡金に関しては全額を許可している。こうして工費がある程度確定すると、ようやく本格的な開鑿事業が始まるのである。この開鑿事業が完了するのは二一年五月である。

おわりに

これまで甲州街道小仏峠開鑿事業の経過を分析してきたが、この開鑿事業を審議するにあたっての最大の問題点は、国庫下渡金が廃止されている中で、いかにして国庫金を活用して事業を興すかということである。当時は特に農村部では不況下にあり、新規事業を興すことは容易ではない。そのような状況で他府県の様子をみると、例えば中山道を有する長野県では甲州街道開鑿の一年以上前には国庫金の申請を行っているし、他府県で国庫金を得て事業ができていると知れば、五街道の一つである甲州街道にも国庫金が補助されることは確実であると捉えられていた。しかし、一六年度の補助申請は容易に受け入れられず先延ばしとなった。そして一七年度の申請の際には山梨県と合同で伺いを立てることにより、ようやく補助されるに至ったのである。つまり、この事業は山梨県の協力なしには成し得なかった事業と言えるだろう。そこには山梨県令藤村紫朗の動向も注目しなければならない。

神奈川県の動向をみると、この開鑿事業を誰よりも進めたかったのは南多摩郡と津久井郡の議員達であった。特に南多摩郡の原豊穣郡長はこの開鑿を行うことで郡内の活性化を図ろうとし、前南多摩郡長であった中溝昌弘も県議として、県会でこの開鑿事業の重要性を訴えていた。また、横浜区を中心とする改進党系の議員、島田三郎、来栖壮兵衛、肥塚龍らは、当初、国庫下渡金の不確定なことを理由に廃案を表明してが、この開鑿事業自体については反対ではなく、むしろ来栖は実際に小仏峠に実地見分に行っており、この事業によって横浜—小仏峠—甲信地方のルートを確立したいと強く考えていた。

反対にこの事業に異議を唱えたのが北多摩郡の内野杢左衛門、吉野泰三、中村克昌らである。北多摩郡の立場からすると、横浜よりも東京との結びつきの方が強いため、むしろ北多摩郡内でも東京に近い場所の道路改修に力を入れている。それは中村が一五年の県会で発言した内容から裏付けられるのではないだろうか。このようにこの開鑿事業をめぐる審議は、単なる自由党対改進党という構図ではなく、それぞれの地域利害を勘案しながら議論がなされていた。つまり、この開鑿は南多摩郡と横浜改進党系を中心とした議員達が提携して進めた事業であり、直接利益を受けない北多摩郡を中心とした議員達がそれに抵抗したのである。

註

＊1 西多摩・南多摩・北多摩の三多摩郡は、明治二六年（一八九三）四月一日に東京府に移管されるまでは神奈川県に属していた。

＊2 山本弘文「明治前期の道路輸送と道路建設」（『神奈川県史』各論編2、産業・経済、神奈川県、一九八三年）。

＊3 色川大吉「明治前期における地方統治と地方自治〈明治前期の多摩地方調査と民権運動研究ノート（2）〉」（『人文自然科学論集』五、東京経済大学、一九六三年）。

＊4 「東京横濱毎日新聞」には明治一二年から一六年まで、県会の傍聴筆記録が掲載されている。以下註では『横毎』と略す。

＊5 従来、この改定は単なる負担の地方へのしわ寄せと評価されていたが、渡邉直子氏は四八号布告文中の「地方ノ政務ヲ改良スル」とある点に着目し、この改定が「明治日本における国家機構内の「地方」というものの位置づけを財政上確定した」ものと述べ、地方における業務主体は府県であり、府県行政の財源強化がより一層図られることになったことを指摘している。（渡邉直子「「地方税」の創出―三新法体制下の土木費負担」（高村直助編『道と川の近代』所収、山川出版社、一九九六年、一五四～一五六頁））。

＊6 『横毎』一八七九年三月二八日付。なお、これ以後の史料中において適宜読点を附した箇所がある。

＊7 『横毎』一八八二年六月九日付。

＊8 『横毎』一八八二年六月一一日付。

＊9 前掲註8。傍線は筆者が加筆。なお、これ以後の史料中における傍線も筆者が加筆した。

＊10 『横毎』一八八二年六月一四日付。

＊11 鳥取県立博物館所蔵「沖家文書」二四四。なお、この史料は、草間俊郎氏が「沖守固県令の県内巡視随行日誌」（神奈川県史編集委員会編『神奈川県史研究』第三三号、一九七七年）において紹介している。

＊12 八王子市史編纂委員会編『八王子市史』下巻（八王子市　一九六七年、一一八六～一一八七頁）。

＊13　原豊穣南多摩郡長具陳書「運輸ノ不便」明治一五年（色川大吉責任編集『三多摩自由民権史料集』上巻、大和書房、一九七九年、四九三頁）。なお、原豊穣の政治姿勢については、拙稿「三新法期における郡長の政治姿勢―神奈川県南多摩郡長を中心に」（『地方史研究』三二九、二〇〇七年）。

＊14　前掲註12　一一八〇頁。

＊15　「神奈川県令沖守固不在中大書記官磯貝静蔵代理ノ件」（国立公文書館所蔵「公文録」明治十五年、第二一三巻、官吏進退、０４６０００―０７３４）。

＊16　この調査経過については、野口正久氏が「甲州街道開鑿についての一資料」（『多摩文化』二一号）で原豊穣が記した「路線競争顛末」という史料を紹介している。また、その沼謙吉「甲州街道大垂水ルート決定顛末」（『かながわ風土記』三〇号）、及び前掲註２山本論文では、その史料を活用し経過を詳細に述べている。

＊17　前掲註16野口論文。

＊18　「明治一六年二月八日　案下通り開鑿反対ニ付請願」（『歴史の道調査報告書、第六集、佐野川往還』（東京都教育庁生涯学習部文化課、二〇〇〇年、七八頁））。

＊19　前掲註16山本論文中資料三参照。

＊20　『横毎』一八八三年七月七日付。

＊21　『横毎』一八八三年七月八日付。

＊22　前掲註20。

＊23　前掲註21。

＊24　『横毎』一八八三年七月一〇日付。

＊25　調布市総務課歴史資料係所蔵「原家文書」書簡一六―一一（年不詳四月二四日、原豊穣宛中溝昌弘書簡「道路敷設案等県会の議事運営に付」）。なお、年代が記されていないが内容から判断した。

＊26　『横毎』一八八三年七月一四日付。

＊27　前掲註26参照。

＊28　前掲註26参照。

＊29　『横毎』一八八三年七月一五日付。

＊30　前掲註29参照。
＊31　『横毎』一八八三年七月二八日付。
＊32　前掲註31参照。
＊33　前掲註31参照。
＊34　前掲註31参照。
＊35　『横毎』一八八三年七月二四日付。
＊36　政治的観点から考察すると、北多摩郡には独自の民権結社である自治改進党があり、中村克昌と吉野泰三はその党員であった。自治改進党の活動については梅田定宏『三多摩民権運動の舞台裏—立憲政治形成期の地方政界—』（同文舘、一九九三年七月）に詳しい。また、このことは明治二六年の三多摩東京府移管問題にも通じる点である。この問題では北多摩郡の吉野泰三、内野杢左右衛門らを中心とした北多摩郡正義派が移管賛成を表明している。この移管を推進する最大の論拠は、甲武鉄道の開通により北多摩と東京圏がより密接に繋がることであった。そのため、彼らが三多摩移管問題以前のこの段階で既に交易の観点から東京圏を意識していたことは十分考えられる。
＊37　長妻廣至「福島事件再考—国庫補助金と道路建設」（高村直助編『道と川の近代』所収、山川出版社、一九九六年）二〇二～二〇三頁。
＊38　『横毎』一八八三年七月三一日付。
＊39　「神奈川県下甲州街道々路開鑿工費補助金ハ目今詮議ニ及ヒ難キ旨ヲ示ス」（「公文類聚」第七編六〇巻）。
＊40　前掲註39参照。
＊41　前掲註39参照。
＊42　「公文類聚」第七編六〇巻。
＊43　「甲州街道開鑿費補助金ヲ下付ス」（「公文類聚」第八編三四巻）。
＊44　山梨県側の動きとしては加藤要一「明治の交通地理と道路県令」（有泉貞夫編『山梨近代論集』所収、岩田書院、二〇〇四年）、『山梨県史』通史編5、近現代1（山梨県、二〇〇五年）などに詳しい。
＊45　青梅宿以西の青梅街道については『青梅市史』上巻（青梅市史編さん委員会、一九九五年）九一八～九二四頁参照。
＊46　前掲註44『山梨県史』六三～六四頁。

＊47 『明治十五年明治十六年　地方巡察使復命書』上（一九八〇年三月、三一書房）六〇二頁。
＊48 『明治十五年明治十六年　地方巡察使復命書』下（一九八一年三月、三一書房）一三八七〜一三八八頁。
＊49 前掲註44加藤論文、六六〜六七頁。
＊50 「甲州街道開鑿補助金ヲ十七十八両年度ニ下付ス」（「公文類聚」第八編二三巻）。

五　松方財政下の税制構想

牛米　努

はじめに

本章の課題は、松方財政下の税制構想について検討するものである。従来、この時期の税制については、間接税増税問題として言及されてきた。[*1] そしてそれは、松方財政における軍備拡大路線の当否を検証するためのものであり、税制面での考察を意図したものではない。一方、当該期の税制については、林健久氏により租税国家をキーワードに総括的な検討がなされている。[*2] しかしその後は、税目ごとの個別研究はあっても税制をトータルに把握する研究は進展していないようにおもわれる。

本章は、このような研究状況のもと、当該期の税制構想を明らかにすることを課題としている。先に筆者は、明治一七年（一八八四）から同二〇年にかけての所得税導入過程を分析する機会をもった。[*3] その過程で、実現した税制案以外にも多数の法案が検討されていた事実を知ることとなった。結果的には、これらの税制改革案のなかから所得税が導入されていくわけであるが、所得税以外については充分な検討ができなかった。そこで、改めて当該期の税制改革案を総合的に検討し、その特徴を明らかにしたいと考える。なお本章は、前拙稿と扱っている時期が同じであるため、背景となる記述については一部重複する部分があることを予めお断りしておきたい。

1　軍備皇張と間接税増税

松方財政とは、明治一四年政変後に大蔵卿に就任した松方正義により遂行された、紙幣整理を優先させる緊縮財政である。[*4] 明治一四年一〇月に大蔵卿に就任した松方は、内閣に対して紙幣整理には今後五か年間の忍耐が必要であるとし、各省の経費節減と国民の騒擾の鎮静を求め了承された。[*5] 紙幣整理の強力な推進による紙幣価格の回復は、物価を低落させて不景気を招き、一時的に農工商業者に困難を感じさせる。松方は、こうした「国民怨嗟の声」に対して政策を変更しない保証を閣議で取り付けたのである。そして財政困難の救済は紙幣整理にあるとし、明治一五年度予算編成において各省の事業拡張を一切中止し、明治一四年度予算額を定額として三か年間維持することを承認された。[*6] このことは、松方は五年間の予算据置を三年間に短縮して各省の不満を抑えるとともに、四年後の明治十八年度からの増額を約束したと言い換えることが出来るのである。

こうしてスタートした松方財政の最初の試金石となったのが、明治一五年七月の壬午事変による海軍皇張問題である。壬午事変は朝鮮有事における海軍の弱体ぶりを露呈させ、政府の内外で清国に対抗しうる海軍皇張が叫ばれた。こうしたなか、松方は当初の紙幣整理優先策を堅持し、政府も増税による軍備皇張費の捻出策を選択した。明治一五年十二月に松方が提出した意見書は、酒造税と煙草税、米商会所及び株式取引所仲買人税の増税分を年間七五〇万円と見積もり、これを軍備皇張費に充てるものであった。[*7]

大蔵省の増税策の中心は、酒税と煙草であった。新税導入に際して最も問題となるのは、国民生活や産業発展に影響を及ぼすことである。軍備皇張の財源として酒と煙草の増税が最初に打ち出されるのは、それが「奢侈物」であり、更に消費者に負担を転嫁できる間接税だからである。[*8]

酒造税の改正点は、清酒の大幅増税及び犯則と自家用酒の取締強化の二点である。まず前者であるが、清酒の造石税が一石当り二円から四円に倍増された。清酒の造石税は明治一三年にも一石当り一円から二円に倍増されたが、醸造高の減少は一時的であり増税による需要の落ち込みも少なかった。そのため今回の増税においても、影響は少ないというのが大蔵省の見通しであった。ただし、増税により小規模醸造家の滞納や脱税が増加しているため、清酒や濁酒の新規免許には造石量の制限が設けられた。新規の清酒醸造免許には、年間一〇〇石以上の制限石数と地域の同業者の承認が必要とされ、濁酒の制限石数も一〇石以上となった。

後者については、自家用酒はこのとき免許制（鑑札料は八〇銭）となり、年間一石以上醸造する場合は酒造税則により課税されることとなった。これまでの慣習もあり、年間一石以下の濁酒は自家用酒として免税措置が取られてきたが、これが脱税の温床となり正規の酒造経営にも悪影響を及ぼしていた。増税により自家用酒の過醸が予測されるため、免許鑑札料を課して課税及び取締を強化し、既存の酒類業者を保護しようとしたのである。このとき、密造に繋がりやすい酢醸者や麴麹営業者への罰則も強化されている。

このような酒税増税策は、短期間に四倍もの増税を行なわなければならなかった大蔵省の苦心の現れと見ることが出来る。酒造税則改正案を審議した元老院は、造石量の制限や地域同業者の承認が営業の自由を侵害するとの理由で原案を否決したが、政府はこれを押し切って可決している。

もうひとつの増税策である煙草税は、営業税が卸売と小売から製造・仲買・小売の三業態になり、煙草印紙の貼用が売渡時から製造時に改正された。そして煙草印紙税は価格と従量により設定された。これらの改正は、煙草税の増税に加えて、製造段階で印紙を貼用することにより無印紙や使用済印紙の再貼用などの逋脱行為の取り締まりを容易にするためのものであった。

また、今回の増税ではじめて課税対象となった仲買人税については、米や株式売買の投機性が非難の対象となり、「米商会所ハ賭博ニ均キ性質ヲ具フル者ナルニヨリ廃止シテ可ナリ」とする意見も強かった。そのため元老院での審議では、営業そのものの「正不正」が議論されるなど、罰則的な課税の意味合いを含む議論となっている。そこには、軍備増強にあたり、「正当ナル地租」の増徴ではなく、「善悪不定」の仲買人税や「社会ニ緊要ナラサル」「酒煙」の増税を当然とする意図が明確に現われているのである。[*9]

内務省はこれらの増税策の影響を府県知事に報告させているが、施行前ということもあって、いずれも楽観的な内容である。[*10] ちなみに煙草税の施行は明治一六年七月、酒造税は同年一〇月である。府県知事の報告では、酒税増税の実施を控え小規模営業者の廃業や増税への苦情などもあるが、造石高の減少には繋がらないとの見通しが報告されている。小規模営業者の廃業の一方で資力ある営業者は専売の姿を呈し、「資力ナキ営業者ノ愁眉ニ引替へ、大イニ喜悦ノ色ヲ顕ハシタル者ノ如シ」とある。また、民権党派系の新聞は、増税の目的が海陸軍皇張のためと明白なことから、「止むを得ない」との論調が多いと報告されている。明治一三年の酒造税増税の際、高知の自由民権運動家植木枝盛が「酒屋会議」を提唱したが、そのときのような全国的な増税反対や酒造家による減税請願運動などの政治的動きはないとも報告されている。[*11] 煙草印紙税も同様で、消費者に転嫁できる間接税であることと、軍備拡張の目的であるため大きな反対の動きとはならないと見られている。ただし、煙草税については、在庫品に手入れして品質を維持する際の印紙の取り扱いや、農家の自用煙草など、後の税法改正で要望される事項がすでに指摘されていることは注目される。

しかし、苦心の結果ともいえる増税策は収入増とはならなかった。なかでも増税の中心である酒造税は、明治一六・一七年度とも予算額を三〇〇万円前後も下回る結果となったのである。明治一三年度増税の際、明治一四・一五年度の収入額が予算額を上回ったのとは対照的である。明治一六年度の四税の収入は、増税前の駆け込み需要で煙草税は増収となったものの、酒造税は増税および一般商業の不振により「大ニ其新醸ヲ節減シ」、米商会所及び株式取引所税も仲買人税の導入により「一時其営業ヲ中止シ、又ハ営業ノ萎縮ヲ来ス等」で減収となったのである。[*12] とりわけ造石税の場合、「犯則者二千三百人余、税金不納者五百人、其税金十三万三千円余ノ巨額ニ達シタリ」と、密造や脱税の増加が問題化した。[*13] これは米商会所及び株式取引所税も同様で、「却テ密売逋脱ノ悪弊」を助長する結果となったのである。[*14] 駆け込み需要となった煙草税もまた、翌年度からは減少に転じている。[*15]

こうしたなか、明治一六年一二月、大蔵省は酒造税等の犯則証憑確保のための家宅捜索や差し押さえを認める布告を出した。当初の大蔵省案は、犯則取締を強化するため諸税全般を対象とする内容であったが、元老院の反対により酒類・煙草など間接税四税に限定されたのである。この布告は、増税に伴う脱税の増加に対処するためのもので、全国的な間接諸税の検査体制の整備を牽引する役割を担ったのである。同一七年五月には、大蔵省主税局―府県収税課(収税長―収税属)という国税徴収機構が形成され、全国統一的な検税体制が整備されていくことになる。[*16] しかし取締強化は必ずしも増収にはつながらず、むしろ徴税の苛酷と受け止められていくのである。

朝鮮事件を契機とする軍備皇張に対応する増税策は、松方デフレの影響もあり失敗に終わった。間接税や奢侈的・懲罰的な税目の増徴という、いわば当時の常套的な増税策が行き詰まったことの意味は大きかった。大蔵省はこうした状況を打開すべく、必死で新税法案の作成に取り組まなければならなかったのである。

2　増税失敗後の税制改革構想

大蔵省内で検討されていた新税法案は意外に多い。この時期は主税局が創設される前後であり、税目別の部課編成がとられていたため、個別に税制案が作成されていたようである。

最初に取り上げるのは菓子税則である。その検討内容は、明治一六年十月の「菓子税則取調ニ付意見書」に示されている。[*17] この意見書は、印紙税方式による菓子税法の作成を命じられた是恒真楫と平田八郎の連名によるものであるが、「本税ノ施行セラル、ハ決シテ得策ト云フヘカラス」と、菓子税導入には否定的な結論になっている。

意見書では、菓子税への印紙税方式導入にあたり、製造段階と流通段階での二通りの方式が検討されている。まず製造人・卸売人・小売人の業態を区別し、それぞれ営業鑑札を交付するとともに、従業員数によりそれぞれ営業税を賦課するところまでは同じである。異なるのは、前者が菓子製造人に売上金額の五％の製造税を賦課するのに対して、後者は小売人に小売価格の一〇％相当の印紙を貼用させる点である。一銭未満の場合には印紙は不用とされている。大きな相違点は、製造税を製造人から徴収するのか、流通段階で小売人から徴収するかにあるが、菓子の特性から印紙税方式には四つの問題点が指摘されている。すなわち、①菓子は基本的に生ものであり、製造から販売までの時間が短いこと。②腐敗し易いため事前に箱詰するなどの包装が難しいこと。③菓子は店頭に並べて顧客の要望により売買するので、事前に包装して印紙を貼用することができないこと。④印紙に代えて一定の容器を使用する方法も、菓子のバリエーションから不可能であること、である。

是恒と平田の両名が前提としている印紙税方式は、すでに煙草税（明治一五年一二月改正）と売薬税（明治一五年一〇月改正）に導入されている。煙草税は箱や袋に量目と一匁当たりの価格に応じた印紙の貼用を、売薬税もまた容器や袋に定価に応じた印紙の貼用を、それぞれ製造人に命じている。両税とも明治一五年の改正により流通段階から製造段階での印紙貼用に変わっているが、それは無印紙や印紙の再利用などの脱税取り締まりを理由としていた。すなわち、製造段階で印紙を貼用することで製造税の徴収が容易となり、流通段階での無印紙製品の取締りも可能になるのである。しかし菓子については事前に箱詰等ができないので、煙草税や売薬税のような製造段階での課税には無理がある。製造段階で課税ができない以上、あとは流通段階で小売人に印紙を貼用させる「姑息法」しかない。それでは意の侭に脱税させることになり、検査や犯則取締の術がないとしている。印紙税方式ではなく、製造帳簿や売上帳簿を検査して売上高に課税する方法もあるが、これは「印紙税法ヨリモ尚一層脱税ナシ易キノ懼」があるとされている。営業人における帳簿作成が未熟であり、その検査体制も未整備な段階では、非現実な方法と判断されているのである。

表1　明治16年10月　菓子税収入見積額

区分		雇人数	年間税額	見積人数	見積税額	
					売上税	印紙税
営業税	製造人	3人以上	10円	1,119人	11,190円	左に同じ
		3人未満	5円	3,353人	16,765円	
		0人	2円	17,907人	35,814円	
		小計		22,379人	63,769円	
	卸売人	3人以上	20円	622人	12,440円	
		3人未満	10円	2,138人	21,380円	
		0人	5円	3,443人	17,215円	
		小計		6,203人	51,035円	
	小売人	3人以上	7円	111人	12,440円	
		3人未満	3円	448人	21,380円	
		0人	1円	55,317人	17,215円	
		小計		55,876人	57,438円	
	合計			90,016人	172,242円	
製造税	菓子売上高（税額1%）				700,448円	778,193円
	内　脱税見込分				495,214円	544,735円
	差引				212,232円	233,458円
営業税・製造税合計					384,474円	405,700円
内　検査費					77,485円	77,485円
印紙製造費等						47,627円
国庫収入高					306,989円	280,587円

註）「松方家文書」38-33より作成した．但し，円以下は切り捨てた．

表1は二通りの方式による菓子税の収入予算であるが、ここで注目したいのは脱税見込み額の多さである。どちらの方式でも製造税額の七〇%が捕捉不能な脱税分と看做され、その結果、菓子税収入は二~三〇万円程度とされているのである。また、検査費は煙草税や売薬税を参考にした数値であるが、税額の一〇%と高率であり、これに印紙製造費なども加わる。このように課税方法も不備で、なお且つ税収も少ない税目は新税としては不適当であり、この程度の収入額であれば酒類や売薬に請売税を新設するなど現行税法の改正で賄えるとしている。さらに「近日進呈スへ

キ絹布及魚類ノ税率ヲ少シク増加スルモ百万円以上ノ収入アルベシ」とし、それ以外にも二～三の新税案があるので菓子税導入には否定的な見解を示しているのである。菓子税の検討がいつ頃から進められていたか不明であるが、印紙税方式を前提としていることから、明治一五年後半期の売薬税や煙草印紙税の改正と同時期か、またはそれ以降と考えられる。

両名の意見書で言及されている絹布税則には、二種類の案が確認できる。ひとつは後述する明治十八年二月に菓子税則・醤油税則とともに閣議提出された案で、もう一つは閣議提出後に参事院で減額修正された案である。[*18]

絹布税は絹糸を使用した織物に課税するもので、業態により絹布製造人・絹布卸売人・絹布小売人の三種に区分される。営業鑑札の交付と業態ごとの営業税の課税は菓子税などと同様である。そして織物の種類別に織物の幅や長さを加味して、製造段階で印紙を貼用するとなっている。第一種は「錦、金蘭、唐織、八段織、緞子、博多織」など、第二種は「縮緬、八丈、結城紬、琉球紬、羽二重」など、第三種は「甲斐絹、奉書紬、絹上布ノ類」、第四種は「銘仙、太織、節糸織」などの第一種から第三種に属さない織物。そして第五種は「繭糸十分ノ四未満ト木綿其他ノ糸類十分ノ六以上トヲ交織」したもので、各種の織物で「繭糸十分ノ八未満ト木綿其他ノ糸類十分ノ二以上ヲ交織」したもので、第五種類に属さないものは、それぞれの種別の交織とされ半額の課税を受けた。絹織物は重要な輸出品でもあったため、輸出分には戻し税が認められている。

主税局における絹布税の収入見積もりは、表2のように約一八〇万円で、菓子税とは桁違いの多額の収入が見積もられている。この見積もりには近年の「製造減高」が考慮されているとあるが、明治一五年の地方巡察復命書の京都府の項では、昨年来の米価下落・金融閉塞により商況衰退し、織物等の製造は昨年より三割減となり、「就中西陣織工ノ如キ衰頽殊ニ甚キ」と報告されていた。[*19]

次に、明治一七年六月の車税規則改正案を検討しておきたい。[*20] この車税増税案は、近年の人力車の増加による弊害

表2　絹布税収入予算書

			製出高	税　額
製造税	第1種	繭糸織	171,178反	82,165円
		交　織	57,393反	12,334円
	第2種	繭糸織	317,901反	152,592円
		交　織	205,576反	49,338円
	第3種	繭糸織	635,803反	190,740円
		交　織	470,910反	70,636円
	第4種	繭糸織	3,765,907反	677,863円
		交　織	1,327,880反	119,509円
	第5種	交　織	3,083,640反	185,018円
	小　計	繭糸織	4890789反	1,103,362円
		交　織	5,139,400反	436,836円
	合　　計		10,030,189反	1,540,198円
営業税			人　員	税　額
	製　造　人		58,302人	58,302円
	卸　売　人		5,190人	103,800円
	小　売　人		12,975人	64,875円
	合　　計		76,467人	226,977円
総　　計				1,767,175円

註）「松方家文書」38−30により作成．但し，税額の円以下は切り捨てた．

の是正と馬車の隆盛を期するため、馬車に比して人力車への増税割合を高めることが改正の趣旨とされている。税額の改正案は表3のとおりである。人力車の弊害として掲げられているのは、「健康」「風俗」「農桑工業」「馬車隆盛」の妨害の四点である。人力車夫は「牛馬ニ均シキ」労働を行なう貧民の職業（醜業と言い換えることもできる）であるとの認識がその根底に窺える。人力車夫は都市下層の象徴的な職業であり、重労働が健康障害や疾病の原因となり、その結果として生活困窮に陥るという悪循環となり、正業（農工桑業）への就業を疎外するものと認識されている。また、人力車夫には刺青や半裸など風俗への悪影響も指摘されている。文明国家の民にふさわしくない人力車ではなく、正装した御者が操作する馬車を隆盛にするため、人力車は倍以上の増税となっている。そして無免許営業などには脱税額の五倍の罰金を科すなど、罰則も強化されているのである。この車税則改正案は閣議提出案の体裁になっているが、実際に提出されたかどうかは確認できない。太政大臣であった三条実美文書には見えないので、太政官に提出されずに終わった可能性が高い。改正による収入見積りもなく、地方税にも関係するため、閣議提出前の案と考えておきたい。

このほかにも、表4のような税額をほぼ倍増する売薬税則改正案も作成されている。[*21] 薬剤一方につき営業鑑札二〇銭と営業税二円が課税される点は変わらないが、一銭以下にも課税が拡大されている。一〇銭以上の場合、定価が五銭増加するごとに印紙税も一銭増加することになっているが、これは従来通りである。この改正案により、売薬税の収入予算は、明治一六年度より三六万五六七一円余増収となり、合計八五万九一七七円余が見積もられている。

この時期、印紙税などの増税案も作成されているが、これも実現していない。これらの大蔵省内部で作成された増税案は、いずれも奢侈品や無用品への間接税か、車税のような罰則的な課税であり、基本的には明治十五年の増税策と同一であることがわかる。このような増税案では、デフレの影響による需要の落ち込みが著しい状況において増収を得ることは困難であった。

明治一八年度の定額制の終了、つまり予算増額に直面する大蔵省が取った打開策は、新税導入を含む増税策ではなく会計年度の改訂であった。明治一七年一〇月の会計年度の改訂請議は、従来の七月～六月の会計年度を四月～三月に変更することで、主要な収入を占める地租と酒造税を年度当初と年度末に収入できるようにするというものである。[*22] これにより、年度始めの歳入不足を準備金から立て替え、後からそれを補填するという財政体質を解消できるのである。税収の基礎である地租のうち、大部分を占める田

表3　明治16年10月　車税改正案

種類	税額	
	改正前	改正案
馬　車（2頭立以上）	3円	5円
同　　（1頭立）	2円	3円
荷馬車（2頭立以上）	1円	2円
同　　（1頭立）		1円50銭
荷車牛車	1円	3円
自転車	無税	5円
人力車（腰掛幅4尺2寸以上）	2円	5円
同　　（同上未満）	1円	3円
荷　車（荷台14坪以上）	1円～50銭	2円
同　　（同　5～14坪）		1円50銭
同　　（同　5坪以下）		1円

註）「松方家文書」39-6甲による.

表4　売薬税則改正案

売薬定価	印紙税額	
	現　行	改正案
5厘まで		1厘
1銭まで	1厘	2厘
2銭まで	2厘	4厘
3銭まで	3厘	5厘
5銭まで	5厘	1銭
7銭まで		1銭4厘
10銭まで	1銭	2銭

註）「松方家文書」38-35.

租の納期は一二月半ばと翌年二月末である。もう一つの柱である造石税の納期は四月・七月・九月末の三期で、七月と九月の二期分は慣例として前年度会計に繰り入れられてきた。会計年度変更の主要な目的は、この七月と九月の造石税二期分を納期年度の収入とすることである。明治一七年度には従来通り明治一八年七月と九月納期分を繰り入れ、明治一九年度から四月・七月・九月の三期分とも一九年度の収入に繰り入れるのである。会計年度の改訂により明治一八年度は七月～三月までの九か月間に短縮されるだけでなく、同年度の造石税は皆無となる。そのため明治一八年度は三か年間の定額予算措置が終了し予算増額が見込まれる年度であるが、定額制を一年間延長して明治十九年度を財政改革の初年度としたいというのが大蔵省の意見である。会計年度改訂の大蔵省請議は閣議で承認され、明治一八年度予算は前年度の九か月規模に抑えられたのである。

しかし会計年度の変更により定額制が一か年（九ヵ月）延長になったものの、明治一九年度からの新たな財源が必要であったことに変りはない。むしろ定額制のさらなる延長は、財政当局に明治一九年度予算の増額を必須の課題とした。しかしここで検討したような税制改正案では、松方デフレの影響から回復しない限り失敗を繰り返すことは明白である。何らかの根本的な対策が必要となったのである。

こうしたなかで急浮上してくるのが、欧米をモデルとする所得税の導入プランである。所得税導入の理由を端的に示しているのは、明治二〇年一月の大蔵省の提案理由である。ここでは、「現行税法ニハ単ニ其率ヲ増シ以テ歳入ノ増加ヲ求ムルノ道ナキノミナラス、漸次改良セサル可カラザルノ時期ニ臨メリ」と、明確に現行税制における増税策の行き詰まりが指摘され、その改良が提起されているのである。[*23] 明治一七年一二月の大蔵省案では、「現行ノ税法ハ概ネ中等以下ノ民ニ負担ヲ重クシ、反ツテ上流ニ立ツモノノ負担ヲ軽クスルノ弊アリ」として、軽微な所得税の導入が提起されていた。[*24] 地租は勿論、酒税や煙草税などの間接税もまた増税策は限界に達しており、別の新税が必要になっているのである。増税の中心となってきた間接税は、貧富に関わりなく負担を求めるため「上に軽く下に重い」という性質がある。このような租税負担の不均衡を修正するための新税が、中等以上の人民に賦課する所得税なのである。ここでは、所得税は「一ノ補助税・償補税」と位置付けられ、年間所得五〇〇円以上の者を対象に二～三％の軽微な課税とされている。間接税の比重が高い現行税制の不平均を、比較的負担の軽い中等以上に軽微な所得税を賦課することで負担の公平を図り、税制を改良することが所得税導入の税制上の理由だったのである。

松方デフレを背景とする間接税増税路線の行き詰まりは、所得税を中心とする直接税改革を提起するが、それは政権にとってかなりデリケートな問題とならざるを得なかった。別稿で述べたように、明治一七年末の大蔵省案及び制度取調局の所得税法案は、ともに地租や酒税などの負担に配慮した免税条項を設けている。とりわけ制度取調局長官伊藤博文は、「時昔ヨリ今日ニ至ルマテ、業ニ既ニ取リ尽シタル地所又ハ酒・煙草」に所得税を課税するのはかなりの困難であると認識していた。[*25] この点については、大蔵省もまた土地収入の免税を検討しており現状認識は共有化されていた。ただ、イギリス型の分類所得税方式を検討している大蔵省は、所得の種類ごとの把握の困難性から導入に慎重になっていた節がある。それでも、中流以上への軽微な課税とはいえ、この時期に直接税の導入を提起した大蔵省の判断の基礎には、明治一七年後半期から景気回復の兆しを感じていた松方の認識があったと考えられる。[*26] 松方の認識は内閣を含む国民全体の実感とは必ずしも同じではないが、大蔵省が所得税の次にさらに家屋税導入を検討していたことを考えれば無理な解釈ではない。

明治一七年末に作成された二つの草案は、従来言われているような国家構想に関わるような対立関係にあったわけではないし、ルードルフ案は草稿段階のプランである。それでも伊藤博文がプロシア方式を検討していたように、所得税の導入には執行体制も含めた基本的な検討が必要であり、すぐに閣議決定には至らなかった。そんななか、一二月に発生した甲申事変の処理に、財政通の参議である伊藤博文（宮内卿）と井上馨（外務卿）が追われることになる。井上は全権大使として朝鮮に赴き両国の約定締結にあたり、伊藤もまた全権大使として清国に出張してその事後処理にあたっている。伊藤が天津条約を締結して帰国したのは明治一八年四月二八日であり、その間、所得税法案は実質的な棚上げ状態にあったと考えられる。所得税導入が再浮上するのは明治一九年度の予算編成においてであるが、その間の大蔵省は、朝鮮事件費などの歳出増に対処するため別の新税法案を準備しなければならなかったのである。

3　明治一九年度予算編成と税制構想

明治一九年度予算編成に向けて所得税法案が提起されていた明治一七年（一八八四）一一月、『東京経済雑誌』は新税論議の「風聞」を次のように伝えている。すなわち当時の政府内では、「絹布と云ひ、製茶と云ひ、家屋と云ひ、或は人力車なりと云ひ、議論区々決せざるとの事」であったという。[*27] また同誌は、「貧富に依て負担を軽重する」ため地租に累進法を導入する計画があるとの風聞も伝えていた。[*28] 松方デフレへの対処として、一律の地租軽減や更なる地租改正（地価修正のこと）が検討され、そのなかで、「譬へば上田の地価百円に二箇半を課すれば、下田の地価百円に八二箇を課する」ことなどが検討されているというのである。これだけでは内容がよくわからないが、地租についても「下に軽く、上に重い」累進課税の採用により負担の公平を図る意見がでていたことを窺わせる。

もとより、これらは全く根拠のない「風聞」ではなかった。所得税法案の「棚上げ」により、大蔵省が新税案として提出したのは、家屋税則と絹布税則・醤油税則・菓子税則の三つの間接税法案であった。これらの法案は明治一八年二月二十四日に閣議提出され、それぞれ参事院の審議にかけられることになった。参事院では議官と議官補を調査委員に任命し、直接税である家屋税と絹布税など間接三税法案は別々に審議された。

まず、間接三税法案の審議から検討していきたい。大蔵省請議には、この間接三税案は「本年度中朝鮮事件等其他国事繁多」による歳入欠陥を補うためと明記されている。[*29] 絹布税則の内容は、営業税や営業鑑札などは前述した大蔵省案と基本的には同一である。ただ、製造税は絹糸に木綿などを交織した割合を二割以上・未満に分け、それに卸売価格を組み合わせて税額を定める点で異なっているが、製品に印紙を貼用する点では同じである。予算案は、印紙税が一九五万円余、営業税が一〇万円余で、合計二一八万〇六七四円余と増加している。

醤油税は、製造場一か所ごとに年間の営業税が一〇円、製造高一〇〇石ごとに造石税二円である。ただし全国の醤油醸造統計が明治五年から八年までしかないため、収入予算は具体的に示されていない。「実収額ハ少クモ弐百万円ノ巨額ヲ得ルニ至ルヘシ」と予想されているが、もともと税収の七〇%は脱税分と見積もられているのである。また省内の検討過程で導入が適当でないとされた菓子税は、営業税については前述と同一であるが、製造税については印紙税方式を諦めて、最も脱税し易いとされた帳簿検査による売上課税方式が採用されている。菓子税の収入予算は、営業税が一七万円余、売上税が七〇万円余と、前述の見積りとほぼ同一である。しかも脱税見込額四九万円余というのも同じである。菓子税もまた、税収の七〇%もの脱税額を見込んだ税法なのである。醤油税と菓子税は、税収の割に検査や取り締まりに手数と費用がかかる新税である。このような新税が提出されたのは、主税局―府県収税部による全国的な検税体制の成立だけでなく、財政上の切羽詰まった要請によるものと考えることができる。

同法案が参事院に下付されたのは二月二五日である。宍戸璣・尾崎三郎の両議官をはじめ五名の議官補が取調委員を命ぜられている。菓子税則案は参事院段階で修正され、製造・卸売・小売とも雇人のいない営業人の営業税が半減され、逆に雇人が六人以上など多人数の場合には増税となっている。この修正について尾崎三郎は、「予は菓子税に付て大いに反対の意見を述べた。依って菓子税と云ふを改めて砂糖税と為つた。是で小商人等の負担を少しは緩和したりといへども、未だ十分に予の意見の行はれざりしは頗る遺憾なり」と回顧している。[*30] 一方、醤油税則については日用必需品への課税が問題となり、内閣は原案を修正し、営業税を一〇円から五円に、造石税を二円から一円に、それぞれ半減せざるを得なかったのである。[*31] その結果、元老院での説明によれば醤油税の収入予算は約八〇万円とされされている。

たのである。この両税については、酒造税などの間接四税と同様に収税官吏の立入検査や帳簿の備付けの項目が明記

絹布税則は他の二税以上に、参事院での審議は難航した。その理由は、農商務大輔品川弥二郎の絹布税反対建議に典型的に現われている。[*32]すなわち我が国の重要な輸出品である絹布への課税は、不景気で衰退に向かっている業界をますます衰微させ、政府の産業保護政策にも反するというものである。品川の建議のもととなったと考えられる高橋是清の意見書では、絹布は奢侈品ではないことが強調され、日用品である醤油税にも反対している。[*33]結局、間接三税については絹布税則が廃案となり、菓子税則と醤油税則が減額修正のうえ元老院の審議に回されたのである。

一方、直接税である家屋税則は、所得税に代わる新税法案として提出された。[*34]大蔵省は家屋税の明治一九年一月一日施行を目指しており、家屋調査に十か月必要であるとして緊急の裁定を求めている。家屋税則では、「曾テ所得税施行ヲ可トスルノ儀モ有之ト雖、該税ハ我国現今ノ情勢ニ照スニ極メテ煩雑最施行シ易カラサルノミナラス、収入モ亦些少ナリトス」との提案理由が述べられている。所得税は、わが国の現状では煩雑で施行が容易でなく、税収も少ないことが導入上の難点とされている。これに対して家屋税は、家屋の大小などを課税標準とするため、多少とも貧富の差に応じた課税が実現でき、しかも「簡便且多額」の税収が期待できるとされているのである。間接税と異なり、直接税は貧富に応じた課税が前提とされていることに留意しておきたい。

しかし家屋税則は絹布税と同様に廃案となった。残念ながら参事院での審議過程は不明であるが、家屋税を新たな国税として導入するには、所得税とは異なる大きな問題点があった。それは地方税との関係である。すでに東京府の区部では、地方税戸数割の賦課基準を家屋の坪数や構造（平屋か二階建てか、木造かレンガ造かなど）、地価に求める家屋税を明治一五年度から施行していた。[*35]これは農村部と異なり貧富の格差の大きい大都市部で公平な戸数割の賦課を行うためには、収入に応じた課税法が必要であるとの建議により実現したものである。しかし所得調査は吏員も

少なく手数がかかるため、外形から判断しやすい家屋を課税標準とし、かつ住民の移動が頻繁で徴収に困難をきたすため、住人ではなく家屋の所有者に課税することで戸数割の徴収を容易にしたのである。家屋税への改称はその実態に合わせたもので、地方税の戸数割であることには変わりない。戸数割の家屋税への改正は、明治一七年度から神奈川県（横浜）、同一八年度からは愛知県（名古屋）へと大都市部に広がっていく。[*36]

こうした地方税改革の動向は、明治一四年度から府県庁舎や監獄の新築修繕費などを地方税支弁とすること、土木費国庫補助の停止、その財源として地租附加税を五分の一から三分の一に増加するという地方税規則の改正に端を発していた。国税だけでなく地方税制もまた見直しが必要になっていたのであるが、この改正により地方税負担は大幅に増大することになったのである。地方税として所得税を導入する東京府会の「実入税」建議も、この家屋税案と同時に出されており、ともに地方税負担の増大のもとで収入に応じた公平な税負担を掲げて提起されたのである。[*37]

大蔵省の家屋税則では、地方税の家屋税及び戸数割を廃止し、その代替財源については改めて上申するとされている。地方税の三つの財源のひとつを廃止して国税にするのであるから、地方財政への影響は甚大である。当然、地方税を管掌する内務省との協議が不可欠であるが、それは地方税だけでなく区町村費なども含めた地方の税制全般に関係するものであった。

この時期の内務省は、山縣有朋が卿に就任し、地方財政の悪化に苦慮する府県の道路や治水などの土木費の国庫補助再開を求めていた。内務省の国庫補助要求は、各地で知事と対立する府県会対策としても重要であった。内務卿山縣有朋の見解は、明治十八年二月の「地方経済改良ノ議」に端的に現れている。[*38] 山縣の主張は、農民の撫育救済に必要な地方経済改良策の前提として、国税・地方税・区町村費を併せた土地への課税が重く、とりわけ区町村費は土地以外の税源がないこと。その結果、不納者処分法が課税物件の公売処分を規定しているため、土地の公売により生産の基盤を喪失すること。農家の家計が逼迫していることの三点を指摘している。そして土地の税負担の軽減と代替財源としての新税導入、地方公費（区町村費）の節減を提起しているのである。土地の負担軽減をはかるためには、土地課税の制限を地方税だけでなく区町村費にまで拡大する必要があるとなっている。区町村費を協議費ではなく、区町村税として地方税と同様に制限する案である。

土地の負担軽減は、各地で自由党などが地租軽減の請願を「扇動」して党勢拡大を図っていることへの政治的な対処という側面も有していた。明治一七年二月の内務卿山縣有朋の内申には、政党が新聞や請願書配布などにより各地で地租軽減運動を呼び掛けていることが記されている。[*39] 自由党は、将来物品税が二〇〇万円以上になったら、地租税率を一％まで引き下げるという、地租改正条例第六章を根拠とする減租請願を運動方針としていた。その際、自由党は請願の正当性を、地租改正法発布時の天皇の上諭に求めたのである。「賦ニ厚薄ノ弊ナク、民ニ労逸ノ偏ナカラシメン」という上諭は、大正期には税務官吏服務要綱の冒頭に掲げられる言葉であり、政府にとってはやっかいな側面を有していた。同年三月の地租条例により、地租改正条例第六章や五年ごとの地価改定を想起させる追加第八章は廃止され、地租改正の成果は固定されたとされている。しかし、それは消極的な意味においてであり、地租条例により地租制度が安定したことを意味しているわけではなかったのである。[*40]

また新税は「専ラ中等以上ノ人民ニ賦課」して租税の土地偏重を是正することとされ、たとえば地方営業税を国税化し地方税をその附加税とすることにまで言及している。[*41] 地方公費の節減は区町村費支弁費目の整理を含むもので、土木費の国庫補助再開など国と地方の財政支出の見直しをも迫るものであった。山縣の建議は当然税制を担当する大蔵省との協議が必要であり、三月二七日に内閣から大蔵省に意見の照会がなされている。

山縣が示した国と地方を通した税制改革の必要性については、所得税における付加税の可否や家屋税などを検討していた大蔵省もまた同認識であったようである。この建議は、同年一〇月の内務・大蔵両省による区町村費の地租七分の一以内への制限として実現する。[*42] 区町村費の節減は、支出項目を見直して神社祭典費や神官の給料などを公費から除外し、また学務・衛生委員の給料や村総代手当の廃止、小学校費の削減などに及んでいる。区町村費の削減は、土地に賦課する租税を軽減して農事振興を図ることが目的であるが、同時に国税収入を増加して地方への国庫補助を再開するプランでもあった。山縣の内務省は基本的に緊縮路線を認めつつも、紙幣償却の進展に応じた土木費の国庫補助の増大を要求するものである。紙幣償却後の財政上の主導権確保に留意しつつも、地方費への国庫補助については大蔵省も基本的には了解していたと考えられる。なお、この点は後述する。

参事院での新税法案審議により絹布税と家屋税は廃案となったが、菓子税則と醤油税則は減額修正されて元老院に回付された。四月一三日に開始された元老院における醤油税則の審議では、デフレ下での土地負担の過重と公売処分の増加、国税・地方税・区町村費負担の軽減、日用必需品への課税反対、産業保護との矛盾など、さまざまな観点からの反対意見が大勢を占めた。壬午事変の際の増税策の失敗は、今回の新税法案の効果を疑問視させたのである。そのため一六日の菓子税則審議の冒頭、大蔵卿松方正義は地方税・協議費等の軽減に言及しつつも、当面の財政欠乏に対処するため新税法案の可決を訴えて打開を図っている。*43 朝鮮事件の処理と同時並行してなされたものの、参事院及び元老院での審議は政府の意図通り簡単には進展せず、税額の削減や将来の地方税負担の軽減などを確約しながら漸く成立に漕ぎ着けたのである。

明治一九年度の予算編成は、明治一八年九月から本格的に開始された。八月に政府は、政費節減による陸海軍皇張と機構改革の推進という財政計画の大綱を決定し、内閣制度創設へ向けた動きも加速した。明治一九年度は明治一七年度より四〇〇万円の減収が見込まれていたが、海軍皇張費に加えて「陸軍卿ヨリハ砲台建築之儀、内務卿ヨリハ道路治水之儀ニ付夫々請求之費途も不少」と、各省から財政拡大要求が出されていた。*44 こうして明治一九年度予算編成は、内閣制へ向けた機構改革と密接に関連して進められることになるのである。*45

表5は、大蔵省が作成した明治一九年度予算案である。作成年代は、明治一九年度予算編成作業が本格化する明治

表5　明治19年度予算案

国庫負担分

支出予算			収入予算		
費目	甲案	乙案	税目等	甲案	乙案
土木費	0	2,320,180	家屋税	5,907,387	
郡区吏員給料旅費等	2,499,970	2,499,970	所得税		2,209,832
諸達書及掲示諸費	173,741	173,741	営業税		3,216,543
府県庁舎建築修繕費	35,465	35,465	監獄囚徒傭工銭収入概算	700,000	700,000
府県監獄費	3,392,452	3,392,452			
同建築修繕費	148,952	148,952			
計	6,250,581	8,570,762	計	6,607,387	6,126,375
内国税徴収費概算	200,000		営業税規則		2,444,387
合計	6,450,581	8,570,762	合計	6,607,387	8,570,762
			収入超過	156,805	0

地方税支弁分

支出予算			収入予算		
費目	甲案	乙案	税目等	甲案	乙案
警察費	4,128,646	4,128,646	地租附加税	12,341,443	12,341,443
同建築修繕費	65,122	65,122	船車税附加税	634,994	634,994
土木費	2,320,180	0	雑種税	1,508,702	1,282,396
区町村土木補助費	511,647	511,647	警察費国庫補助	1,207,485	1,207,485
府県会議諸費	274,980	274,980	家屋税附加税	2,853,693	0
衛生及病院費	274,835	274,835	所得税附加税	0	1,104,916
教育費	1,068,375	1,068,375			
区町村教育補助費	342,686	342,686			
郡区庁舎建築修繕費	37,572	37,572			
救育費	39,378	39,378			
浦役場及難破船諸費	894	894			
勧業費	101,194	101,194			
戸長以下給料旅費	4,184,004	4,184,004			
地方税取扱費	31,425	31,425			
特別費	126,877	126,877			
予備費	321,998	321,998			
合計	13,829,818	11,509,638	合計	18,545,517	15,362,949
			収入超過	4,715,699	3,853,311

註）「松方家文書」26-4により作成（単位は円，円以下は切捨て）．

一八年九月から、明治一七年度予算並と閣議決定された明治一九年三月までの間であるが、内閣制以前のものと考えておきたい。この予算表は、地方税支弁費目のうち府県庁舎建築修繕費や府県監獄費などを国庫支弁としており、地方への国庫補助拡大が前提とされている。そして内務省が要求する土木費を国と地方のどちらが支弁するかで、甲乙両案が作成されている。財源としては、甲案は家屋税、乙案は所得税と営業税である。これらの三税は、それぞれ附加税等により地方の財源として認められており、国税収入の増加とともに地方財源を拡大する税制改革案なのである。

大蔵省の試算によれば、家屋税は所得税と営業税を合わせた収入額より多く見積もられ、甲案には家屋調査のための内国税徴収費が計上されている。この予算表から判断すれば、大蔵省は所得税よりも賦課・徴収が容易で税額も大きい家屋税を第一案、所得税・営業税を第二案と考えていたと思われる。[*46] 国税と地方税を通した改革をともなう予算案を可能にするためには、内務省との協議が不可欠である。しかし土木費の国庫補助をめぐり、「内蔵両省数年間の紛議今に結了不立到」という状態が続いていた。[*47] そのため内務卿山縣と大蔵卿松方は、それぞれ予算編成についての意見書を作成し、伊藤を含めて互いの妥協点を探っていたようである。

明治一九年一月、大蔵省はこれまで内務省との併管であった地方税を同省の専管とする建議を提出した。[*48] 租税の賦課徴収については国税・地方税の区別なく、すべて大蔵省の管掌とする内容である。この大蔵省建議の背景に、明治一九年度予算編成にかかわる国と地方を通した税制改革構想があったことは容易に理解できよう。これに対して内務省は地方財政を監督する立場から反対しつつも、国税と地方税の区分や附加税の検討など、現行地方税制の基本的な見直しについては大蔵省に立案を求めたのである。そして地方税規則の再検討を行い、府県支出の監督は内務省の専管とし、地方税の賦課徴収は大蔵省の専管とすることなど、互いの管掌事務の調整を図っている。この時期の地方税制の改革は、大蔵・内務両省の権限問題や地方制度そのものにまで踏み込まざるを得ない大問題であった。家屋税や営業税の問題は、地方税規則の根本的な改革を前提とするものであり、内閣制が発足したばかりのこの時期において提起するのは困難であったと思われる。[*49]

明治一九年三月、大蔵大臣松方正義から総理大臣伊藤博文に明治一九年度予算編成の閣議請議が提出された。松方は各省の予算請求額を認めれば約一四〇〇万円の歳入不足になり、新税導入か請求額の大幅削減の二者択一しかないと報告した。そのうえで、将来の財政拡大は止むを得ないが、機構改革（各省官制の制定）等により正確な予算の見積もりができない本年度は、明治一七年度予算を基準にした予算編成とし、新規事業は明治二〇年度以降に譲ることを求めたのである。機構改革の動向を見定めるため、またもや定額制を実質延長し、その間に新財源を確保するとしたのである。[*50]ここで大蔵省が新財源としたのは、登記税及び所得税の導入と煙草専売制である。大蔵省は、地方税や地方制度に関わる国と地方を通した税制改革構想を一旦断念し、大蔵省単独で提起できる税制改革案を選択したのである。登記税は明治一九年八月の登記法として実現し、所得税もまた明治二〇年に導入された。ただ、明治一九年中の発令（明治二一年度施行）を目論んでいた煙草専売制の導入は、このときは実現しなかったのである。

おわりに

以上、松方財政期の税制改革構想について分析してきたところを要約すると、次のようになる。まず、すでに指摘されていることではあるが、紙幣整理を優先する松方財政においては緊縮財政が選択され、朝鮮事件への対応は増税分の財源が限定的に充てられた。緊縮財政のもとで各省予算は明治一五年度から三か年の定額制となったが、この定額制は会計年度の改訂などを挟んで実質的には同一九年度まで継続することになった。

この過程で、明治一六年度から同一七年度にかけての酒造税を中心とする増税策は失敗していった。松方デフレの影響が深刻化するなか、間接税とはいっても酒類や煙草の需要は落ち込んでいたのである。この時期、大蔵省ではさまざまな新税法案が検討されていたが、いずれも基本的には先の間接税増税路線と同一であり、景気回復傾向が顕著にならない限り失敗に終わるのは明らかであった。現行税制の税率アップはもとより、新税法による間接税増税策は行き詰まりを見せたのである。

このような状況下で進行した明治一九年度の予算編成において、地租と間接税を中心とする現行税制の改良策として、新たな直接税の導入案が浮上してくるのである。しかし農民層の救済が急務となっている松方デフレ下において、新たな直接税の導入は大きな困難を伴うものであった。税制面での課題は、土地課税偏重の現行税制の是正であり、中等以上の国民への軽微な直接税の課税である。こうした認識は政府内で共有化され、大蔵省だけでなく制度取調局や内務省においても現行税制の改良策が検討された。ここで大蔵省が提起したのはイギリス式の所得税であり、地租と酒造税を中心とする現行税制の補完税と位置付けられた。大蔵省は、土地課税の過重に配慮して土地からの収入免除を、さらに家屋税の導入をも目論んで家屋からの収入免除を検討していた。一方、制度取調局の伊藤はプロシア式の所得税に注目したが、同様に地租や酒造税・煙草税などの過重に配慮した免税措置を探っていた。地方財政改良の面から内務省は、府県毎に課税標準が異なる地方営業税の統一を図るために営業税の国税化を提起していた。それぞれの観点は必ずしも同一ではないが、土地課税の軽減と中等以上への課税という点では基本的に一致していたのである。

こうした新たな直接税の導入策は、所得税以外は、現行の地方税規則の改正を含む、国と地方を通した税制改革構想とならざるを得なかった。そしてそれは税制に留まらず、大蔵・内務両省の権限問題や地方制度そのものの改編にまで波及していくものであった。そのなかで政府は、明治十九年度予算編成にあたり緊縮財政の継続と機構改革を掲げて内閣制へと歩を進めていく。財政拡大を前提とする、国と地方を通した税制改革構想はここに断念され、大蔵省は明治二〇年度の税制改正を単独で提起できる所得税等の導入へと方向転換していったのである。

なお、初期議会前後に展開される大同団結運動における地租軽減要求に際し、政府部内で代替財源としての営業税の国税化問題が議論されるなど、これ以降も国と地方を通した税制改革の動きは底流となって継続していくのである。

註

＊1　松方財政については、室山義正『松方財政研究』（ミネルヴァ書房、二〇〇四年）を参照している。
＊2　林健久『日本における租税国家の成立』（東京大学出版会、一九六五年）。
＊3　拙稿①「明治二〇年所得税法導入の歴史的考察」（『税務大学校論叢』五六、税務大学校、平成一九年七月）。
＊4　前掲、室山『松方財政研究』。
＊5　『公爵松方正義伝』乾巻、八四二頁。
＊6　『同上』八七五―八八〇頁。
＊7　室山義正『近代日本の軍事と財政』（東京大学出版会、一九八四年）、高橋秀直『日清戦争への道』（東京創元社、一九九五年）。前掲室山『松方財政研究』は、このときの大蔵省の増税額の見積もりは、かなり抑えた額であったとしている。なお、この「軍備部方式」は、増税策失敗による会計年度改訂がなされたことにより破綻する。
＊8　『近代諸家文書集成』（ゆまに書房、マイクロフィルム版）所収、「松方家文書」三八―二五。
＊9　『元老院会議筆記』前期一五巻、一五二九―一五三〇頁。
＊10　「公文別録」明治一五～一六年、内務省第一巻。
＊11　一部で酒屋会議のメンバーによる酒税減額の請願も行われているが、酒造業者の請願内容は増税による酒造業の衰退や自家用料酒の取締強化を訴えるものが多いのである（『明治建白書集成』第七巻）。
＊12　「大蔵卿第十回年報書」『大蔵省年報』第四巻（日本図書センター、一九八六年）。
＊13　『明治財政史』第六巻、一三〇頁。
＊14　「松方伯財政論策集」『明治前期財政経済史料集成』第一巻、四〇八頁（原書房、一九七八年）。
＊15　「大蔵卿第十一回年報書」前掲『大蔵省年報』。
＊16　拙稿②「国税徴収機構形成史序説」（『税務大学校論叢』三十九、税務大学校、二〇〇二年六月）。
＊17　前掲「松方家文書」三八―三二。
＊18　前掲「松方家文書」三八―三〇。

＊19　『地方巡察使復命書』上、一八七頁（三一書房、一九八〇年）。
＊20　前掲「松方家文書」三九―六甲。
＊21　前掲「松方家文書」三八―三五。福沢諭吉の「売薬無効無害」論が、売薬業者との訴訟に発展したことは有名であるが、政府もまた、売薬については福沢と同認識であった。
＊22　前掲「松方伯財政論策集」四八六―四八七及び四九四―四九七頁。
＊23　前掲「松方伯財政論策集」四一〇頁。
＊24　阿部勇『日本財政論―租税編―』二四四頁（改造社、一九九三年）。
＊25　国立公文書館所蔵「諸雑公文書」2A-37-雑1031。
＊26　前掲・室山『松方財政研究』二二一～二二四頁。
＊27　『東京経済雑誌』第二三八号、明治一七年一一月一日。
＊28　『東京経済雑誌』第二四二号、明治一七年一一月二九日。
＊29　前掲「諸雑公文書」2A-37-雑1082。
＊30　『尾崎三郎自叙略伝』中巻、四九頁（中央公論社、一九七七年）。
＊31　国立公文書館所蔵「公文録」2A-10-公3945。
＊32　国立公文書館所蔵「公文別録」上書建言録3。
＊33　『品川弥二郎関係文書』5、二四―二九頁（山川出版社、一九九九年）。
＊34　前掲「諸雑公文書」2A-37-雑1081。
＊35　安藤春夫『封建財政の崩壊過程』三〇二―三三五頁（酒井書店、一九五七年）。
＊36　前掲「公文録」2A-10-公3692及び3919。
＊37　『地方税規則後の東京府税制（其の二）』六〇―六六頁（東京市財務局主計課、一九四一年）。
＊38　『近代日本地方自治立法資料集成』2［明治中期編］、七二―八二頁（弘文堂、一九九四年）。以下、『地方自治』と略記する。
＊39　国立公文書館所蔵「公文別録」機密探偵書、明治一六～一七年、第一巻。
＊40　拙稿③「明治二十一年の地籍条例案について」『租税史料館報』平成一七年度版（税務大学校租税史料館、二〇〇六年七月）による。なお、拙稿①に、明治一六～一七年までに政府に報告された負債騒擾一覧表を掲げておいた。政府として急務とされたのは、農

民の土地喪失の根本にある地租不納処分制度の見直しであり、この点についても触れておいた。
＊41　この頃の営業税に関する内務省の見解を明らかにする史料が発見できていないが、大蔵省や農商務省などは、地方営業税を国税の付加税とすることで、府県毎に異なる課税標準の統一ができると積極的であった（拙稿④「営業税と徴収機構」『税務大学校論叢』四八、二〇〇五年六月）。内務省もまた、同じ観点から地方営業税の改革が必要だと考えていたことがわかる。
＊42　『地方自治』九〇—一〇〇頁。山縣が示した土地課税の過重が農民の窮乏の原因との認識は、政府内では共通のものだったようである。たとえば制度取調局御用掛の寺島宗則もまた、明治十八年六月に同様の建議を行っている。もっとも寺島の「救治策」の中心は、〇・五%の減租と区町村費の土地課税制限である。区町村費の制限により内務・大蔵両省と同様の区町村事務の見直しが提起され、その財源として機構改革を含む官吏の俸給削減と家屋税及び歳入税（所得税）の導入が主張されている（「公文別録」自明治一七年至明治一八年　上書建言録3）。
＊43　『元老院会議筆記』後期第二十二巻、一一二七頁。
＊44　国立国会図書館憲政資料室所蔵「井上馨関係文書」明治一八年六月三日付井上馨宛松方正義書簡。
＊45　地方補助政策と内閣制については、御厨貴『明治国家形成と地方経営』第一章（東京大学出版会、一九八〇年）を参照されたい。
＊46　この頃の大蔵省内には、ここで取り上げた新税導入ではなく、公債政策の転換を主張する目賀田種太郎の意見もあった（「松方家文書」三四—一二）。目賀田の意見書草稿には、現状では土地以外に適当な課税財産はなく、「今家賃税ト云ヒ、所得税ト云ヒ」、新たな税制構想があるが、戸数割と同程度の収入にとどまるとしている。目賀田は、所得税は「負担ヲ平均」するが「徴税費ト秤価ノ労ニ堪ヘサルヘク」と、負担の公平が図れる点を評価しつつも、徴税手数や所得の評価が困難であると認識しており、必ずしも導入には積極的ではなかった。登記税についても、当面はそれほどの税収とはならないと述べている。
＊47　明治18年7月16日付伊藤博文宛山縣有朋書簡（『伊藤博文関係文書』八、一一三—一一四頁。
＊48　大山梓編『山縣有朋意見書』一五九—一七〇頁（原書房、一九六六年）。
＊49　地方税制と地方制度との関係については、従来、特に関心が向けられていたわけではない、拙稿④も、営業税を地租軽減の代替財源として検討したが、地方税の視点からは検討していない。当該期の税制改革構想と地方制度の問題は、大きな課題として残されているのである。
＊50　前掲「松方伯財政論策集」四〇九—四一〇頁。

Ⅱ　立憲制下の租税

六　地方自治制度と税制

――カール・ラートゲンの地方自治論――

大湖賢一

はじめに

明治初期、近代国家建設の必要性から多くの理論が欧米から輸入された。それは税制も同様である。近代税制度の確立のため、多くの学者や官僚たちが翻訳や留学中の学習から得た欧米の税理論を日本に紹介していった。

それらの全体像を明らかにする研究はいまだ現れてはいない。欧米の税制度については早くから紹介され、特に大蔵省などではいろいろな研究が行われていたようである。それらも含めて明治一〇年代までに輸入された租税論の内容やそれがどのように適用されたのかを探ることは、近代租税史のための基礎作業であると言えよう。そこで本論文では、そうした基礎作業の一環として租税論、とりわけ地方税論についてとりあげてみたい。

明治二一年（一八八八）五月、独逸学協会によって『自治論纂（ママ）』という本が出版された。この本は、直前に公布された市制町村制をとりあげながら「地方自治ノ制度ハ特リ実務管当ノ官吏ノ体認ニ属スルノミナラス抑之ガ本主タル人民ハ宜ク各自之ヲ熟知スル」ことが必要であると指摘する。そして地方自治を「熟知」するための論文として、ロッシュル「中央集権及国内小国ノ説」、ローレンス＝シュタイン「自治論」、モッセ「国法論講義」などが紹介されている。このなかで唯一日本人として取り上げられているのが、逓信次官野村靖の「孛国地方自治行政説略」である。

野村は逓信次官在任中にドイツへ留学する機会を得て、ドイツ国家学の学習を行ってきた。この小文はその時の学習の成果であり、逓信省内で印刷されたものを再録したものである。[*1] 野村はドイツ帰国後の明治二〇年一月に山県有朋を委員長とする地方制度編纂委員会のメンバーとなっている。市制町村制の制定を目指した同委員会において、野村は地方官の経験（神奈川県知事）とドイツ国家学の学習を織り交ぜた役割を期待されていたのであろう。

「孛国地方自治行政説略」はプロイセンの地方自治制度の紹介を主要な内容としている。野村は地方自治のあり方について「町村総説」として以下のように述べている。

一　町村は独立している「組合（コルボヲチヨン）」であり独立した法人である。
二　町村は国の立法権に服属する。
三　町村は業務に従事する役人を選任することができる。
四　町村は「自己独立ノ行政権ヲ有シ法律ヲ以テ定メタル国ノ視察権ノ下ニ立チテ政務ヲ執行スル」「新ニ其人民ニ賦課スルニモ亦同シク政府ノ認可ヲ受ケ」なければならない。
五　人民はいずれかの町村に属さなければならない。
六　町村は「其部内ニ課税スルノ権」がある。そして町村税は「国税ノ如ク特権ヲ有スル」。町村課税の方法は二種類がある。ひとつは「国税ノ補助トシテ」、もうひとつは「各地格別ノ方法」で徴収する。

これらの説明は、当時のドイツ、特にプロイセンの地方制度の特質をよくとらえていると言えよう。特に町村が国家に従属するということ、新税創設の際は政府の認可が必要なこと、そしてドイツの地方税の特徴である付加税（国税の補助）の存在などが指摘されている。

　このような野村の小文は、当時の地方自治制度及び税制度の日本への紹介の一例であるが、本格的な紹介はやはり外国の学者を招くことによってなされることになる。

1　自治政研究会とラートゲン

　第一回帝国議会の開会を直前にして、長州閥元老の井上馨が自治党の組織を計画したことはよく知られている。*2 遅くとも明治二一年（一八八八）四月頃から計画され、二二年なかばまで計画は進行していたようである。計画自体が途中で頓挫してしまったため詳細は不明な点が多い。しかし中等以上の財産家を「地方自治」の精神で結集させ藩閥政治の支持基盤を確立しようとしたこと、井上と関係の深い官僚と実業家が運動を支えていこうとしたことは確実である。自治党は改進党と連合して与党化をねらう動きがあったが、改進党の大隈重信外相の条約改正交渉失敗（二二年一〇月）によりその存在意義を失ったという。

　自治党計画に関係していた官僚には、外務次官青木周蔵、駐米公使陸奥宗光、駐独公使西園寺公望、農商務省書記官古沢滋、逓信省次官野村靖、内務大臣秘書官小松原英太郎などがおり、実業界からは渋沢栄一、三井の益田孝、関西実業界の藤田伝三郎などがいた。官僚の多くは欧化主義の中枢を担う人々であった。そして、この自治党計画に参加したメンバーの一部が中心になって結成されたのが自治政研究会である。

　後述のように自治政研究会は、モッセとラートゲンという二人の御雇い外国人の講義を受けることが活動の中心となる。モッセは伊藤博文にプロイセン憲法や行政法の講義を行い、市制町村制の起草に関わるなど著名である。それに比べてラートゲンの果たした役割は必ずしも明らかになっているわけではない。

ラートゲンについては、これまで安部隆一、勝田有恒、佐藤進、長妻廣至などが論究し、最近では野崎敏郎、瀧井一博などの研究がある。特に勝田の研究は日本におけるラートゲンの足跡を詳細に検討し、瀧井は勝田の研究に依拠しながらドイツにおけるラートゲンの研究活動と明治国家形成に及ぼした役割の解明を試みている。[*3]

このなかで特に勝田・瀧井・野崎の諸研究に依拠して、ラートゲンの日本における足跡を素描してみたい。

ラートゲンは、明治一五年四月四日に来日する。若干二六歳の青年研究者である。ラートゲンの来日の経緯は不明な点が多いという。ラートゲンは瀧井の表現を借りるならば「生粋のドイツ教養市民」であり、ユダヤ人であるが故にドイツでの就職に苦労していたモッセのような「ワケあり」の来日ではないという。

東京大学の政治学教授として迎えられた後、主に大学における講義を中心に活動していくが、同時にラートゲンは多くの場所に招かれて講演を行っている。その初期のものが独逸学協会における講義である。ラートゲンは、明治一七年一月一九日から独逸学協会の主催で行政学講義を開き、これは同年一二月まで続いている。その後、再び講義が始まり明治二一年一一月まで長期にわたって開かれた。この講義録は『行政学講義』(独逸学協会編)として刊行され、後に『行政学』(八尾書店、一八九二年)として民間にも刊行されている。そして後述するようにこの講義と相前後して自治政研究会における講義が始まるのである。

ラートゲンは、在日中に官僚や政治家、財界人、学者など多岐に渉る人々と交流を持っている。そのなかでも特に重きをおいた人々が帰国後刊行された『日本の国民経済と国家財政』の序言に紹介されている(以下、野崎の研究に依拠)。序言では七人の門下生と四人の助言者が記されている。

七人の助言者とは、阪谷芳郎、木内重四郎、石塚英蔵、中川恒次郎、久米金弥、金井延、松崎蔵之助である。この七名はどれもが有能な官僚・学者たちでありラートゲンの日本研究の水準の高さを支えた人々である。四人の助言者とは、中根重一、花房直三郎、福地源一郎、渋沢栄一である。福地と渋沢は言及する必要はないであろうが、中根はドイツ語の翻訳を得意とし、後述の『自治政講義』の訳出を行ったという。

ラートゲンは明治二三年五月に帰国するが、その間日本で初めて大学におけるゼミナールを開くなどの功績を残した。帰国後のラートゲンは在日中の研究をまとめ教授資格請求論文を執筆し、ドイツのアカデミズムにおける日本研究の第一人者となった。安部・長妻・野崎が的確に指摘しているようにマックス・ヴェーバーの日本研究はラートゲンの著作を参照して構成されている。

2 『自治政講義』とラートゲン

自治政研究会は、明治二一年（一八八八）一〇月から始められた。「一昨日鹿鳴館に於いて開きたる自治政研究会のモッセ氏の講義には、井上伯爵を始め朝野の紳士二百名ほども来聴あり。その開会前に本会発企《（ママ）》者渋沢栄一氏は、起ちて同会設立の趣意を述べられ（略）、続いて同氏の講義あり。九時過ぎてに至りて一同散会せり。また聞く、同会は野村靖、渋沢栄一、小松原英太郎等諸氏の発起になるものなりと云う」[*4]という様子からして、自治党関係者がそのまま研究会に関わったことがわかる。

研究会の趣旨は、次の新聞記事に明らかである。

我が政府は本年四月法律第一号を以て自治制度を公布し、以て立憲政治の基礎を立てられたり。それ自治は邦国の組織を鞏固にするの制度にして、邦国は果してあたかも一個の身体のごときものとせば、自治はすなわちその四肢関節にして、精神に貫通し、血液を循環し、各々その官能を発達し、全体を強健にするの作用なり。しかして民徳これにより進むべく、国利これによりて長ずべく、国人の思想これによりて高尚なるべく、邦国の経済これによりて宜しきを得べく、富者貧者の権利義務これによりてその権衡を得べく、立憲政治の基礎はこれによりてあたかも下層より畳起したるがごとく堅固なるべく、邦国と社会とはこれによりて一致親和し、社会各自に固執する各個の利益もこれによりて邦国の一致せる定意と相和し、国人の公平なる良心もこれによりて油然（ママ）発生し、我が帝国の政徳を新たにするものはそれ実に自治に在るか。しかれどもこの制度の我が国に於ける創始に係るを以て、これによりてその利益を占得し、進んで邦国の福祉を増加すると否らざるとの結果は、これを実施するのいかんに在り。[*5]

ここでは、地方自治は国家と社会が「一致親和」するための重要な結節点であることが強調され、「下層」より立憲政治の基礎を固める動きが出てくることが期待されている。また、国家を身体にたとえ地方自治は「四肢関節」であると表現しているが、こうした比喩はドイツ国家学においてよく見られる表現である。[*6]

また同会の規則によると、第三条において「本会は帝国内務省雇い孛国裁判官モッセ氏を聘して、自治政学その他一般行政学及び憲法の主義を講ぜしめ、また帝国大学雇いドクトル・ラートゲン氏を聘して、自治体すなわち市町村郡県並びに全国に関する一般の経済学を講ぜしむ」、第五条において「講義の日時は毎周（ママ）金曜日午後七時と定め、毎月第一及び第三周に於いてはモッセ氏を招聘し、第二及び第四周に於いてはドクトル・ラートゲン氏を招聘すべし」としている。[*7] これらの条文はこの研究会がモッセとラートゲンの講義を受けることに特化した性格を持っていたことを如実に示している。

この後、明治二二年三月二九日までモッセとラートゲンがそれぞれ十回ずつ講義を行い、その内容は自治政研究会編『自治政講義』として、各講義の一ヶ月後には発刊されている。[*8]

以下、『自治政講義』のなかから全体に関わる要点と租税に関することについて内容を紹介していきたい。

(一) 自治体の性格について

ラートゲンは、講義を始めるにあたってモッセとの役割分担を明確にし、「余ハ町村ノ事ニ於テ其主トシテ公共ノ需用、目的ノ充備ヲ関照スル職務並ニ其一箇人経済上ノ企業ト対立スル所ノ職務ニ就テ専ハラ講述セントス」[*9]と述べて町村自治体の職務について講義することが目的であると宣言した。

第一回の講義において、ラートゲンは自治体の基本的な性格についてかなりの分量を割いて言及している。近年、ヨーロッパにおいても町村自治体の支出は、その役割が重要になるにつれて増加の傾向が見られる。そのため「自治体ニ関スル理財ノ学ハ恰カモ経済学ナル一新樹ノ最新ナル一枝ト云フヘキ」[*10]である。そして「人民ノ経済上ノ生活ヲ以テ其文化上ノ生活全体ノ一部分ト見倣シ随テ経済上ノ生活モ亦タ文化上ノ生活ト等シク発達変遷スルモノト見ルニアラサレハ学問上以テ経済ノ真相ヲ理解スヘカラス」[*11]と指摘する。

また、一般的な政治学の理論のように、言わば静的な事象ではなく「間断ナク変遷シテ止マサルモノ」[*12]を対象とするのであり、分析も容易ではないと指摘した後、「抑モ強制及任意ニ成リタル結合ヲシテ一箇人ト国家ノ間ニ介立セシムル『グナイスト』氏ノ所謂ル中間ノ構造ナルモノアルコトヲ放擲シテ常ニ一箇人ト国家トヲ対立セシメタルコトハ昔時就中前世紀ノ経済学及自治学ノ誤謬ナリ」[*13]とグナイストへの批判を行っている。グナイストは憲法調査でドイツに赴いた伊藤博文と会い、またモッセを明治政府に推薦した学者である。同時に講義を行うモッセの学問上の師匠の批判を行うというのは異例のことなのではないだろうか。あるいは瀧井一博が指摘するようにラートゲンの正統ドイツ教養市民でエリートとしての気概があらわれたのであろうか。[*14] どちらにしてもグナイスト批判は、ラートゲンのかなり強調するところであり「前世紀」とまで形容することからしても、彼の学問の中枢に関わることであると推測できる。

この批判の後、ラートゲンは国家を把握する上で「団体結社」の重要性を指摘する。

蓋国家ト一箇人ノ間猶ホ団体結社ノ存在スルアリ。而テ其謂ル団体結社ノ必要ナルハ近時ニ至テ漸ク益々明カナルニ至レリ。夫レ近時各国ノ行政改革ニ於ル実務上ノ着眼専ハラ此団体結社ノ事ニ在ルカ如ク経済及政治ノ学問上ノ研究モ亦タ主トシテ是ヨリ団体結社ニ従事セサルヘカラサルナリ。日本人ハ既ニ此ニ着目スル所アル乎。現ニ本会ノ在ルアリ。吾人ハ以テ日本人カ此点ニ着目セルノ好適例ト為サント欲スルナリ。[*15]

この「団体結社」が地方自治体にあたることは明白であろう。ラートゲンの主張の特徴のひとつは、社会の中間団体にあたる地方自治体の研究こそが、国家研究の要であるということである。

従って、日本で市制町村制を施行することは、困難を伴いながらもまさに賞賛に値することであると褒め称える。

次いで、地方自治体の性質について言及する。町村は「経済上二様ノ地位」を有している。ひとつは「各箇人ノ経済ニ対シテ之ニ命令シ之ヲ制限シ認許スルノ地位」であり、もうひとつは「自己固有ノ財務ヲ有」し「自カラ経済スル一活体」であるということである。すなわち行政の一部として強制力をもった組織であるということと、法人として独立した存在であるという二つの性格を説明する。

この二重の性格は、町村の事務にもあらわれており、軍事・司法・戸籍・救貧・教育・警察など国の委任事務とその地方の固有事務の両方を担わなければならない。

次いで、町村の事務遂行のための収入源について考察が行われる。町村の経済状況は、「一私人経済ト大ニ其趣ヲ異ニ」している。というのも町村の収入は「一私人収入ノ源ト相似タルモノ甚ハタ鮮少ニシテ其僅カニ之アルハ町村ニ於テ地所森林等ヲ所有スル場合ニ限」られるという。そして町村の収入のほとんどは「大抵公法上ノ性質ヲ有スルモノニシテ強制ヲ以テ各箇人ニ賦課スル加金」である。[*16] それは具体的には「手数料」と「町村税」（地方税）の二種類である。

最も収入として多額である地方税は「地方自治体カ強制権ヲ以テ其住民ニ賦課スル金額ニシテ之ニ対シ自治体ヨリ特別ノ報酬ヲ為サヽルモノ」*17である。そしてその種類は「直税」(直接税)と「間税」(間接税)に区分される。「直税」は、所得に賦課するものであり、①全所得に賦課する税(普通所得税、人頭税など)、②収入の源泉に課税する税(地税、家屋税、営業税、資本税など)に分けられる。また「間税」は、①消費物税(煙草、酒類、砂糖、馬車税、乗場税など)、②交通税、売買譲与、証券印税などである。*18

但し、地方自治体にとって大切な収入源である地方税だが、それはあくまでも国家の税体系のなかに存在するものであり、第一義に優先されるのは国税である。

既ニ欧羅巴文明圏ノ地方税制ヲ講述シタル際ニ其一端ヲ示シタルカ如ク地方税ハ国税ヨリ分離シタル一種別派ノ税ニアラサルカ故ニ地方税ノ政ヲ施スニ当テハ必ス全体ノ租税ニ眼ヲ注キ、即チ国税府県税及市町村税等ヲ連合シテ全般ノ利害得失ヲ考察セサルヘカラス。*19

こうした国家優先の税システムは、ドイツ国家学の主張の特徴でもあり、ラートゲンも繰り返し強調している。

(二) 欧米各国の税制度

ラートゲンの講義は、地方税の内容の説明から続いて欧米各国の地方税制度の説明に移る。ここで取り上げられるのはイギリス・フランス・ドイツの税制度である。このなかで最も詳しく説明が行われ、参考にすべき事例とされているのが当然ドイツの税制度である。

まずイギリスの最大の特徴は「地方税ハ国税ト全ク別離シ」、そのためイギリス政府は直接税のかなり部分を独立した地方税としていることであり、そのほとんどは不動産に賦課されるものである。そのため国税の多くを占めるのは消費物税や交通税などの間接税である。*20

一方、フランスの場合はイギリスと異なり、地方税は直接国税を標準として賦課する付加税であり、独立の地方税は存在しない。また税の賦課及び徴収はイギリスでは地方自治体の役人が行うが、フランスにおいては政府の官吏が行う。すなわち「仏国ノ地方自治体ハ完全ノ独立ヲ得サルコト言ヲ竢タサレトモ財政ノ事ニ於テハ殊ニ其独立」に欠けるという。

地方自治体の直接の収入となるものは四種類の直接国税の付加税、すなわち「地税」、「人税」及び「動産税」、「窓戸税」、営業税である。「地税」は家屋・敷地を含む土地に対する税、「人税」は土地の相場に応じて日雇賃の三倍を戸主に賦課する税、「動産税」は家賃に賦課する税、「窓戸税」は街道に向いている窓戸の数に応じて賦課する税である。しかもその賦課率は地方自治体ではなく国が決定するのが基本である。また付加税には一定の目的のための特別付加税、予算が赤字になるときに課すことができる普通付加税、その他の臨時付加税がある。

フランスで特徴的な地方税は、パリなどの大都市において施行されている消費物税、すなわち「入府税」である。入府税とは、収税区内に輸入される物品に課す、いわゆる輸入税である。その種類は多岐にわたり、葡萄酒、麦酒、家畜、肉類、薪炭、油、蝋燭、家畜飼料、建築材料などである。大都市においては入府税は付加税よりも重要な税であり、大きな収入源となっている。例えば、一八八四年ではフランス全土の町村の入府税は七千万円以上である。但しその半分はパリの収入であり、パリの地方税収入の八五％を占めている。

一方、ドイツの地方税制度の第一の特徴は、フランスが法律を以て全国画一の税制度を確立しているのに対して、各邦各地方において古来の税法を実施していることが多く、各地方において異なり複雑であるということだ。例えば南ドイツ諸邦の地方税は主に間接税であるのに対して、プロシアでは主に直接税であるという具合である。

ドイツにおいて行われている間接税のほとんどが消費物税であり、麦酒及び肉類など二三の物品に課税している。また直接税は国税の付加税（多数）、又は独立地方税として課せられている。

プロシアの直接国税は、「収穫税」（地税、家屋税、営業税から構成）と所得税である。所得税は所得高九〇〇マルク（三〇〇円）以上に課税し、税率の最高額は所得高の一〇〇分の三（所得高三六〇〇マルク、すなわち一二〇〇円以上に対して課税）である。地方自治体はこれらの直接国税に対して付加税を課けることができる。そのなかでも所得税の付加税は都市において盛んに行われ、農村においては地税の付加税が行われている。

また地方の独立税については主に都市において行われている。そのなかでも独立所得税は、国の所得税と同様の方法で所得調査を行うが国と地方では税率が異なっている。また町村が新たに独立地方税を起こしたり税率を変更する時は高等官庁の認可が必要である。

(三) 地方税の特徴——付加税

このように欧州各国の税制を概観すると、特にフランス・ドイツにおいては地方自治体にとって付加税が大きな役割を果たしていることがわかる。ラートゲンは「国税ヲ標準トシテ課スル付加税ハ地方自治体ニ最モ適当」な税であると主張している。但し、同時に「付加税ヲ可トスルハ畢竟国税ノ制規能ク国民経済上ノ進歩ニ適シ国税ノ負担ニ偏軽偏重ノ弊ナキ時ニ限ルノミ。（略）約言スレハ国税ノ制愈々不完全ナレハ之ヲ標準トスル付加税ノ弊害愈々大ナルモノナリ」[*21]と国税の整備がその前提であると指摘している。

付加税は国税に従って賦課するが故に事務が簡単で賦課徴収の費用が少ないという利点がある。しかし同時に必要な量を超えて重課する傾向があることにも注意しなければならない。

概して農村においては、地租収入が安定しているが故に、地租に対する付加税を以て町村税の主要部を占めることが得策である[*22]。

しかし「産業社会ノ関係速ニ変換シ地価ノ変動著大ナル地方」、すなわち都会においては土地をめぐる状況は「千種万様」であり、付加税を課することは適正を欠く可能性がある。そこで都会では「付加税ニ代ヘテ地方独立ノ地税及家屋税ヲ施行スル」[*23]が適当である。但し、その場合でも国税と矛盾しないことが大前提であることは当然である。

地方税は地方自治体のための税である。しかし地方自治体の収税権は政府の監督下にあることが肝要である。[*24]なぜならば「政府ハ自己ノ財務及国ノ経済政策ヲ全フセサルヘカラス」「政府ハ地方税ノ為メ国ノ経済政策ヲ阻障セラルヽコトナキヲ要ス」、すなわち国の税源確保が第一に重要であるからである。また「政府ハ各種ノ租税ニ依リ社会千百ノ産業ニ軽重種々ノ負担アルコトヲ考察」しなければならず、国民の中の弱者の援助、少数者の保護ということを忘れてはならない。

例えば所得税を課すための所得調査は同一の方法で調査することが重要である。そして国税は所得の高い者に、地方所得税は所得の低い者に課するなどのすみわけをすることが説かれている。

またラートゲンは、フランスの地方自治制度に比べて日本の町村制は町村に相当の自由を「許与」していると高く評価する。[*25]その例として日本の市制町村制では、地租の付加税が地租の七分の一を超えるとき、直接国税の付加税が国税の二分の一を超えるとき、直接国税に対する付加税を課すときに初めて内務・大蔵両大臣の許可が必要となる。この条文の存在によって「町村会ノ権限ヲ狭縮スルコトナクシテ政府ノ利益ヲ保スル」ことができるからである。

㈣　各税の特徴——所得税

ラートゲンは、単純に考えれば「各個人ノ所得高ニ比例シテ課税スル」[*26]ことが最も簡便であるが実際にはそうではないと指摘する。

つまり所得に課税するということは、国民経済が貨幣経済の段階に達していなければならない。さらに「物品経済」もしくは「家中経済」が盛んに行われても所得高を通貨で算定することは困難なことである。ことに日本は現在、

「物品経済」から貨幣経済への移行過程にある。特に地方の「農民社会」に於いてはいまだ「物品経済」が行われている段階である。そのような状態では人民に対して所得税は課せられない。

所得税は、所得高が明瞭である者には正確に課税することができる。このことは逆に言えば所得高が判然としない者に所得税を課すことは「益々其当ヲ失スル」ことである。すなわち「所得税ハ其組織完全ナルニモセヨ（ママ）其税率ハ真正ノ所得高ニ当ルヲ得スシテ却テ人民ノ負担ヲ偏軽偏重ナラシムル所以」[27]である。特に農業者・商工業者などは所得高を把握することが困難であることに留意しなければならない。

従って所得税は、欧米などの開明国でも充分に行われていないのである。そこでラートゲンは、所得税に代わる代替案を指摘する。それが等級税法である。[28]

プロシアにおいては人民を「社会ノ上位置及産業上ノ関係」から四級に分類する。すなわち第一級は豪商・大地主・大工業者、第二級は中等の商人・農業者・製造者、第三級は手工業者・小買商・小農民、第四級は職工とする。各級の納税月額は第一級が四円又は一二円、第二級が一円又は二円、第三級が三〇銭又は六〇銭、第四級が五銭又は二〇銭である。プロシアでは一八二〇年において等級税六〇〇万円を徴収したが、一人あたりの平均額は五〇銭ぐらいであった[29]。

また、所得の詳細な調査を実施しないで各個人に税を賦課する方法に、住宅税及び家賃税がある。[30]これは住宅のために支払う費用は、その人の貧富にあり方に概ね該当するという考え方からである（フランスの戸主税、ベルリンの家賃税など）。しかしこの考え方にはヨーロッパにおいても、住宅費と貧富のあり方に相関関係があるかどうか疑問視する意見がある。つまり却って低所得者の方が住宅費の占める割合が大きい場合もある。

そしてラートゲンは「東京ニ於ケル住宅入費ノ割合ハ欧羅巴ト異ナリ貧者富者ヲ通シテ殆ト同一ノ割合」であり、「各人カ住宅ニ要スル費用ハ所得高ノ一割」にあたり、日本において住宅税又は家賃税を地方税とすることは「大ニ利便」なことであると指摘する。

そもそも住宅税は、地方毎に状況が異なるがために国税とすることに適していない。こうした住宅税に伴う不公平さを是正するには、「下等社会ノ住宅税ヲ免スル」ことが重要である。そして日本の税制度で言えば、現行の戸数割税はヨーロッパの住宅税とほぼ同様の性質のものである。

そもそも日本の現行の直接国税（地租、家屋税、営業税）は所得のわずか一部に課しているだけであり「欠漏」がある状態である。[*31] 故に「其欠漏ヲ補充スヘキ税法ヲ設ケ以テ従前未嘗テ課税セラレスシテ放棄セラレタル所得ヲ成ルヘク普ク網羅スヘキハ大ニ希望スヘキ事ニシテ又実ニ公平ノ処置」である。[*32]

しかし、日本の現行所得税は、いままでほとんど国税の負担を免れていた「資本家、受俸者及商工業者」に少しでも賦課することができたという利点はある。

日本はいまだ「物品経済」が盛んな段階であるが、都市部では「貨幣経済」が発達しているので「従前公費ノ負担ヲ免レタル税源」がはなはだ多い。

そこで例えば東京府においては特に国税である所得税に対する地方付加税か、または独立の地方所得税を施行すれば、これまで負担を免れていた税源を包括して多額の税をさらに徴収することができるはずである。[*33]

しかし所得税については注意すべきことがある。すなわち所得税は所得の少ない者にとっては過重な負担となるということである。そこで所得税においては「下等ノ所得」に対しては税率を「変換」するか、又は所得税を免除することが肝要である。

例えば三〇〇円以下の所得については、プロシアと同様に「等級税」又は「人頭税」を課すか、又は所得税を課さず代わりに徴収が簡単な他の税を課すほうが良い。[*34]

他の税というのは、「人民一般ノ消費スル物品」に課す税、すなわち消費物税である。

例えば、食塩などは貴賤上下の別なく皆同一の量を消費するものなので「食塩税」はこのような税と言える。「下等社会ノ僅少所得ニ直税ヲ課スルトキハ納税者ヲシテ負担ニ堪ヘサラシメ無数ノ公売処分ヲ免レサルモノナルニ今前陳ノ如キ消費物税ヲ課スレハ能ク此嫌悪スヘキ結果ヲ避ルコトヲ得ヘシ」[*35]。

しかし、このような消費物税は、必ず「逆行増進的」な結果、すなわち低収入者に対して負担が重くなってしまう。従って、施行する時は同時に高所得者に対して相当の税を課して均衡を図る必要がある。

所得税において特に注意が必要なことは所得高の「秤定」であり「所得ノ秤定愈々正当ナレハ負担愈々公平」[*36]となる。

所得高を「秤定」する方法は二種類ある。ひとつは自己所得の申告であり、もうひとつは市町村の公民から評価委員を選び所得申告の検査を行うということである。

また市町村の所得税については、市町村に現在住んでいる者でその市町村外に財産があり所得がある場合、収税上困難が生じる可能性がある。

この場合の処理についてはプロシアの方法が日本においても採用になった。すなわち土地・家屋・営業からの収入は、その本人や会社が住んでいるところではなく全てその財産や営業の場所のある市町村において課税するということである。

他日、日本ノ地方税制ヲ改良スルニ当タリ現今施行スル所ノ家屋税及戸数割税ヲ普通財産税ニ変シ即チ地税ノ賦課ナキ一切ノ財産ニ課税スルマテニ発達セシメ得ルヤ否ヤ、並ニ下等社会ニ向テ其税率ヲ逓減シ終リニ人頭税若クハ戸主税ノ最少額ヲ以テ底止セシムルヲ得ルヤ否ヤ是レ大ニ考究スヘキ問題ナリトス[*37]。

(五) 各税の特徴――間接税

これまでの直接税と並んで重要な税が、間接税である。間接税の長所は、最終納税者、すなわち税を課せられた物品の消費者が支払う金額が少なくてすむことである。そのため間接税は一般人民に特別の重い負担を負わせることなく、「苛重ノ感覚」を抱かせることなく多額の税金を徴収することができる。

実際には直接税において「真ニ公平ニ賦課」することが出来ていないため、欧米各国はいずれも間接税に頼っている。もしも間接税分を直接税に転換するならば、イギリスやフランスでも現行の直接国税を三倍に増加しなければならない。

日本においても間接税はいまだ発達していないが、これを廃止する時は直接税を五割ほど増加しなければならない。大体「貧国」においては直接税が税の大部分を占め、「富国」においては間接税が多くなるものである。それは人民の貧富を把握することが極めて困難であるからである。[*38]

一般に間接税の長所は、物品の消費者が支払うべき金額が少ない、一般人民に特別の重荷を負わせることなく巨大の税金を徴収できる、税を課すべき物品の選択が適切であるならば各個人の納税力に適当となるからである。つまり消費は、消費者の負担に応じて行われるからである。

凡ソ課税品ヲ消費スル人ハ之ヲ消費シ得ルノ余財ヲ有スルトキニ限リ、即チ自己ノ生計ニ余始《ママ》アルトキニ始メテ其税ヲ負担ス。之ニ反シテ其物品ヲ消費シ得ルノ余財ヲ欠クトキハ自ラ消費ヲ廃シ又ハ之ヲ節減シ以テ自ラ其税ヲ免レ又ハ之ヲ軽減スルノ自由アルモノナリ。[*39]

そうした前提は国全体の景気に応じて収入が変化する間接税の長所にも相通じるものである。不景気の時には人民に対してその税率を変えなければ負担となる直接税との違いである。

間接税ハ直接税ヨリモ遙ニ弾力ニ富ミ伸縮スルモノナリ。更ニ之ヲ詳言スレハ農工商ノ所業活発ニシテ人民ノ福利増進シ物品ノ消費高増加スルトキニ於テハ間接税ノ収入総額モ又大ニ増加シ随テ政府ノ又之カ利益ヲ享有スヘシ。然ルニ農工商ノ所業振ハス所謂不景気ノ年ニ於テハ人民其消費ヲ節減シテ自由ニ租税ノ負担ヲ免ルルコトヲ得ルカ故ニ国ノ財政ハ即時ニ此不景気ノ影響ヲ蒙リ間接税ノ収入ヲ減シ随テ歳出ニ節倹ヲ加ヘサルヘカラス。間接税ニ此ノ如キ伸縮消長アルハ即チ財政ト人民ノ生計トヲ同時ニ進退セシムルモノニシテ誠ニ賞賛スヘキ自然ノ作用ナレトモ又他ノ一方ニ於テハ国庫ノ収入ヲ不時ニ増減シ固定収入タルノ性質ヲ欠クニ由リ論者動モスレハ之ヲ財政上不便ノ税トシテ拡斥スルモノアリ。*40

また間接税を課すべき物品としては、先ほどの食塩のように「一般ノ必要物」ではなく、大量に消費されるもの、すなわちアルコール性飲料（葡萄酒、麦酒）や煙草、砂糖などの嗜好品が最も適当である。

一方、間接税の短所は、課税品の選択が適当でないと下等社会に重荷になる、徴収費用がかかる、景気の波の影響を受けやすく従って国庫の収入が不安定になるということである。

市町村の間接税の徴収方法は二つの方法がある。ひとつは入府税である。入府税は古くから欧州において行われている税で都市に持ち込まれる物品に課税する関門税である。欧州では都市の周りに「城郭」があり入府税を施行することは困難ではなかった。しかし日本での導入は困難であろう。

二つめは、その土地における消費物に課税する地方間接税の導入である。その種類として最も適当なのは主として醸造飲料及び肉類（屠肉税）である。何故ならこれらは「下等社会」において必ずしも必要がなく、彼らの負担増になりにくいからである。その他にも犬税、馬車税、各種遊楽に関する税などもある。

㈥　市町村の事業

市町村においては租税の他に収入源をもつことが重要である。例えばドイツにおいては、国及び市町村の固有の財産に富んでおり、そのことが租税の総額や地方税が少なくてすむ理由でもある。

市町村の営造物（学校、病院等）については、「時々変換スル議会ノ節約論」によってあり方が左右される可能性がある。そこで固定財産の収入があれば「安全」に運営ができる。また固定財産があれば市町村公債を募る時に低利を以て資金を得ることができるという利点もある。*41

市町村の財産収入は二種類あり、一つは不動産であり、もう一つは公共事業及び「経済上ノ営造物」、すなわち水道、ガス、取引所、屠獣場等である。

不動産については、欧州各国は以前より広大な土地を所有していた。その土地は近代になってからは、共有地と市町村金庫の利益のため管理されている土地である。共有地は牧畜の場所や村の共同地として使用されてきた。しかし一八世紀中頃から山林の伐採や牧畜の数が増え荒廃してきた。そこでフランスやドイツなどでは、山林の共同使用を禁止しこれを市町村の「殖利的財産」に改め管理してきた。

他の欧州諸国もそれぞれの方法で不動産管理を行ってきたが、日本においては原野の使用に関して規定を設けることが必要である。殊に政府がもしも現在農民が使用している原野を町村の所有にするならば規定は必ず制定しなければならない。*42

市町村の「殖利的財産」についてであるが、地方自治体は出来るだけ所有地を持つべきである。何故ならば、「人口増殖、交通頻繁」の地においては地価が次第に高騰し、其地の自治体は公共事業（道路、学校、建物等）のために多額の金額を払わざるをえない。従って地方自治体の所有地はなるべく保有し濫りに売却・譲与してはならない。もしもやむを得なく所有地を売却するときは売却によって得た収入から直ちに他の地所を購入するべきである。*43

都市においては経費の剰余金、貯蓄金もしくは臨時の収入金があれば土地を購入することが得策であり、現在のように都市の共有金を公債証書、株券等に変えることは称賛すべきことではない。*44

市町村にとって山林も重要な財産である。例えばフランスや南ドイツ諸国では、政府が市町村が所有する山林を管理し、その山林からの純益は市町村の金庫に収められている。

日本においても山林は全国経済のために極めて重大なものである。日本は気候や山岳に富む地形、また山岳が海岸に接近している状況からして山林を培養して、木材輸出国になるべきである。特に中国向け、将来は全東洋に輸出することを考えるべきである。

市町村の経営する事業というのは、一般的には公衆一般の需要に供応すべき事業であり、「収入ノ多寡ヲ以テ第一ノ目的」とはせず、「収利上ノ為メヨリモ寧ロ公衆衛生ノ為メ或ハ日用品ノ代価ヲ調節スルカ為メ或ハ日用品ノ輸入ヲ整理」するために経営するものである。*45 従って、その事業は他に競争者がいない場合が多い。その事業においては「代価ヲ出来得ヘキタケ寡廉」にして「社会公衆ヲ利シ或ハ其収入ヲ他ノ公益ニ供スル」ことが必要である。*46

つまり独占有の性質ある事業（ガスや水道など）は国家又は地方自治体が経営すべきである。もしもやむを得ず私立会社にまかせる場合は、毎年一定の金額を納めさせるべきである。

しかしその場合の問題点は、ガス、水道事業などでいえば市町村自らガスや水を大量に消費することを考慮しなければならない。

(七) 市町村の公債

これまで述べたように市町村の事業は巨額の資金を必要とするため、それをどのように調達するかは大きな問題である。その場合、臨時費を計上しなければならない。そのためには公債を募集することが一番である。公債は、将来の歳入を臨時に繰り上げて前払いしていることになる。市町村の公債はどのような時に起債すべきなのか。一つは非常時に巨大の出費を必要とし経常収入からこれを支弁することは「納税者ノ痛苦」となる時である。もう一つは、市町村のために利益を生じる造営物を設ける時である。例えば、衛生上の施設改良、交通上の施設（道路、港湾）の改良などは、市町村の地価を騰貴させ商工業を発展させ間接的に市町村の利益になる。

しかし公債は便利であるが故に、濫用して将来の者に過重の負担を残す場合が多い。そこで起債については一定の制限を科すことが重要である。日本においても規定で内務・大蔵両大臣の認可が必要となっている。

公債募集の方法はいろいろあるが最も簡単なのは、銀行やその他の債主と契約を結び資金を借用することである。また市町村が国庫から資金を借用する方法は、国庫が資金の貸付を保証すること、政府が特に金庫を設置し資金を借用する方法などがある。しかし、これらは市町村が弁償を怠り政府がその返済を放棄せざるをえない場合が多々あるので日本には勧められない。

日本においても政府の特権の下、政府監督を受けた一種の銀行（土地抵当銀行）を設立し市町村のために融資させることが必要である。

3　市制町村制とラートゲンの講義

ラートゲン『自治政講義』の内容は、結局、モッセと同様にドイツ国家学に基づいた地方自治論や税制度の紹介であると言えるであろう。このラートゲンの論がどれほどの影響力を持ったかは現時点では確認できない。

しかし細かい点はさておき、ラートゲンの主張する要点は、講義が行われた明治二二年四月に公布され翌年四月から順次施行された市制町村制の内容と大きく食い違っているわけではない。そのことからしても、講義を聴講した官僚達へ一定の影響を与えたであろうと推測できる。

従来から、市制町村制の性格としては、政党勢力の排除を前提とした国家統制の下での限定された地方自治であること、税制面では脆弱な自主性、プロイセンを模倣した付加税第一主義、有力財源の中央政府への集中などが指摘されてきた。[*47] こうした指摘はラートゲンの講義からもある程度は確認できる。

ラートゲンは、国家のなかの地方自治、国家あっての地方自治であることを繰り返し指摘する。このことは政治制度でも税制度においても重要な点である。そのことを前提にしても、ラートゲンは日本の町村制は町村にかなりの自由を与えていると評価している。それは、税額の変更時に内務・大蔵両大臣の認可を必要とする制度の存在が、町村会の権限を狭めることなく中央政府の歳入を確保できる保障になると解釈していたからである。しかし、実際にはこの認可制度は、ラートゲンの考えとは異なり日本の地方財政の選択肢を狭め苦況に追い込んでいく一因となるのである。

ラートゲンはヨーロッパにおける各種の税の性格について言及している。しかし一部を除いては、税収の配分について明確に説明していない。つまり、どの税収が国税でまたどの税が地方税となるかが判然としていない。

ラートゲンは、町村の運営のために財源として手数料収入と町村税をあげ、なかでも町村税が収入として多額になると指摘している。しかし現実はそうはならなかった。

明治二二年当時の地方税制度は府県税と町村税に二分される。府県税の内訳は、地租割（地租付加税）、営業税、雑種税、戸数割、家屋税である。地租割は地租の四分の一を限度とし、これを超える場合は内務・大蔵両大臣の許可が必要であった。

町村税の内訳は、国税付加税と府県税付加税、特別税であった。このうち国税付加税は地価割（地租付加税）、所得税付加税から成り、府県税付加税は戸数割・家屋税・営業税・雑種税それぞれの付加税から成り立っていた。特別税は抑制され付加税第一主義と言われる所以である。
奥田晴樹の指摘[*48]によると、明治国家は自らを租税国家として規定しながら、それにふさわしい財政構造を成り立たせることができなかった。急速に膨張する軍事費によって民政関係諸費が圧迫され、結局民政関係の行政ニーズを地方税制が引き受けざるをえなくなる。しかし、もともと地方財政は本来国家が行うべき民政まで引き受けるような余裕はなかったのである。

町村歳入は町村制第八八条によって「町村ハ其財産ヨリ生スル収入及使用料、手数料（第八九条）並科料、過怠金其他法律勅令ニ依リ町村ニ属スル収入ヲ以テ前項ノ支出ニ充テ猶不足アルトキハ町村税（第九〇条）及夫役現品（第一〇一条）ヲ賦課徴収スルコトヲ得」と規定されていた。[*49]すなわち、本来の町村財源は、町村財産からの収入、使用料・手数料であり、補助的に町村税、夫役や現物を賦課することを想定していた。

しかし、実際には財産収入・使用料・手数料はほとんど増加しなかった。また国税における地租収入が低下すれば、地租付加税も減少し町村税も伸び悩むことになる。そして本来は補助的に考えられていた地方債や国庫支出金による収入が歳入のなかで比重を増やしていくのである。[*50]

ラートゲンは、付加税は「地方自治体ニ最モ適当」な税であると指摘した。その理由は、徴税事務が簡単で徴収費用が少なくてすむこと、農村の地租収入が安定しているので地租に対する付加税を課すことで町村税の主要部分を占める税収を得ることができるという予測をしていたからである。このことは「市制町村制理由」において「付加税ノ特別税ニ優ル所以ノモノハ付加税ニ在テハ納税者既ニ国税又ハ府県税ノ賦課ヲ受クルヲ以テ別ニ其収益等ノ調査ヲ為スヲ要セサルニ在リ」[*51]と説明されていること符合する考え方である。

国税がしっかり整備され、地租収入が当初の思惑どおり安定した収入を得ているならば、ラートゲンの主張も妥当なものであったろう。しかし、地租収入は地租改正終了直後の明治一三年には政府歳入の七割強を占めたものの、ラートゲンの講義の頃、すなわち明治二三年には六割に落ち込み総額も思ったほど増えていないのである。[*52] 付加税の利点として考えられていた性質は逆に国税に何かの問題があれば、すぐに欠陥として現れてくるものであった。最もラートゲンは必要な量を超えて過重に科す傾向を指摘して安易な付加税主義への傾斜を諌めてはいる。

また町村の財産収入についてラートゲンは「地所森林」を有する場合に限られると指摘している。しかし市制町村制においては、町村の財産収入は本源的なものとして期待されていた。その内容は、不動産、すなわち共有地と水道・ガスなどの公共事業であった。しかしその現状は、ミゼラブルなものであり想定と全く異なった結果となったのである。

以上のようにラートゲンの講義の内容は、ヨーロッパ、特にプロイセンの政治・税制度を紹介し日本の市制町村制にコメントをしていくものであった。ラートゲン自身が自らをドイツ国家学の正統に継承する学者であると認識している姿勢からすれば、地方制度の実態というよりその理論性に重点が置かれていたことは当然であろう。ラートゲンの講義は、日本の行政・法律学がそのモデルを英・仏からドイツへと転換していくその時期に行われた。[*53] 講義を聴講した中には、野村靖のようにドイツ国家学を学びつつあった官僚層が多くいたはずである。事実、ラートゲンの助言者達は後に大蔵大臣、東京市長等を歴任する阪谷芳郎をはじめこの後の日本の行財政を実際に担った人々である。ラートゲンの講義は、そうした新進官僚層に対してドイツ国家学に基づいて体系的な官治主義行政の基礎を説く役割を果たしたことになる。今後、こうした行財政論、租税論がどのように紹介されどのように適用されていったのかをさらに解明していく必要があるだろう。[*54]

註

＊1　野村のドイツ滞在の経緯は、拙稿「野村靖の国家論」（京浜歴史科学研究会『京浜歴科研年報』第一八号、二〇〇六年を参照）。

＊2　坂野潤治『明治憲法体制の確立』（東京大学出版会、一九七一年、一一～二一ページ）。
＊3　安部隆一「マックス・ヴェーバーの日本研究とカール・ラートゲン―ヴェーバーの会の報告―」（『著作集第二巻　流通諸費用の経済学的研究―マックス・ヴェーバーに学ぶ―』千倉書房、一九九二年）、勝田有恒「カール・ラートゲンの『行政学講義録―ドイツ型官治主義の導入―』『手塚豊教授退職記念論文集　明治法制史・政治史の諸問題』（慶応通信、一九七七年）、佐藤進「カール・ラートゲンの明治前期財政論」（『武蔵大学論集』八―四、一九六一年）、長妻廣至「カール・ラートゲンの明治期日本経済論」（長妻廣至遺稿集刊行会『農業をめぐる日本近代―千葉・三井物産・ラートゲン―』日本経済評論社、二〇〇四年）、野崎敏郎「ヴェーバー日本封建制論の文献学的考察―比較村落構造論のために（2）―」（神戸大学社会学研究会『社会学雑誌』一〇、一九九三年）、同「ヴェーバー日本封建制論の文献学的考察―比較村落構造論のために（3）―」（神戸大学社会学研究会『社会学雑誌』一一、一九九四年）、同「カール・ラートゲンとその同時代人たち―明治日本の知的交流―」（仏教大学『社会学部論集』三三、二〇〇〇年）、瀧井一博「帝国大学体制と御雇い教師カール・ラートゲン―ドイツ国家学の伝道―」（京都大学人文科学研究所紀要『人文学報』八四、二〇〇一年）。
＊4　『東京日日新聞』一八八八年一〇月七日付。
＊5　『東京日日新聞』一八八八年一〇月九日付。
＊6　拙稿「野村靖の国家論」参照。
＊7　『東京日日新聞』一八八八年一〇月九日付。
＊8　ラートゲンの講義は以下のように行われた。第一回明治二一年一一月二日、第二回一一月一六日、第三回一一月三〇日、第四回一二月一四日、第五回二二年一月一八日、第六回二月一日、第七回二月一八日、第八回三月一日、第九回三月一五日、第十回三月二九日。
＊9　自治政研究会編『自治政講義』（以下、『講義』と略す）第一回一四ページ。
＊10　『講義』第一回八ページ。
＊11　『講義』第一回八ページ。
＊12　『講義』第一回九ページ。
＊13　『講義』第一回一二～一三ページ。
＊14　前掲瀧井論文参照。

＊15 『講義』第一回一三〜一四ページ。
＊16 『講義』第一回一五〜一六ページ。
＊17 『講義』第二回一ページ。
＊18 『講義』第二回二〜三ページ。
＊19 『講義』第四回八〜九ページ。
＊20 一八八〇年当時のイギリスの租税収入では、消費税が三四・五%、関税が二六・三%、直接税が三・七%である。林健久『日本における租税国家の成立』（東京大学出版会、一九六五年、六八ページ）。
＊21 『講義』第五回一〜二ページ。
＊22 『講義』第五回六ページ。
＊23 『講義』第五回四ページ。
＊24 『講義』第五回九ページ。
＊25 『講義』第五回一四ページ。
＊26 『講義』第五回一四ページ。
＊27 『講義』第五回一九ページ。
＊28 『講義』第六回一ページ。
＊29 『講義』第六回二ページ。
＊30 『講義』第六回三ページ。
＊31 実際の直接国税は地租と所得税、地租割であり、家屋税・営業税は地方税である。
＊32 『講義』第六回七ページ。
＊33 『講義』第六回九ページ。
＊34 『講義』第六回一〇ページ。
＊35 『講義』第六回一〇〜一一ページ。
＊36 『講義』第六回一二ページ。
＊37 『講義』第六回一八ページ。

＊38 『講義』第七回一～二ページ。
＊39 『講義』第七回三ページ。
＊40 『講義』第七回四ページ。
＊41 『講義』第八回二三ページ。
＊42 『講義』第八回九ページ。
＊43 『講義』第八回一一ページ。
＊44 『講義』第八回一二ページ。
＊45 『講義』第八回一一ページ。
＊46 『講義』第八回二ページ。
＊47 藤田武夫『日本財政発達史』河出書房、一九四九年、前掲『日本における租税国家の成立』、大石嘉一郎『近代日本の地方自治』（東京大学出版会、一九九〇年）。
＊48 奥田晴樹「明治地方自治制下の町村」（奥田晴樹編『日本近代史概説』弘文堂、二〇〇三年）。
＊49 山中永之佑他『近代日本地方自治立法資料集成』2（明治中期編、弘文堂、一九九四年、三六八ページ）。
＊50 前掲奥田論文四八～五六ページ。
＊51 前掲『近代日本地方自治立法資料集成』2、三九三ページ。
＊52 前掲奥田論文四八～四九ページ、林健久他編『日本財政要覧』第五版（東京大学出版会、二〇〇一年、八四～八五ページ）参照。
＊53 前掲勝田論文、瀧井論文を参照。
＊54 ラートゲンの講義の中で取り上げられていた所得税、間接税の指摘についても実際の中央・地方の歳入構造と比較して分析する必要があるが他日を期したい。

七　初期議会期の地価修正
——目賀田種太郎を中心に——

今村千文

はじめに

地租制度は明治六年（一八七三）の地租改正条例を機に全国一斉に地租改正事業が行われ、一〇年に地租率を二・五％に下げるなどの紆余曲折を経ながらも同一四年に一応の完成を見ている。しかしながら、地租改正条例にはいくつかの問題点があった。一つは将来物品税額が二〇〇万円を超えるようになった際には、地租税率を一％まで減税するとした地租改正条例第六章の減租規定であり、もう一つは七年に出された地租改正後の地価を五年間据え置くとした地租改正条例の追加第八章である。特に追加第八章は、地価の据置を宣言したものであるが、これは逆に、五年が経てば地価修正が行われると捉えられることとなった。地租改正作業の際の土地の測量方法や地価の設定方法に対する不満や、周辺あるいは全国的に比べた場合の地価の不均衡に対する不満などから、地価の修正を行って不均衡是正を求める地域が早くから存在していたのである。

この地価修正を求める声に対し、政府は一三年二五号布告により、さらなる地価の五ヶ年据置を宣言したが、また一方で一町村一郡区限りで、地租改正当時の法定地価制定当時において特に他地域との不均衡が著しいと認めた場合に限り特別地価修正を行った。この時の修正は収穫高の見直しで、米価などは見直されていない。また同年には地方税支弁費目を増加し、土木費などの国庫交付を廃止するといった地方税規則の改正も行われている。

この二五号布告により続々と地価修正を求める声が挙がり、なし崩し的に第二の地租改正となる恐れが出てきたため、政府は一七年に地租条例を公布し、第六章と第八章を廃止した。これに伴い、地租の基本台帳となる土地台帳を整備するための地押調査が翌年から全国的に実施された。この地押調査を受け、二〇年に特別地価修正が行われる（以下、表1参照）。これは修正の範囲を一町村限定だけでなく一国をカバーし、また、石代改訂をも明言したものだった。さらに、帝国議会開会を控えた二二年、法律第二二号により田畑地価特別修正が行われ、米価を規準に修正がされた。このように帝国議会開会前にも、政府は地価修正を要求する声に押される形で修正を数度行っている。これらはいずれも、地価の引き下げを行うものであった。また帝国議会開会後も舞台を議会に移して、地価修正、あるいは地租軽減をめぐって政府と民党とが激しく対立したことも周知の事実である。

表1　明治20年特別地価修正結果

	田	畑	宅地	計
現地価額	231,704,194	19,171,605	2,093,987	252,969,786
修正地価額	220,083,610	18,097,193	1,882,478	240,063,281
減地価額	11,620,584	1,074,412	211,509	12,906,505
現地租額	5,792,692	479,302	52,350	6,324,344
修正地租額	5,502,090	452,429	47,062	6,001,581
減地租額	290,602	26,873	5,288	322,763

註）単位は円，ただし銭以下切り捨て．『明治財政史』5巻，658〜660ページより作成．

現在、地租改正研究が活発に行われているが、その後の問題となる地価修正についての研究はあまり深められていない。地価修正についての研究は大きく二つに分けられよう。一つは地価修正運動（これに反対する非地価修正運動も含める）に関する研究である。この地価修正・非地価修正運動に関する研究はさらに二つに分けられ、地

表2　明治22年田畑特別地価修正

	田	畑	合計
現地価	1,171,257,445	158,183,462	1,329,440,907
修正地価	1,059,905,966	140,004,396	1,199,910,362
減地価	111,351,479	18,179,065	129,530,544
現地租	29,284,272	3,956,038	33,240,310
修正地租	26,498,089	3,500,310	29,998,399
減地租	2,786,183	455,727	3,241,910

註）単位は円．『明治財政史』第5巻，682，683ページより作成．なお減地価，減地租ともに数値は史料のまま引用した．

域についての事例研究と、衆議院などを舞台とした中央での活動の分析である。[*1]この研究動向は、近年は地方での事例に関する研究がほとんどを占め、中央の状況に関する研究がほとんどなされていない。また、地方での事例研究も深められていく余地があるように思われる。

もう一つは特に初期議会期を中心とした政治史的な研究である。[*2]これらの研究は政治史に重点があるため、地租軽減をめぐる攻防などについては詳述されるが、実際にその法案がどのような意図でどのように作られたのか、といった事にはあまり言及されていない。[*3]租税史では、こういった問題に踏み込んでいく必要があるように思われる。また、政府と民党という構図で地価修正問題を述べているが、実際の財政担当者である大蔵省内部への言及が少なく、どちらかというと、議会対策に大きな影響力を持っていた法制局を中心に検討されてきている。議会対策として以外に、当時の財政担当者がどのように地価問題を認識し対応していこうとしていたのかを検討するのも、必要ではないだろうか。

目賀田種太郎は旧幕臣の大蔵官僚であり、日清戦争後の税制改正などに活躍し、後には韓国に渡り、財務顧問を務めた人物である。[*4]大蔵省入省の明治一七年より主税局地租課長に就任し、その後も多少の異動はあるが、主税畑に身を置いてきた。[*5]特に地籍を中心とした土地制度に強い関心を持ち、地租条例公布以後に行われた地押調査には、自ら全国に出向き「地押総督たるの観」を有すほどの存在感を示していたのである。[*6]しかも、ほぼ同時期に目賀田は、土地管理の統一化や地租の収益税化などを目指す地籍条例案（ただしこれは実現しなかったが）を起草するなど、地籍制度の整備に尽力をしているのである。[*7]このように地価、地籍に関して第一人者たる立場であるだけでなく、後の地租増徴を伴う地価修正の際、主税局長を勤めていた目賀田について検討を加えておくのも必要なことのように思われるが、目賀田の史料を使用した研究はほとんど無い状況である。こうした研究状況を踏まえ、本章では第一回帝国議会期を中心に地価修正の動向を視野に入れつつ、目賀田の地価修正に対する認識および計画について明らかにしていく。

1 第一回帝国議会をめぐる地租軽減・地価修正

㈠ 衆議院の地価修正案

初期議会で地価修正が重要な問題となるのは、林有造（自由党、高知県）が私案として「地価地租特別修正法案」を新聞に発表したことから始まる。[*8] 林案は地価の低率地域の地価引き上げを行うとともに、地租の一律五厘減を行うものであったが、衆議院には提出されていない。しかしこの私案の発表により、地価引き上げに当たる山口県はじめ、東北地方などでは激しい反対運動が展開される。地価修正法案が提出されるかどうか、緊張が生まれたのである。

このような中で、天春文衛（自由党、三重県）らが二月一七日に衆議院本会議に特別地価修正案を提出した。[*9] 天春案の特徴は、①田畑に限り明治一八年から同二二年までの五ヶ年間の平均石代から、二割五分を減じた額に修正すること（第一条）、②平均石代の算出などについては、地租改正当時の区域を応用すること（第二条）、③この修正により地価が上昇する地域については、その増加上限を二割五分とすること（第三条）である。[*10] この案では地価修正のみを行い、地租率の低減は計画されていない。地価の修正により地租負担の公平化と軽減を図ろうとしたのである。なお、修正方法の詳細は大蔵大臣に一任するとした。

提案理由で天春らは、租税の要を「其公平均一ヲ得ル」ことと主張する。憲法が公布され議会も開会した現在、天春らにとって「文明国」の一員として租税負担は当然のものであるが、その前提として課税方法が公平でなければならなく、「賦税ノ公平均一ナラサルコトハ、国家社会ノ進歩ト両立ス可ラサルモノ」なのであった。これが天春らが地価修正を求める論理である。

具体的な理由は、二二年の地価修正が「正則ニ依レル第二期ノ改正」ではなく、「只タ或ル地方ニ限リテ僅カニ其公平ヲ矯ムル」程度でしかなく、その公平が全国一般にまで及ばなかった事を挙げる。しかも、交通運輸の発達などにより物価の変動が甚だしい現在、公平を全国に広げるためにも「第二期地租改正ノ已ム可ラサル時期」となったのであるが、これを行うには膨大な時間と費用がかかるため、今は採用することはできない。代わりに「速ニ偏重偏軽ノ弊ヲ矯メ賦税ノ均一ニ近接」させる方法は、「最モ変動ノ著シキ石代ニ由テ田畑地価ノ特別修正ヲ行フ」しかないと断言した。これにより、地価額で約八〇〇〇万円が減ぜられ、かつ全国的な権衡が得られると見積もった。

このような論理から公平を求める以上、地価の引き下げを求めると同時に、地価が不当に低い所では、その引き上げを行うことを求めるのも当然であったが、同時に地価が引き上げられる所では、現地価の二割五分以内の上昇率に止めるという配慮も示す。この二割五分の理由は、地租率が将来二分五厘から二分に減ぜられても、納税額において変更が生じないようにという計算からである。なぜなら「現時地租ノ重課タルハ既ニ世論ノ認ムル所」であり、納税額が多少でも増加するのは「実ニ為スニ忍ヒサル所」であるため、納税額では増減が生じないよう配慮したというのである。

このように地価が引き上げられる地域に対して配慮を見せてはいるが、この法案には地租率引き下げの条文がなく、地価引き上げ地域にとっては地租負担の増加を意味しかねなかった。そのため、この地域の議員達から反発が起こり、この法案を詳細に審査するための特別委員会の開催が議決された。[*11] 二月二三日には湯浅治郎（自由党、群馬県）らにより、「其税率軽減ノ一般ニ普及セサルカ如キハ未タ以テ時勢ニ適切ナリト云フヲ得ス」という理由から第三条を「修正ニ依リ地価ノ増加スルモノハ現地価ニ止ム」に改める修正案が提出され、同二七日には可決され政府へ送付された。つまり、地価の引き下げのみを行い、引き上げを行わないというこれまでと同様の修正案となったのである。

さらに特別地価修正法案の審査委員でも、林有造委員長からは修正地価の適用時期に関する修正案が提出された。さらに、犬養毅（改進党、岡山県）、是恒眞楫（無所属、大分県）、佐藤里治（自由党、山形県）、増田繁幸（大成会、宮城県）ら修正委員から、この法案が不完全であり「実際上却テ新タニ不公平ヲ生スルノ結果」となる可能性があるため、廃案とするべきであるという意見も提出され、特別地価修正法案をめぐり紛糾したのである。

このように、民党の地価修正派の主張する地価修正法案も、地価の引き上げによる増租を主張するものから、引き下げと引き上げを同時に行い権衡を得ようとするものへ、さらに地価の引き下げのみを行い引き上げはしないというものへと次第にトーンダウンしていったのである。これは、非地価修正派との葛藤と妥協の結果と見ることができよう。以後、地価修正派が提出する地価修正法案は引き下げのみを行うものとなるのである。

(二) 政府の地租軽減案

地価修正を巡って紛糾している衆議院に対して、政府はどのような態度を取ろうとしていたのであろうか。

第一回帝国議会において、政府と衆議院は予算査定、そしてその背景にある地租軽減問題で激しく対立していた。議会開設以前から民力休養を要求してきた民党が、議会で地租軽減を求めることは必然であった。しかも民党側はその財源を他の税源から補填するのではなく、政費節減に求めた。これに対し、政府側は憲法六七条を楯に抵抗をしたが、政府側が地租軽減に歩み寄っていることに触れる研究も多い[*12]。

政府は、議会開設直前より営業税を国税とすることを代替とした地租軽減を計画していた[*13]。第一議会の最中、政府及び大蔵省は営業税の国税移管によって歳入増を図り、それによって地租軽減に応じようとする動きを見せる。これに対して、井上毅はじめ法制局側は否定的だった。[*14] 結局、この政府の地租軽減案は衆議院の妥協を取り付けることは無理であるという観測から撤回される。[*15]

しかし、地租軽減の代替を営業税に求める以外にも、政府はいくつかの選択肢を持っていた。議会が開会し、大蔵省では「議会ニ於ケル地租軽減問題ニ対スル方針」が作成された。[*16] 大蔵省は林有造の地価修正説は衆議院でも否定されるであろうが、大成会の地租五厘減の説は採用されると予想し、地租軽減が問題となることを想定し、その対応策甲乙二案を述べたのがこの史料である。

甲案は、大多数で可決されようが、両議院で一致した議決をされようが、ひたすら否決しつづけること、乙案は「多数ノ与論」による議決を尊重する態度を示しつつ、減額について「適当ナル処分ノ方案」をぶつけ「此義挙ノ結果ヲ空シカラシメ」ることである。甲案を取るのは至って簡単であり、乙案を採用する場合は、議院が歳入議案を議定する前に大蔵大臣が「税率軽減地方儲蓄ノ法案ヲ提出」し、その旨を演説する必要があるとしている。大蔵省は乙案を強く推し、その演説案では明治二五年度よりこれらの新法案を施行することを盛り込もうとした。しかも、政費節減だけでは地租軽減による歳入不足を補えないことから、第二議会以降に新税法案を提出することも念頭に置いていた。この地方儲蓄制度と地租軽減をセットとする考えは、井上毅も賛同するものであった。[*17]

この大蔵省の方針に対して、法制局の意見が附属している。[*18] そこでは、政費省略などについては自分たちの判断するところではないと断っておき、二、三の気づいた点を記している。まず、直税を租税収入の主とすることには、賛成の立場を取るが、「地租ノ如キハ業已ニ重シ今更ニ税率ヲ上ゲ農家ニ偏重ナラシムルコトハ理勢共ニ不可」であると、地租負担が重いことを認め、それ以上の負担増には反対の立場を示す。その代わりに「相当ナル直税即チ家屋税職業税」(波線原文ママ)を起こすことなどにより、農工商の間で租税負担の均衡を目指すことを提案するが、地方税との関係を熟考する必要があることを指摘する。また、納税負担の軽重には物価が大きく関係してくることから、通貨制度を確固として「物価ヲシテ一定ナラシムル」ことが肝要であると主張する。

結局、これらの意見も採用されなかったのであるが、政府のこの時点の考えは、地租軽減自体には比較的柔軟な態度を持っていたのである。この姿勢は、明治二五年に地価引き下げのみを行う田畑地価特別修正法案を提出する素地であったともいえる。[*19]

以上、大蔵省の意見を中心に検討をしたが、この「大蔵省」とはどのような人物たちを指すのだろうか。大蔵省主税局次長の兵頭正懿の「地租軽減ノ方法ニ関スル意見」と題する意見書が残されている。[*20]なお、兵頭が主税局次長を勤めるのは、二三年六月から翌年六月までであり、それ以前は目賀田と共に主税官を勤めていた。[*21]この兵頭が「地租軽減ノ問題ニ付テハ閣下夙トニ一定ノ成算アルヘシ。只正懿未夕之ヲ聴クニ及ハサルナリ。然リト雖モ正懿事ニ税務ニ従フ。豈ニ所懐ヲ悉シテ以テ閣下ノ採否ニ供セサルヘケンヤ」と言う。先の地租軽減問題は主税局の幹部にも知らされず、秘密裏に進められていたのである。すなわち、先に見た「政府の」地租軽減計画には、大蔵省主税局は嚙んでいなかったと考えられる。[*22]

なお兵頭は、地租の軽減は条約改正による税権回復を待ってから行われるべきであると主張する。その理由は、税権が回復されれば間接国税の秩序を得、国庫歳入も増加する。この時期が「農業者ノ負担ヲ寛舒スヘキノ期」である。しかし、まだ税権を回復していない現在に地租軽減を行えば、新税を起こすか他の税額を上げるかせざるを得ず、「西隣ノ苦痛ヲ東隣ニ嫁スルノミ伯氏ノ負担ヲ仲氏ニ移スノミ」にすぎない。つまり、地税の公平を失してしまうのである。また、単に地租率を引き下げるのは「簡捷」ではあるが、地価が不当に低い地方は「濫恵ニ帰」してしまう。それを防ぐために地価修正を行うことは一見、課税の基礎を「全国均一ノ段位」に置くように見えるが実際は「独リ修正地方人民ノ既得権利ヲ侵害シ、其財産上ノ安固ヲ攪乱スルニ至ルヲ奈何セン」と反論する。土地の売買では「租税ヲ控除シタル純収益ニ因リテ其価額ヲ決定スル」慣習があるが、地価修正により地価が上がった場合、土地所有者にとって「是レ全ク新税ヲ課セラル、ノ結果ヲ観ル」ことになると予想した。つまり、私有財産へ悪影響を及ぼすことを恐れたのである。

兵頭は安易な地租軽減や地価修正を戒めるが、税権回復前にどうしても地租軽減をしなければならない時は、「法定地価」が「其地方ノ実収益ニ比例セスシテ価額尚ホ過重ニ渉ル」地方の地価を漸次数回に分けて修正し、「略ホ土地ノ収穫十分ノ一五ニ相当」する所まで引き下げることを提案している。この方法を取ることによって、兵頭は財政上の劇変や土地所有者の財産を攪乱することもなく「土地ノ負担ヲ均一ニシ農業社会ヲ休養スルコト」ができると主張した。

つまり「大蔵省」は地租軽減に柔軟な態度を見せていたが、それは決して一枚岩ではなく、主税局次長などはそれに警鐘を鳴らしていたのである。この両者の温度差は、政治的配慮が求められる立場かどうかから生じるともいえよう。このような中での目賀田の考えはいかなるものだったのかを次から検討する。

2　第一回帝国議会期の目賀田の地租軽減に関する意見

(一)　議会開設前の目賀田の地価修正活動

まず、帝国議会開設までの大蔵省参事官の目賀田の活動を確認しておこう。[*23]『伝記』には、目賀田が地押調査終了後の明治二四年二月一〇日に、後者への戒めとして書かれたこれまでの事業の経過と目賀田自身の所感が収録されている。[*24]

そもそも一七年の秋より帳簿調製の議が大蔵省内で起こり、ベルギーの「カダストル」方式による土地台帳方式が決まり、この頃より地押調査を求める風潮が出てくるが、その重要性、危険性には松方大蔵卿も郷純造主税局長も認識していなかったと目賀田は回顧する。翌年二月に地押調査の訓示案が松方に提出される。これに対し、当初松方は反対をするが、再三の要求（史料中にはこの主体が出てこないが、後の経過からみて有尾地租課長と考えられる）により、ついに決定される。なお、この時目賀田は関西へ出張しており、この経過については知らなかった。同年四月に目賀田は出張より戻り、始めてこの地押調査について聞かされる。この時より目賀田が地押調査に関わることになるのである。

地押調査、ひいてはこれをきっかけとする地価修正に積極的な有尾地租課長に対し、目賀田はこの事業が第二の地租改正となる事を恐れ、これに歯止めをかけようとした。[*25] 以後、目賀田は九州を除くほぼ全国に出張し、その指揮に当たるのだが、実地での混乱振りを目の当たりにする。長野県を初めとしていくつかの地方では、これを契機に「準地租再改正」を求める者が「地租老練家」より出されるのである。[*26] このような混乱を収拾するためにも一定の方針を決し、本局員を地方に送り出す必要性を目賀田が主張するが、聞き入れられなかった。混乱を背景に目賀田は二〇年度中の事業完了を建議し、主税局中の賛成を得るが、有尾ら地租課は二三年までの継続を主張する。以後、目賀田は地押調査の継続を主張する有尾や地方官らと対立をしていくのである。

この時の目賀田の立場について、大臣からは殆ど全国の事に精通する者とみなされ、「注意方及び将来速に終了の事を屢々達せ」られたと振り返る。[*27] しかし、実際は一方面の担当でしかなく、「余りに大臣の命令を述ぶれば、却って愉快ならざる結果」となったという。[*28]

つまり、自分に一任されるのはいいが、それに見合うだけの権限が付与されず、職務遂行にかなりの困難が伴ったのである。しかも山口県の調査では、地押及び地価増加を行うか、あるいは地押のみを行うかで紛糾し、山県内務卿、井上馨外務卿の意を受けた白根専一、勝間田稔の介入まであった。[*29] この混乱に目賀田はかなり不満を懐いていた。そのためか、この史料の冒頭には「地租制度の利弊は、凡庸者軽々しく論ずべからず」という目賀田の怒りを込めた本音が記されている。[*30] この経験により目賀田は、妄りに地租軽減や地価修正を論じることの不可、そして、地価修正などの担当者についての人選などは厳しく行うことの必要性を痛感したのである。

(二) 目賀田の地価修正反対意見

この所感から間もない四月二日に、目賀田は渡辺国武大蔵省次官に地価修正につき陳述している。[*31] 同様のものが『松方家文書』に作者不明で所収されており、この目賀田の意見は松方にまで伝えられたと考えられる。[*32] 当時、衆議院で山口県の土地丈量についての建議がなされており、それに絡ませて渡辺に意見を述べたものと思われる。[*33]

目賀田は一八年の土地の再丈量を「実ニ大事忽卒ノ間ニ始マリ施為上ノ困難尠ナカラサリシハ、当初ニ於テ事実ト処分ノ理由ノ審査ヲ欠キタルノ憾アリ」と指摘する。特に山口県の反別増加についての問題で、その負担に堪えうるかどうか「密議忽卒ニ決」され、「事実ト処分ノ理由ノ審明ヲ欠」いたと断定した。そして、原因を地租条例発布の際に事実の審査が充分でなく、法的正当性に欠けることに求めた。そもそも目賀田は、地租条例によって明治一三年二五号布告が廃止された経緯に不満を持っていた。[*34]「両ナカラ物議ヲ免レスシテ、或ハ違法不当ノ処分トノ議院ノ建議アルモ知ヘカラス」というのは、軽率に方針を変えたことに対する露骨な不満を表している。先に天春が特別地価修正を「正則」に拠っていないと批判したのもこれによる。

この上申では、目賀田の地価についての意見も披露しており、それが主題となっている。

まず目賀田は地価の不権衡が問題視されていることから、その権衡不権衡の標準を検証する。地租改正の際に決定された地価は収穫を基礎としているが、そもそも旧幕時代の「因襲」と「各地ノ権衡ノ大観」で決まったものが多く、高低の標準を明確にするのは難しいと説明する。旧租を改正した上で「其利子ナリ米価ナリ、連絡シテ近傍府県ノ比準宜シキヲ得セシメシニ過キ」ないのだから、ここで現在の不権衡を言うのは当たらないと主張した。また、地価修正にしても減租にしても、莫大な労力と費用を要する事業となり、その上、社会情勢を不安に陥らせる可能性があるとし、慎重に議論することを求めた。今現在の目下の急は地租問題ではなく、府県土木費下げ渡し問題や地方税支弁の河川の国河編入問題などであり、これらによって直接的に「土地ノ負担」を軽減するのが最重要である、そうすれば地価修正などは必要にならないと主張した。

この陳述には、目賀田の地価修正事業に対する自負心が出ている。民党だけでなく政府もこれに相当するだろうが、これまでの経過を無視しただ修正や減租を求める声に「是事実ヲ審ニセサルモノト言ハサルヘカラス」と不快感をあらわにする。しかしながら、ここで目賀田が反対するのは軽率に修正や減租を行うことである。あくまで「先ツ其事実ノ如何ヲ審査スルヲ要ス」とし、将来的な地価修正を否定したわけではないのである。地租や地価問題を過度に重視するのではなく、その他の目下の急務もよく斟酌し、解決することを要望したのである。

(三) 目賀田の税制度改正構想

この上申の直後に覚書として、目賀田は「税務ニ関シ将来起ルヘキ問題」を列記しているが、その筆頭として地価修正問題を挙げている。この列記事項は、『伝記』では渡辺への意見表明の翌日の四月三日に書かれたとされているが[*35]、「目賀田家文書」では欄外に「二十四年四月十三日夜」と筆書きされている[*36]。また、前者は問題とそれに対して将来取るべき方針も書かれているのに対し、後者は問題事項のみしか書かれていない[*37]。おそらくこの問題について目賀田が何度も覚え書き等を作成した結果であろう。目賀田がここで挙げる一二項目のうち、地租や地価修正に関する問題はその半分の六項目である。いかに目賀田が地価修正や地租問題に注意を払っていたかうかがえよう。

これらの問題を解決するために、目賀田は人事を重要視した。なぜなら、これらの問題は「日常事務の外」であり、「主務其の人の無形なる方針に属」し、担当者の意見や方向性が如実に反映される。そのため「之を処理するには、僚員を選ばんよりは、首長其の人を選ぶべし」[*38]と、主導者の人選が重要になってくると考えた。特に、地租を担当することは「実に国家政機の関する所」であるから、それを担当する者は「能く政府の意志を体察し、外に対して其の言説を慎み、官紀と秩序を支持する範囲を脱すべからず、又内にしては能く事実を審査し、将来の処理に関し徐らに計画」することを求めたのである。

これまでの苦い経験を踏まえて、事実審査を確実に行うことと、担当者は厳選された人物がなることを強く希望する。さらに、これらの方針を立てることができなかった場合、「其の責直ちに大臣に帰す、而して課僚の如何ともする能はざる事とす」[*39]と大臣に責任を求めていた。目賀田が所感に記した「不愉快」な事柄が連想される。

ここに、目賀田が地租や地価担当者の人選について、強い意気込みを持っていたことが分かる。すなわち、地価修正を将来行うことを否定するのではなく、むしろ重要事項の一つとして捉えていたことの現れといえよう。事実審査を確実に行い、公平になされるなら、地価修正を拒否することはなかったのである。実際に目賀田は二四年頃、地価修正計画を練っていたのである。

3　目賀田の二つの地価修正プラン

(一)　第二次地租改正計画

先に、目賀田が拙速な地価修正に反対意見を持っていたことを確認した。目賀田にとって地価修正は、事実の調査等を行った上で執り行わなければならないものだったのである。では、この当時の目賀田の地価修正計画とはどのようなものであったのだろうか。

地租将来趣意書　目賀田は当時の地価制度をどのように見ていたのであろうか。地租改正から現在までの地価制度を述べた「地租将来趣意書」を見ていこう。[*40]

まず、目賀田は地価を売買価格とすることに反対であった。特に地租改正条例第八章や明治七年の五三号布告で、五年ごとの地価の見直しを公約することは、「実ニ私有物権ノ安固ト国家富有ノ基本トヲ障害スルモノ」と厳しい意見を述べている。この考えは先ほどの兵頭の意見と一致する。地価修正は、個人の財産を左右しかねない結果を招くだけに、状況をよく判断せずに地価修正を「常事」とすることはあってはならないと主張する。目賀田がここで念頭に置いているのは小手先の地価修正ではなく、より根本的な「第二の地租改正」であるといえよう。

地租改正以降一七年間に一四七六万五八八四円七〇銭の減租を行い「漸ク負担ヲ均一ニスルノ方嚮ヲ見ル」と、基本的に目賀田は地租改正からの地価修正、地押事業などに一定の評価を与えている。その上で現在の収穫と租額の比例を目賀田は一〇分の二一二五と算出した。これは、米一石の収穫に対し、国税として納めるのが二斗一升二合五夕で、残りの七斗八升七合五勺から種肥料地方公費を差し引いたものが農家の所得という計算である。目賀田は地租負担を決して軽いとは見ていなかった。ここで目賀田が急務として主張するのが減租ではなく地価修正であり、これを「将来施設ノ第一着」と位置付けた。

なぜ、地価修正なのか。目賀田は地租改正以降の地価修正事業などでは、負担が重い地方での軽減修正のみが行われ、負担が軽い地方の増加修正が行われていないことを問題視した。また、運輸や交通が開けてくるとともに土地の盛衰便否に変化が起き、米価の更正が必要となったと説明する。外にも宅地租の賦課方法の見直しの必要や、本来営業収益に対して課税すべき筈の鉱泉地税が、「収利ヲ一定不動」の地租に組み込まれている事の矛盾などを挙げている。これらの修正を行った上で減租に踏み込まなければ「根本ヲ校ラスシテ枝葉ヲ理ムルニ過キ」ない改正となってしまうことを指摘したのである。この「根本ヲ校ラ」せる改正、これこそが「第二の地租改正」である。

地籍の調査　では、目賀田の唱える「第二の地租改正」は具体的にどのようなものであったのか。[*41]

調査の際に目賀田が挙げる要件は、「地籍ノ調査」と「土地純益ノ調査」である。地籍とは「帝国ノ土地ヲ明カニシ又土地ノ所得ヲ査定スルノ根基」であり、土地純益の調査とは「土地ノ原位原量ノ標準」を調査することである。この両者合わせて「地租其物ノ或体ヲ組成」するのであり、どちらか一方も欠けてはならない性質のものである。これらの調査を行おうとする場合、「数多ノ年所ト費用」を要するため、この任務に当たるものは「能ク将来ヲ観察シテ其着歩ヲ愆ラサルコトヲ要」する。その「将来施設ノ腹業」とするため、目賀田はこの意見書を作成したのである。

そもそも日本の土地制度は、地租改正事業により「中世紛淆」の状態から始めて全国的に統一され、「土地ノ境界ヲ正シ、民有ノ土地ヲ丈量シ、村図字図ヲ調製スルヲ得」たのである。しかし、当時の状況は「気運未タ開ケス、法制未タ全カラス」というものであり、事業実施の細部については、各地の状況に応じ、差異の生じるものとなってしまったのである。官民ともに重点は「地価ヲ査定スルノ一点」に止まり、ただその大綱を示す程度にすぎなかった。そのため、一筆を記載した地価帳や絵図、村図や字図などの調製については、その方法が画一化されないのみならず、「其一アリテ其二ヲ欠」くという情況に陥っていたのである。地租条例以降は、町村に土地台帳を調整するよう達し、同時に「地価改正ノ成跡ヲ強固トスル」ために土地の重複、脱落、索乱したものや、実地と帳簿図籍とが齟齬をきたすものなどについて土地整理を内訓した。結果、土地台帳に字、地番、等級、地目、反別地価、地租、沿革、登記年月日、等の事故や所有者名を記載させ、明治二一年を以て結了させ、「将来民有地ノ地籍ヲ強固」にする基礎は整った。

しかし、民間で字図や村図を調製する所も、従来の慣行により調製されるため問題は残った。基本点や測量器具、またその方法まで全国で統一的なものが採用されていないのである。そのため、これらは「後年ノ用ニ供」することはできないものであり、ほとんどの県では既に調製に着手したものの中止し、「簡略ナル絵図ヲ作リ、若クハ地租改正当初ノ絵図ヲ補修セシムルニ止」めるという状況であった。結局、この方法は、「後来完全ノ方法ヲ期望」した、当面の「事宜ニ通スルノ処置」に過ぎず、寛過すれば「再ヒ紛乱ノ恐ナキ能ハサル」ものなのである。

そもそも地籍とは土地の面積を明確にするものであるが、民有地と官有地とではその状況が異なっていた。民有地は、漸く「改租ノ成績ヲ固ク将来精確ヲ得ルノ端緒ヲ見ル」状況となったが、一方の官有地は「地籍未タ備ハラス丈量未タ了ラ」ない状態であるため、川路の変更や山林などにおいては、「官民土地ノ限界ヲ失フ」ところが多くなり「地籍管守ノ帰スル処」が明確とはならなくなったという憾みがあった。周囲を海に囲まれた日本は他国と境界を決することが少ないため、「地籍ノ根基タルヘキ図面ノ全カラ」ざる状態が続き、図面の調製の必要性があまり認識されなかったのである。帝国議会開設以前から地籍制度などの完備を主張していた目賀田にとっては、このような状況が最も危機的で「実ニ為政ノ制置曠開ニ属スルノ憾ナキ能ハサル」ものと認識されたのである。

そこで目賀田が急務としたのが、「町村図ノ調製」と「其基本点ヲ確定スル」ことの二点である。基本点を確定することを急ぐ理由は、「基本点定ラサルトキハ、其疆界ノ紛乱アル毎ニ全村ノ各筆同時ニ根基ヲ失フニ至ル」可能性が出てくるためである。

では、具体的には目賀田はどのような方法で行うことを提案したのだろうか。

町村図については、陸軍省が設定している「陸地測量ノ四等三角形」を採用することを提案した。これは、大体一村あるいは二、三ヶ村を包括しており、かつ、これを応用して数一〇ヶ村に適用することも、逆に字図に適用することも容易である。しかも、既にこの四等三角形を設立しているところは、全国の一五分の一に及んでいる。全国で統一した方法を確立するという面からも目賀田は最適と考えたのである。この四等三角形により「後年大ニ頼ルヘキノ計図ヲ定メ」ることを必要としたのである。

このような方法で調整された地積図は、陸軍省の陸地測量図と連繋するので、「管守ノ錯綜」を防ぐことや、重複する費用を抑えることができるなどの利点があるが、地籍調査や測量などにかけられる費用にはどうしても限度があり、時間もかかる。その中で目賀田は、時間的金銭的コストが比較的少なくしかも急を要するものとして、度量衡法の統一や測量器械の統一、絵図の調製、及びその絵図調製の際の資料について明細表を作成し直税分署で保管すること、直税分署の「地籍管守ノコト」を拡充することなどを挙げている。

目賀田にとって地積図の完備と管理は、明治二〇年前後の地籍条例など以前からの宿願であった。地租を収益税と捉える目賀田にとって、地積図はその土地の収益を計る基本中の基本なのである。これが整っていなければ、負担の軽重が是正されないと考えていた。また、地積図は徴税だけでなくその他の行政事務においても重要な地位を占める。これらの事業のためには、技術的な面だけでなく、それに当たる人事の面でも慎重を要するものであった。先に挙げた修正事項は急務中の急務であり、これを整えないと「今年ノ正費ハ明年ノ冗費ヲ為」るという状況になると目賀田は考えていたのである。

土地純益の調査　次いで取りかからなければならないと目賀田が主張するのが土地純益の調査である。[*42] 先にも触れたが、目賀田は地価修正論者の主張する地価の高低問題に懐疑的だった。地価は収穫、米価、利子から算出される。米価と利子は比較的容易に決定できるが、収穫は短期間に標準を出すことができない。そのために「地価ノ高低ヲ論スル、概ネ標準ナキノ紛争ニ過キサル」と、標準が確固としていないのに高低を論じることに疑問を呈する。

これを克服する方法として目賀田は「純益量定法」を設ける必要性を主張する。この「純益量定法」を設定する事自体は簡単であるが、各機関との連繋が巧くいかなければ正確な量定はできない。そのため、農商務省や地方庁の特別委員から市町村の農会に至る「諸機関」と連絡を取って作成する必要があると述べた。

具体的には、これらの「諸機関」から資料を得、「煩ヲ省キ実ヲ占メ事ニ臨ミテ官民争フヘカラサルノ資料」を具備しなければならないとした。目賀田が例として挙げるのは、「種肥料、農具牛馬買入飼養料、土地修繕費、農具小屋秣料、労力ノ費用」や農業所得などから成る農業の統計書、また、商業会議所等からの協力で物価調査を行うことなどである。これには多くの時間を要することも認めている。特に諸機関の協力を得ることも難しいと予測した。そのため当面は「事宜ニ酌ミ当事者ノ腹案ヲシテ」対応するとし、量定法は将来の事とした。

後に完全な量定法を採用する際に最も重要な事として目賀田が主張したのが、現行地価の廃止である。地租改正時において収穫は「土地一歳ノ所得ニシテ即原位原量」であり、利子は「此所得ヨリ生スル原価ヲ産出スルノ率」として捉えられた。つまり、「地価ヲ定メタルハ収穫ノ一位ヲ十位ニ進メタル者」に過ぎないのである。目賀田にとっての現在の地価は「売買価ニアラス、又土地ノ実力ヲ表スルモノニアラス、課税ノ為ニスル一ノ法律上ノ価格ニ過キ」ないものなのである。また、地租率も現在は地価の二・五%と、一見その負担が軽いように見えるが、当初の地価算出の際に控除された公課負担も数次の変更が加えられてきているので、このことから見ても現今の地価を負担の標準とすることはできないのである。

目賀田にとっての現行の地価は、法律上の呼び方に過ぎず、「従来慣行ノ検見改租法ト区別スルカ為メニ事宜ニ通シテ之設クル」に過ぎなかったのである。土地負担の均衡を図るためには、このような現行地価を廃止し、先に述べた量定法により新たな地価を設ける必要があると述べたのである。このような現在の地価を「法律上ノ価格」として標準とした場合、「官民共ニ負担ノ軽重ヲ明カニスルノ便ヲ欠キ、収益ノ量定ニ於テモ亦其真実ヲ得サルニ至ルヘシ」と危惧する。これを解消するためにも、量定法を定めて土地の負担を「照明」にすることが必要であると力説した。

このように、「法定地価」と「売買地価」とを区別して考えるのは、目賀田だけでなく井上毅、および井上毅の部下である小池靖一も同様である。[*43] しかし、この二人は「法定地価」があくまで課税標準でしかなく、「売買地価」とは性質が異なることを強調して、その両者の乖離を根拠とする地価修正要求を斥けようとするに止まるが、目賀田は、「法定地価」をすら見直し、より明確に負担や標準が分かりやすい土地収益により新たな地価を設定するところに特徴がある。この土地収益に基準を求めることもまた、地籍条例からの目賀田の宿願でもあった。

これら現行地価の廃止を前提とした地籍と純益の調査による地価修正は、「第二の地租改正」となりうるものである。

(二) 目賀田の短期的地価修正計画

先に、目賀田の第二の地租改正計画を検討した。その際、目賀田は地租や地価の一律低減などに否定的だったことを確認した。渡辺に宛てた陳述も合わせると、おそらくその意見が目賀田の本音に近いと思われる。しかしながら、財政担当者である目賀田はその自分の意思とは別に、即効的な地価修正計画も練っていた。「地租修正調査手続」と「米価調査事由書」である。これを本稿では「短期的地価修正計画」とし、それがどのようなものであったのかを確認しておこう。

地価修正の範囲　まず「地租修正調査手続」を検討する。[*44] この史料には、地価修正が必要な地域とその理由、実施方法などが記されている。表3を参照にしながら検討する。

第一に、「地租改正ノ成蹟」が完全でない地方、及び運輸などの発達により米価に変動ヲ来した地方のうちで「他ノ地方ト比シ其地位低位ニアリテ権衡ヲ失スルモノ」は以下の方法によって「之ヲ相当ニ修正シテ地価ヲ増課」するとした。まず冒頭で地価の引き上げについて言及していることに注目したい。

第二には、第一の調査を踏まえて、他地方の既定の地価と合わせて地価の一〇〇分の二に地租率を軽減することとした。地価の均衡を得た後に、地租率を下げようという趣旨がここで明らかになる。収穫、米価、利朱の要素に分けた詳細な理由と計算方法が記されている。目賀田にとっての地価修正は、地価の引き上げが中心だったが、その計算方法は天春らとは大きく異なり、より具体的に緻密に計画されていた。ここに、これまで地価修正などを担当していた目賀田の特徴がある。

米価調査事由書　これには、特に米価を増加させる県を列挙し、その額を述べている。[*45]

この数値を出した手順は、まず明治一八年から二二年までの最近五ヶ年の平均相場を調査する。この時の材料は大蔵省備荒儲蓄課が採集した各地方主要市町の米価相場に拠り、府県限りで平均したものである。[*46] 主要市町を相場立てに採ったため、「一管内ノ平準ヲ失ハントスルノ恐レ」がある。これを補完するために、「改租米価ニ用ヒタル箇所ノ相場完備シタル各年中最モ平準ト認メシ」明治八年の米価に基づいて、備荒儲蓄課の相場立箇所での平均と、それ以外の相場立箇所の平均とを比較して「昂低差異」を算出した。その結果得られた各府県限りの平均米価を全国総平均とし、現今の地価調査に用いている米価と比較して出された「差異歩合」が二割一分一厘二毛三糸の増額である。この歩合を標準点として再び府県限りの平均米価の見直しを行い、この標準点以内の増額に止まる場合には、適当の米価として現在の侭据え置くとし、この標準点を超える地方は、「他ノ各地トノ衡平ヲ保チ能ハサレハ更正ヲ要スルモノ」とみなした。その結果、更正を要するとされたのが、①山口県、②島根県、③長野県、④石川県、富山県、新潟県、山形県、秋田県、青森県、岩手県、宮城県、福島県のグループである。

目賀田の地価修正計画は、不当に地価が低価である地域を引き上げること、その際特に米価に注目していたことが確認できる。これは地租率を二分に引き下げる減税を行う際の、目賀田がどうしても譲れないものであった。地価修正の必要性を認めても、それはただ地価が高いからというものではなく、地価の不権衡の是正を目指すためのものだったと言うことができる。

表3　目賀田家文書に見る地価修正（増租）理由

地方名	改正元素	理由	算出方法
山口県	収穫，米価，利朱	改租をまだ方法が確立ないうちからはじめたため．そのため収穫米は土地相当の数量に見積もられてなく，米価も改租年度が早いため，近接地域との均衡が取られていない．また，利朱は4朱8厘と薄利ではあるが，米価低落を計算しても，まだそれを補うには至らないため（畑の利朱は7分7厘6毛）．三元素全てが不適当．	収穫は芸備の平均1石3斗1升7勺から5分劣りとして，一反歩平均収穫米1石2斗4升5合2勺と算出． 米価は明治18年から22年までの山口，萩，下関平均より隣接低差歩合1割7分3厘を控除し，米一石に付金4円24銭9厘とする． 上記のままでは利朱が4朱8厘では逆に薄利に過ぎるので6朱とする．
宮城県，福島県の内旧宮城，岩手県の内旧水沢	収穫，米価	改租当時，標準とする地域が山口県しかなく，権衡を得られていない．	山形県の既定収穫と斟酌した結果，現在収穫米9斗9升1合2勺から2割増加するのを標準として一反当平均収穫米，1石1斗8升9合4勺とした．米価については，宮城県だけでなく，陸羽一般で低価と認められ修正を要する．「五ヶ年平均米価各府県平準表」の隣接普通低差歩合1割9分4毛を控除して米一石当たり金3円73銭1厘とし，利朱は従来通りとし，地価を算出すると一反歩平均地価38円10銭1厘となる．なお旧水沢県は宮城県の比準から調査を行う．
福岡県，大分県の内在来福岡	収穫	山口県と隣接しているため，そこを標準したことによる．筑後豊後地方と比較して不適当．しかも，現在は同一管内であるため不権衡はより著しい．	本来豊前が豊後よりも収穫が高いはずであるが，収穫米の平均で豊後は1石2斗1升6合，豊前は1石7升3合8夕と逆転している．そのため豊前の収穫を1割5分増加を標準として，1石2斗3升4合8夕とする．筑前の平均収穫米が筑後の1石4斗4升2合5夕より差引2斗3升6合も低いのも不適当．そこで一割増加を標準として，一反当平均1石3斗2升7合2勺とした．
福島県，岩手県，青森県，秋田県，新潟県，富山県，長野県	米価	数年来の交通の発達により諸物価の変動．特に米価が著しく上がったため．	「五ヶ年平均米価各府県平準表」の隣接普通低落差歩1割9分4毛を控除して計算．
旧浜田県	米価	旧浜田県の改組は米価の調査の際に山口県の米価も参酌したため，隣接する出雲や安芸と比べると当を得ない．	隣県広島，島根の低差歩合1割5分3毛を控除して島根県全管は米1石に付3円83銭8厘とする．その内出雲国は，従来のままで不適当な点はないとして据え置き，石見国では金4円30銭1厘を標準とする．
京都府の内在来京都	収穫	反別の積算上に誤謬があったため収穫について近傍府県は勿論，同管内の丹波丹後国と比べ，「地位昂等ナルニ反シテ収穫ハ低位ニ居ル」という不権衡が生じた．	明治20年以降丹波丹後両州で地価修正を行い，漸次平衡を得させようとしたが，まだ平準を得られていない．今回は収穫の一割増加を標準とし，米価，利朱については従前のままで調査をする．

註）「目賀田家文書」4–12より．

しかも、衆議院の天春案は平均石代の一律低減を行おうとしたが、目賀田の場合は各地の状況に応じて地価修正を加えようとしたのである。これは、それまで事実の審査を充分にせずに地価修正を求める人々に対し、実地経験が豊富な目賀田の真骨頂といえよう。

おわりに

明治二四年七月二八日に、目賀田は突如横浜税関長へと転出する。[*47]『伝記』は、この異動が「栄転とは言えない」という世評があったことを認める。[*48]目賀田が渡辺等へ意見を上申してから数ヶ月後というタイミングからも、また、この翌年政府が地価の引き下げのみを行う田畑地価修正法案を議会に提出したことからも、この転任は目賀田を中央から遠ざける狙いがあったとも考えられる。

帝国議会が開会してからの地価修正をめぐる動向は、当初、民党側でも地価の引き上げを含む地価修正を主張していたが、引き上げ該当地方の抵抗に会い、しだいに地価の引き下げのみを求めるようにトーンダウンした。政府も、地租軽減に比較的柔軟な対応を見せ、二五年の地価修正計画で地価引き下げのみを行おうとしていたことへと通じる。これらの動きは、現実的政治的な判断の結果なされたものといえる。しかし、主税局、特に目賀田にとって、第二の地租改正はともかく、いかに世論の反対があろうとも地価の引き上げを含まない地価修正は受け入れがたいものであった。税負担の権衡を考えた上でも、これまで自らが地租事務に携わってきたことへの自負からも、最低限譲れないラインだったのである。目賀田は最後まで、地価の引き下げのみを行うという提案はしていない。そのような短期的な修正を行うよりもむしろ、地価の基準を根本的に見直す「第二の地租改正」を目指した。これは、財政担当者であり地押調査などの先頭に立った目賀田ならではの視点である。また、より短期間で完了する「短期的地価修正計画」

では、目賀田がこれまで調査しえた情報から、地価修正、特に地価の引き上げを提案しており、地価修正などの中心にいた存在としての真骨頂といえよう。

この時期の地価修正問題を考えた場合、衆議院や政府にとっては地租軽減のための地価修正という意味合いが強いが、目賀田にとっては最後まで、負担権衡のための地価修正だったのである。しかし、ある意味目賀田の主張は、原則論であり理想論であったといえる。そのためこの時には受け入れられなかった。しかしながら、日清戦争が始まる直前、目賀田は主税局長に就任する。以後、目賀田は戦費調達、戦後経営に手腕を発揮していくのである。三二年に地租増徴と同時に、田畑地価修正事業が行われる。増税を必要とする時期に目賀田がカムバックするのは、この時の経験が全くの無駄ではなかったと考えられるのではないだろうか。

註

＊1　前者の地価修正運動の研究としては、北崎豊二「明治中期の地価修正運動」(『ヒストリア』第二四号、一九五九年)、同「明治二十年代初頭の地価修正運動」(『大阪経大論集』第五四巻第二号、二〇〇三年)、温娟『明治初期地租関連事業推進過程に関する基礎的研究』(せせらぎ出版、二〇〇四年)が、非地価修正運動の研究としては長岡新吉「明治二十年代の地価修正反対運動について」(『弘前大学人文社会』第二三号、一九六一年)、今西一『近代日本成立期の民衆運動』(柏書房、一九九一年)が代表的なものとして挙げられる。後者の全体的な研究としては安良城盛昭「初期帝国議会下の地租軽減・地価修正運動とその基盤」(『社会科学研究』第一九巻第六号、一九六八年)、黒田展之『天皇制国家形成の史的構造』(法律文化社、一九九三年)がある。

＊2　紙幅の関係で全てを挙げられないが、例えば坂野潤治『明治憲法体制の確立』(東京大学出版会、一九七一年)、伊藤之雄『明治国家の確立と伊藤博文』(吉川弘文館、一九九九年)、佐々木隆『藩閥政府と立憲政治』(吉川弘文館、一九九二年)など。

＊3　第一議会において政府が地租軽減に着手しようとしたことについては、佐々木前掲書参照。なお原田敬一「第一議会における「地租軽減」実現の可能性について」(『鷹陵史学』第二八号、二〇〇二年)は、新史料「二十四年歳計ニ付閣臣内議」を使用して、山県内閣で一時期地租軽減支持の閣僚が多数を占めていたことを指摘している。

＊4　目賀田の研究は、韓国時代に関するものが多い。例えば堀和夫「日本帝国主義の朝鮮植民地過程における財政変革」(『日本史研

究』第二一七号、一九八〇年）、羽鳥敬彦「一九〇四～〇七年目賀田改革」（飯沼二郎、姜在彦編『近代朝鮮の社会と思想』未来社、一九八一年）など。一方、大蔵省在任時代の目賀田種太郎に関する研究は少なく、伝記に故目賀田男爵伝記編纂会編『男爵目賀田種太郎』（一九三八年、以下引用の際には『伝記』と略す）がある。このほかに、目賀田の主税局時代の活動を述べたものとして森田右一「わが国における財政制度の近代化（その四）」（『関東学園大学大学院紀要』第六号、一九八九年）、大蔵省が明治二一年頃に地租条例に替わるものとして作成した地籍条例案を検討したものに牛米努「明治二一年の地籍条例案について」（『租税史料館報』平成一七年度版、二〇〇五年、なお引用の際には「地籍条例」と略す）がある。

＊5 目賀田はハーバード大学に留学後、司法省などを経て明治一六年に大蔵省勤務（少書記官）。翌年より主税官兼務。一九年には主税官・主税局監査課長となり、地租課長も兼務した。以後、主税局の中心人物の一人として二〇年、二二年の地価修正に関与した人物である。この時期の目賀田については牛米「地籍条例」参照。なお、本稿が扱う明治二二年から二五年にかけての目賀田の役職を挙げておくと、二〇年一二月から二三年五月まで主税局調査課長兼監査課長、同年六月より大蔵省参事官を経、二四年七月からは横浜税関長となっている。そのため、筆者は今回使用する目賀田の史料は横浜税関長へ転出する以前のものではないかと推測している。さらに目賀田は、二七年七月より三七年まで主税局長に就任し、日清戦争から日露戦争へかけての税制整理に中心的役割を果たす。明治三七年一〇月からは韓国政府の財政顧問となり、四〇年三月には韓国統監府財政顧問に就任する。また、貴族院議員（勅選）や枢密顧問官も勤めている。

＊6 『伝記』一六八頁。なお、史料の引用に際しては常用漢字に改め、適宜句読点を補った。

＊7 地籍条例の主な特徴は、①地籍所を設置し、そこで土地の一元管理を行う、②地租を収益税とする、③同時に地租は配付税とする、などである。詳しくは牛米「地籍条例」参照。

＊8 林案の内容および、その影響については黒田前掲書四三一～四三九頁参照。

＊9 『帝国議会衆議院議事速記録　二』（東京大学出版会復刻版、一九七九年、以下『速記録』と略す）八五一頁。

＊10 国立公文書館所蔵『諸雑公文書』内「特別地価修正法案提出ノ件ニ付通牒」（四E―〇一八―雑〇一四八三一〇〇）。以下、提案理由なども同史料によった。

＊11 『速記録』八六九頁。

＊12 この間の政府の動きについては、佐々木前掲書九七～一一〇頁参照。

＊13 この地租軽減と営業税問題については牛米努「営業税と徴収制度」（税務大学校『税務大学校論叢』第四八号、二〇〇五年、以下

「営業税」と略す）を参照。

＊14　当初、大蔵省及び政府は政費節減ではなく、営業税の国税移管で収入増を図ろうとしたが、井上は「但営業税之説ハ、其特失如何ニ拘ラズ、議会ニ於而廃案となるへしと予言スル事を得へしと存候、何となれハ議会ハ営業税を以而政費節減之身代りニすることを好ムへきにあらざれハなり」（井上毅伝記編纂委員会編『井上毅伝　史料篇第四』（国学院大学図書館、一九七一年、六七一頁）と、その計画が議会を通過する可能性を否定的に見ていた。代わりに井上は政費節減を主張するのである。この大蔵省及び政府と法制局との対立は佐々木前掲書九九頁参照。

＊15　佐々木前掲書一〇〇、一〇一頁。

＊16　『松方家文書』三六―一一。なお、ゆまに書房『近代諸家文書集成』（一九八七年、マイクロリール版）を使用した。目賀田家文書も同じくマイクロリール版を使用した。

＊17　『井上毅伝　史料篇第二』（一九七一年）三九四～四〇〇頁にも同じく所収。

＊18　『松方家文書』三六―一一。

＊19　内容は、収穫、明治二〇年～二四年の平均石代、六朱の利朱をもとに、山口県などの地域を除き地価を低減することである（明治財政史編纂会『明治財政史』第五巻、一九二七年、六八三頁）。

＊20　『松方家文書』三四―一七

＊21　兵頭は地方官を歴任後、一七年大蔵省三等主税官・主税局第三部酒税課に勤務。以後、会社税課長、計算課長などを経て主税局次長となる。二四年七月からは大蔵省参事官となり、二五年八月には預金局長、二六年には千葉県知事となる。

＊22　この地租軽減問題には、松方蔵相のほか、渡辺大蔵次官が中心となっていたと思われる。地租軽減や地価修正の情報を求める井上毅の渡辺宛書簡が数点残されていることからも考えられよう。また、第一議会での政府と民党との妥協が成立したことに対し、妥協反対派の尾崎三良は、松方、渡辺のほかに井上毅、青木外相、陸奥農商相に責任があると批判した。牛米「営業税」四四四頁参照。

＊23　参事官は、大臣・次官の諮問に応じて意見を述べ、審議立案も担当した。また、局課の事務を兼任する役職である。この時の行政整理で主税局は縮小しており、それに伴う転出であると思われる。その後も、目賀田は主税局の事務に関わり続けたと思われる。

＊24　『伝記』一六八～一七一頁。

＊25　牛米前掲「営業税」四四四～四四六頁。

＊26　『伝記』一六九頁。

＊27　『伝記』一七〇頁。

＊28　同右。

＊29　『伝記』一六九頁。

＊30　『伝記』一六八頁。

＊31　『目賀田家文書』一一―二三。冒頭に「二十四年四月二日大蔵次官ニ陳ス」と書かれている。

＊32　『松方家文書』三四―一四参照。

＊33　先にも触れたが、二〇年の特別地価修正での地押調査で、山口県は大幅な反別増加となるところであったが、同県出身である山県有朋と井上馨らの圧力がかけられ、結局反別増加分には新に課税されることなく、脱漏地などにだけ課税されるという「違法不当ノ処分」があったのではないかという追求がされたことを指す。

＊34　この結果、地租改正条例第八章（地価据置規定）が廃止されるため、これを背景とする地価修正の法的根拠も弱くなったことを指す。このような状態となったことは、目賀田にとっては「法ヲ私スル」とも観ぜられたのである。牛米「地籍条例」三二頁参照。

＊35　『伝記』一三六頁。

＊36　『目賀田家文書』一一―九。

＊37　なお、『目賀田家文書』で挙げられている事項は次の通りである。「地価修正又ハ低減ノ事」「地押ニ関スル事」「山口県等再丈量反別処分ノ事」「山口県ニ於テ右反別処分前即地租改正ノ後荒地起返等ノ時ハ延反別ニ正則ニ地価ヲ賦課セシトノ事ハ、議院ノ知ル由ナルヲ以テ、是ハ前項ノ処分ノ理由ト抵触スルニ付右ニ関スル理由ノ事」「他地方ニシテ山口県ト新タニ同一処分ヲ請求スルモノアル事」「十三年二十五号布告未結了《ママ》ノ地価処分ノ事」「酒造税則改正及醪課税法ノ事」「同検査法及酒桶丈量区々ノ件」「菓子税則改正ノ事」「直税分署間税分署廃止ノ及徴税法改正費用節減ノ事」「徴税費節減ノ事」「間接国税特別処分法ノ事」

＊38　『伝記』一三六頁。

＊39　『伝記』一三六、一三七頁。

＊40　『目賀田家文書』四―一。

＊41　『目賀田家文書』四―九。

＊42　同右。

＊43　『松方家文書』三四―一四所収の井上毅の「国ノ境遇ト地租軽減」という意見書より。なお、これは第二議会解散後の衆議院総選

挙を終えた後に記されたもので、出版もされている。小池靖一の意見は国学院大学図書館調査室梧陰文庫整理委員会編『梧陰文庫井上毅文書』（国学院大学図書館、一九六三年）C―一五二―一四に所収。

＊44 『目賀田家文書』四―一二。

＊45 同右。

＊46 なお目賀田は明治一七年一〇月より備荒儲蓄規則改正案（明治二三年実施）調査委員に就任している。おそらく、この時の資料を参照したと思われる。

＊47 『伝記』一三八頁。

＊48 『伝記』一五八頁。

八　一八九三年シカゴ万国博覧会への日本参加

――実業者の活動、輸出税免除、出品物の分析を中心に――

関根　仁

はじめに

明治政府は明治六年（一八七三）のウィーン万国博覧会に公式参加して以降、海外で開催された博覧会に多数参加している。博覧会への参加は、近代化を推進する日本が国際社会に自身をアピールする機会であり、また海外情報や技術の移入、輸出振興など様々な役割を果たした。

明治二六年（一八九三）、明治政府はアメリカ・シカゴで開催された万国博覧会に参加した。この万博は、コロンブスのアメリカ大陸発見四〇〇周年を記念して、同年五月一日から一〇月三〇日まで、ミシガン湖畔のジャクソン公園を会場として開催された。会場に建つ各パビリオンは白色で統一され、「ホワイト・シティ」とも呼ばれ、またシカゴ中心部と会場を結び、さらに会場内を走った高架鉄道や入場口の自動改札なども話題となり、会期中の入場者数は二七〇〇万人を超えた。

明治政府は、明治二一年（一八八八）バルセロナ万博、二二年（一八八九）パリ万博に引き続き、六三万円の予算を計上して積極的にこの万博の参加事業を展開した。またシカゴ万博は、帝国憲法発布・議会開設後における初の海外博覧会参加となり、殖産興業政策をはじめとした近代化政策を進めていくなかで、世界に「日本」を大きくアピールする絶好の機会であった。

これまでも指摘されているようにシカゴ万博は、明治二〇年代における政府が参加した重要な博覧会であると思われるが、参加自体を総合的に分析した成果は管見の限り見られず、参加の果たした役割が十分に明らかにされているとは言い難い。海外博覧会参加に関する実証的な研究が決して多いとは言えない現状のなかで、シカゴ万博への日本参加については、比較的多くの個別研究の蓄積がある。[*1] しかしながら、先行研究では、参加準備過程、出品物の分析といった、参加状況の基礎的な部分が欠けていると思われる。

そこで本章の課題はこれまで扱われてこなかった、①参加準備過程における実業者の役割、②輸出税免除の問題、③日本の出品物と受賞品の分析、という三つの点に限定して分析をすることである。シカゴ万博は従来の参加とは異なり、民間からの実業者が参加準備の当初から関わっている。これには、この時期に博覧会事業が社会へ浸透してきた背景もあり、[*2] 初めて民間が主体的に参加事業を担った、その状況について検討する。②では、海外博参加において出品物に課税される輸出税について、シカゴ万博を契機として政府内で再検討がなされた点をみていく。③では、これまでもシカゴ万博参加における政府の出品方針については検討がされているが、実際に収集された日本の出品物とその評価については不明の部分が多く、その点を分析する。

以上のような検討から、シカゴ万博参加の全体像、そして経済的な効果等を明らかにしていくための一助としたい。

1　参加決定まで

シカゴ万博開催の情報が初めて政府に伝えられたのは明治二三年（一八九〇）四月であり、これは四月一五日付の『官報』で報じられた。そして、同年七月七日付の『官報』では、シカゴでの開催を米国大統領が裁可したこと、また開催が一八九三年であることが報じられた。[*3] その後、二三年一〇月にはニューヨーク日本領事が、万博の開催計画と米国議会で議決された博覧会の条例を日本外務省に送付し、翌二四年（一八九一）三月三日には米国からの正式参加要請が、外務省から農商務省に伝えられた。[*4] この時点で、政府関係者では参加の意向が確定していたが、第一議会が閉会まで残り数日という状況であり、予算案の提出は第二議会に見送られた。

参加事業は、これまでも博覧会事業を担当してきた農商務省で進められ、農商務大臣の陸奥宗光が同年四月上旬、宮中顧問官九鬼隆一に参加のための政府委員組織づくりを委嘱し、農商務省商工局長の斉藤修一郎ほか八名を委員に任命した。また、合わせて米国政府から送付された出品人規程や出品部類目録などの諸書類の翻訳を進めている。[*5]

そして同年四月二〇日、陸奥農商務相は「シカゴ府コロンブス世界博覧会ニ参同ノ件」を閣議に提出した。[*6] 陸奥は万博参加について「我国将来ノ殖産興業及び貿易拡張ノ一大好機」であることを強調しながら裁可を求め、参加が閣議決定された。五月には農商務省が参加を外務省に通知し、同省は米国側に正式参加を伝えた。[*7]

その後、五月一一日には農商務省告示でシカゴ万博参加を公布し、六月五日に勅令第五二号で臨時博覧会事務局官制を定めた。[*8] そして、参加事業は農商務省に設置された臨時博覧会事務局（同局総裁は農商務大臣が担当）が中心となって進められた。

2　シカゴ万博参加と実業者

(一)　実業者への協力要請

シカゴ万博参加が従来の海外博覧会とは異なるのは、臨時博覧会事務局（以下、事務局）が参加準備の段階から、民間・実業者の意見を取り入れ、また実業者が主体的に参加事業を進めていった点である。本節では、政府が正式に参加決定をした後に、実業者がどのように参加に関わったのかを見ていきたい。

参加準備が本格化する前の明治二三年六月、一部の実業者にはシカゴ万博の情報が報知されていた。元東京駐劄米国公使館書記官のグース・タヴス・ガワードが来日した際、当局者にシカゴ万博開催を伝えて賛助を求めたほか、第三回内国博開催のために出京中の実業者を東京ホテルに招請して、出品を勧誘している。[*9]

また翌二四年五月一三日には、在ニューヨーク領事の藤井三郎が外務省に送付した報告書で、シカゴ万博参加について述べており、これまでの参加経験を踏まえた上で、博覧会事務官に日米貿易の経験のある商人を加える必要、また出品物が美術品に偏重せず、日用品を重視すべきことを指摘している。[*10]このように、参加準備当初から実業者が関わる認識は形成されていた。

参加を正式に決定した後、事務局は、まず「事務局官制」で明記された評議員の選任準備を始めている。評議員は従来の海外博覧会参加では前例の無いもので、「官吏其他ニ就キ学識又ハ経験アル者ノ中」から選定され、総裁の諮詢に応じて重要事項を審議・調査することを任務とした。[*11]従来の参加においては、海外経験のある実業者が多くはなかったが、今回は「民度大ニ進ミ実業者中海外ノ智識ヲ具ヘ通商貿易ノ機務ニ練達セル者」が少なくない状況になっているとことから、[12] 事務局は実業者の協力を重視したのである。

そして事務局は明治二四年七月一日から、実業者への協力要請を開始し、まず内閣・各官省に評議員の選定を照会した。同年八月一四日には内定した一七名を農商務省に招集し、陸奥事務局総裁より出品費用・予算方法が伝えられた。一方で実業者側でも、七月八日に貿易商の森村市太郎、上野栄三郎、堀越善重郎の三名が連署で出品に関する意見を事務局に具申しており、これに応える形で事務局は、同一〇日に渋沢栄一、森村市太郎、濤川総助、阿部孝助、澤田銀次郎、河瀬秀治、箕田長二郎、椎野正兵衛など京浜間の実業者を招集した。ここでは、①出品鑑別・数量、②運賃・保険料・渡航費、③補助方法、④会場装飾の趣向、⑤残品処分、⑥売店設置の可否、⑦出品取扱人・方法について意見を聞いており、[13] 事務局、実業者が協力して参加事業に関する事項を議論し始めている。

それから、しばらく準備の進展は見られないが、決定すべき事項が多いにも関わらず、一〇月に入ってもまだ評議員は正式決定されていなかった。そのため事務局は各地方官と協議の上、新たに実業者二四名を評議員に内定して、同一六日から同二三日の間、農商務省に招集した。[14] 集まったのは、東京から森村市太郎、大倉喜八郎、濤川惣助、阿部孝助、大阪から廣瀬宰平、星丘安信、兵庫県から浜田篤三郎、長野県から大里忠一郎、愛知県から滝藤万次郎、京都府から斉藤宇兵衛、飯田新七、丹波圭介、児島定七、神奈川県から河瀬秀治、箕田長二郎、大谷嘉兵衛、椎野正兵衛、群馬県から森山芳平、石川県から綿野吉二の計一九名であった。ここでは、陸奥事務局総裁、斉藤農商務省商工局長、九鬼隆一らとともに、出品数量、出品陳列、販売残品の処分、美術品の奨励、売店・喫茶店の設置について討議された。[15] このように、評議員が正式決定される以前ではあるが、事務局と実業者との協議のもとで参加に関する基本的な方針が定められていった。こうした動きは、政府・事務局側が中心となり準備を進めてきた従来の海外博参加には見られない、シカゴ万博参加の特徴となった。

明治二四年一一月二六日に帝国議会の第二議会が開会し、一二月八日に参加経費予算が可決されると、参加準備は本格的に進展を見せる。その一つが評議員の正式任命であった。陸奥農商務大臣は第二議会において、シカゴ万博参加予算についての意見のなかで、参加に際して「評議員」の職を置き、「官吏又ハ民間ノ実業家」からこれを選任して「諸般ノ計画ハ所謂官民一致ノ意見ヲ以テ組織スル」と述べ[*16]、官民協力の象徴として評議員任命を強調している。

先述のように、二四年七月から任命の準備は進められ、一〇月には数名が内定したが、実際には、一二月一四日にようやく正式任命に至った[*17]。評議員は表1の通りで、計五〇名が選任され、その内の一九名は官・学識者から、そして半数以上が実業者という構成になっている。選任された実業者を見ると、渋沢栄一、大倉喜八郎、磯野小右衛門をはじめとした商業会議所会頭や経営者、また森村市太郎、箕田長二郎、浜田篤三郎などの貿易商や、その他、茶業、製糸業、磁器工など主力出品物の各業者が見られる。

評議員は、任命の翌日から同月二〇日まで評議員会を開催し、出品物の費用補助、出品規則、出品物鑑査、府県出品委員・渡航委員の選定、会場での販売店設置、販売の残品処分など、出品事務に関する重要事項を協議した[*18]。これ以後も評議員は、参加事業についての協議を継続し、実業者の視点からも参加準備が進められた。

(二) 出品物収集と実業者

議会での予算通過、そして評議員の内定と正式決定以降は、参加準備が具体的に進められ、博覧会の最も重要な要素である出品物の収集活動も進展していく。

事務局は二四年一〇月二日に、出品についての方針を示し、出品物を「普通商品」、「美術品」、「美術工芸品」の三つに区分した[*19]。事務局が示した要旨によると、①博覧会は「森羅万象ヲ一場ノ中ニ陳列シ以テ人智ヲ啓発シ富源ヲ開興」するものであり、「貿易品ノ一大広告場」であること、②政府はこれまで一〇数回の海外博覧会に参加したことが、「海外貿易の漸次拡張」に有益であったこと、③日本とアメリカとは親密であるのみならず、貿易上の関係も深

表1　シカゴ万博　評議員

氏　名	所属・業種等	担　当
西村捨三	農商務次官兼農商務省農務局長	農業・森林・動植，官庁出品部
金子堅太郎	貴族院書記官長	教育・文芸・衛生部，官庁出品部
大森鐘一	内務省県治局長	教育・文芸・衛生部，官庁出品部
古市公威	内務省土木局長兼工科大学教授工科大学長	機械・鉱山・電気部，教育・文芸・衛生部，官庁出品部
斉藤修一郎	農商務省商工局長	製造・普通商品部，官庁出品部
田辺輝実	農商務省山林局長	農業・森林・動植，機械・鉱山・電気部，官庁出品部
菊池大麗	理科大学教授兼理科大学長	農業・森林・動植，教育・文芸・衛生部
大沢謙二	医科大学教授兼医科大学長	機械・鉱山・電気部，教育・文芸・衛生部，官庁出品部
和田維四郎	農商務省鉱山局長兼農商務省調査所長	機械・鉱山・電気部，教育・文芸・衛生部，官庁出品部
奥田義人	農商務省特許局長兼農商務省参事官	機械・鉱山・電気部，教育・文芸・衛生部，官庁出品部
肝付兼行	海軍大佐	機械・鉱山・電気部，官庁出品部
麻見義修	宮内省調度局主事	製造・普通商品部，官庁出品部
村木雅美	陸軍省副官兼陸軍大臣秘書官	機械・鉱山・電気部，官庁出品部
高嶺秀夫	高等師範学校長兼高等師範学校教授・帝国博物館理事	農業・森林・動植，教育・文芸・衛生部，美術・美術工芸部
中橋徳五郎	逓信書記官	機械・鉱山・電気部，教育・文芸・衛生部，官庁出品部
岡倉覚三	東京美術学校長兼東京美術学校教授・帝国博物館理事	教育・文芸・衛生部，美術・美術工芸部，官庁出品部
松井直吉	農科大学教授兼農科大学長	農業・森林・動植，教育・文芸・衛生部，官庁出品部
箕作佳吉	理科大学教授	農業・森林・動植，教育・文芸・衛生部，官庁出品部
沢柳政太郎	文部大臣秘書官兼文部書記官	教育・文芸・衛生部，官庁出品部
渋沢栄一	第一国立銀行頭取，東京商業会議所会頭など	製造・普通商品部
河瀬秀治	小菅県知事など経て，内務省・大蔵省，後に横浜同伸会社	製造・普通商品部，美術・美術工芸部
大倉喜八郎	大倉組など	機械・鉱山・電気部，製造・普通商品部
広瀬宰平	住友本店総理，大阪商船会社など	機械・鉱山・電気部，製造・普通商品部
箕田長二郎	箕田商店，雑貨貿易商／神奈川県	製造・普通商品部，美術・美術工芸部
磯野小右衛門	大阪商業会議所会頭	製造・普通商品部
益田　孝	三井物産会社社長	機械・鉱山・電気部，製造・普通商品部
山東直砥	元神奈川県参事・著述家	農業・森林・動植，製造・普通商品部，教育・文芸・衛生部
荘田平五郎	三菱長崎造船所支配人	機械・鉱山・電気部，製造・普通商品部
森村市太郎	森村組	製造・普通商品部，美術・美術工芸部
濤川惣助	七宝製造業／東京府	製造・普通商品部，美術・美術工芸部
阿部孝助	呉服太物商／東京府	製造・普通商品部，美術・美術工芸部
斉藤宇兵衛	友禅染業／京都府	製造・普通商品部，美術・美術工芸部
飯田新七	織物業／京都府	製造・普通商品部，美術・美術工芸部
丹羽圭介	（八坂塔模型出品）／京都府	製造・普通商品部，美術・美術工芸部
児島定七	（絹糸製造）／京都府	製造・普通商品部，美術・美術工芸部
浜岡光哲	京都商業会議所創立，陶器，織物業など／京都府	製造・普通商品部，美術・美術工芸部
星丘安信	大阪府	製造・普通商品部
藤本荘太郎	堺緞通製造・輸出／大阪府	製造・普通商品部
本山彦一	藤田組支配人，大阪毎日新聞相談役	製造・普通商品部，美術・美術工芸部
大谷嘉兵衛	茶業・貿易業／神奈川県	農業・森林・動植，製造・普通商品部
椎野正兵衛	（刺繍出品）／神奈川県	製造・普通商品部，美術・美術工芸部
浜田篤三郎	貿易商／兵庫県	製造・普通商品部，美術・美術工芸部
森山芳平	（絹布出品）／群馬県	美術・美術工芸部
星野長太郎	製糸業／群馬県	農業・森林・動植，製造・普通商品部
瀧藤万次郎	（陶器製造・輸出）／愛知県	製造・普通商品部，美術・美術工芸部
丸尾文六	（茶業・鍋燥茶出品）／静岡県	農業・森林・動植
大里忠一郎	大里銀行頭取，製糸業／長野県	農業・森林・動植
森下森八	（美術金属器出品）／石川県	製造・普通商品部
綿野吉二	（磁器・美術金属器・絹布手巾出品）／石川県	製造・普通商品部，美術・美術工芸部
深海竹治	有田磁器工／佐賀県	美術・美術工芸部

註）出典は以下の通り．「農商務省農務局長西村捨三外四十九名臨時博覧会事務局評議員被命ノ件」1891年12月15日（独立行政法人国立公文書館所蔵『官吏進退』，1891年，官吏進退五，2A－18－任 A246），『臨時博覧会事務局報告』（藤原正人編『明治前期産業発達史資料』勧業博覧会資料195（明治文献資料刊行会，1975年）），『官報』掲載の「コロンブス世界博覧会録事」．

く、将来的に日本製品の需要を考える好機であることを述べた。そしてこの三つの区分については、次のような説明をしている。[20]

「普通商品」は「貿易ノ標本トナリ又広告トナルヲ以テ目的トシ、将来ノ需用ニ応スヘキノ物品」であり、その選定には「米国人社交ノ状況、家居ノ状態、衣食住居ノ日用、時様ノ変遷、気候ノ寒暖、空気ノ燥湿等ヲ察知」して、「実用ニ通セシムル」必要を指摘した。さらに出品物に付す価格については、不当に高価・低価とすることが後の貿易に影響を及ぼすことから、将来の販売を見据えた適正価格の重要性を説いている。

「美術品」は、「価格ヲ低廉ニシテ需用ニ応スヘキモノニアラス」、そして美術家として「各自妙技ヲ闘ハシ優劣ヲ較シ名誉ヲ発揚」することを主眼とするものとしている。

「美術工芸品」は、「美術ヲ応用シテ器物ヲ製造」するもので、品位、適用、選材、作法、形象、装飾の六つの点に注意すべきことを提示している。また、「普通商品」と同様に将来の輸出増加を見据えた出品を促している。

事務局が出品方針を示したのと同時に、出品物収集の体制も整備されていく。先の出品方針が告示された同日には、事務局は各地方での出品事務を処理するために、道府県に臨時博覧会事務委員の設置を指示した。これは「官吏及ヒ実業者ノ内ヨリ適任ト認ムル者」を委員として選任し、また地方長官をその委員長とするもので、[21]これにより、一般出品物を各道府県が窓口となって収集して取りまとめる体制を整備し、事務局と実業者が協同して出品事務を処理することが示されている。また、一一月一〇日には「出品規則」が告示され、出品目録の記入方法や出品の方法、出品物輸出期限を明治二五年一〇月一日から同年一二月三一日まで（後に二六年一月一日から同年二月二八日までに期限を変更）とする事などが定められ、出品事務の流れが整備された。[22]

こうして出品活動が実際に進展するなかで、実業者が主体的に進めたものの一つに、出品協会等の設立が挙げられる。先の「出品規則」では、出品希望者は自分自身が会場に渡航するか、または出品物を代理人に委託することが定められており、そうした出品手続きや委託の周旋を引き受ける組織が各地で設立されたのであった。表2の通り、東京、神奈川など各地で出品協会等が組織され、その担い手の多くは各地の実業者となっていた。例えば、出品東京組合は明治二四年一一月に、太田万吉が中心となって設立したもので、その規約によれば、「商業者袖手傍観ノ時ニアラス茲ニ於テ同志者結託シテ彼我ノ智識ヲ交換シ出品上其ノ得失ヲ熟議攷究シ意匠ヲ煉リ技術ヲ磨キ我々ノ本分ヲ尽シテ以テ外ニハ名誉ヲ輝カシ内ニハ利益ヲ収メ」ることを目的としていた。[*23] 太田は東京の陶漆器商で、明治九年(一八七六)のフィラデルフィア万博をはじめ、以降の海外博にも出品している。そうした経験を生かしながら、出品物の委託や調査のほか、販売店設置、出品物運賃・保険料、渡航費補助などの意見を臨時博覧会事務局に提出するなど、出品者の援助や代表として出品事務を担った。こうして、出品者—出品協会—各道府県—事務局、という出品物収集の流れが整備されたのである。

表2　シカゴ万博　出品組織

地　域	名　称
東京	閣龍博覧会中央協会
東京	倉島商会
東京	閣龍世界博覧会渡航協会
東京	閣龍世界博覧会出品東京組合
神奈川	米国大博覧会出品横浜組
神奈川	有限責任同伸会社（生糸のみ扱い）
愛知	閣龍世界博覧会愛知協会
新潟	米国博覧会出品新潟用達組
石川	閣龍世界博覧会能美出品協会
京都	京都出品組合連合部
大阪	大阪出品協会
神戸	閣龍世界博覧会兵庫出品協会

註）『臨時博覧会事務局報告』（『明治前期産業発達史資料』勧業博覧会資料 195）より.

また、実業者が中心となり『閣龍世界博覧会記事』を発行している。これは浜田篤三郎、益田孝、大倉喜八郎ら一二名の実業者が発起人となり発行したもので、同年一〇月二八日発行の第一号から、ほぼ月間で刊行された。[*24] 同誌の「緒言」によれば、「我国出品の便を謀て物産の興起、貿易の繁盛に補益する所あらんことを期」し、評議員中の有志により発行されたもので、参加各国に関する新聞・雑誌記事の訳文、内外の公報、実業者による意見や論説、出品に関する通信などを掲載した。それゆえこの『記事』は一般に向けたものというよりは、実業者の編纂による、「出品者の案内者となり、相談役となり、益友となりて出品者に便利を与」える情報誌であった。[*25] 実業者の立場から、様々な情報を出品者に提供し、民間による参加運営の重要性を意識しながら、情報を共有する手段となった。

従来の海外博覧会参加では、参加事業は政府・事務局主導で進められ、民間は「参加」・「出品」する側に限定されていた。しかし今回は、当初から実業者が事務局とともに参加運営に関する重要な事項の決定に関わるという、従来とは異なる参加形態となった。さらに実業者は評議員という立場で参加事業を進め、また出品物収集・選択、出品協会組織の設立といった実務的な活動や、『閣龍世界博覧会記事』を発行するなど、主体的に参加事業を進める役割を果たした。

明治二〇年前後の日本では、企業設立をはじめとして産業振興のなかで民間の果たす役割は増大する。政府主導の事業であった海外博覧会参加という面でも、民間の役割が重要な位置を占めるようになったのである。また実業者自身にとっても、博覧会参加が有益なものとして認識されてきたという、博覧会自体の社会への浸透も示している。[*26]

3　輸出税免除の問題

出品物収集などの参加準備が着々と進められるなか、明治二五年四月二一日に次の勅令が公布された。

勅令第三十八号

明治二十三年九月勅令第二百三号税関規則中左ノ通追加ス

第五十五条　帝国政府ノ参同スル外国博覧会及共進会ニ出品スル物品及其附属品ハ輸出税及同品積戻ノ際輸入税ヲ課スルノ限ニ在ラス[*27]

幕末の安政条約、そして改税約書により、輸出品には輸出税を課すことが規定された。明治維新後も輸出税の徴収は継続したが、若干の物品については輸出税を免除するようになる。そして明治二〇年代になると、輸出税は輸出の発達を制約し、産業上不利益であるとの見地からこれに反対する議論も展開された[*28]。海外博覧会参加の出品物についても課税対象となるが、参加をする度に大蔵省への達によって輸出税（及び出品物を国内に戻す際の輸入税）は免除されていた[*29]。

さてシカゴ万博参加に際しては、その輸出税について、改めて政府内で免除方法が議論されており、この勅令はその末に公布されたものである。この勅令によって、シカゴ万博以後の海外博参加の出品物については、事実上の免除が定められたが、参加事業を担当する農商務省と、税関を管轄する大蔵省との間で意見相違が生じ、結論が出るまでに約半年の時間を要した。本節ではその議論の過程を見ていきたい。

この問題を史料で最初に確認できるのは、明治二四年九月一日の大蔵大臣松方正義による意見である[*30]。松方は、海外博覧会への出品物が一般の商品とは異なり、「国産ノ標本ヲ海外ニ広示シ他日販路拡張ノ一助タルヘキモノ」であることから、これまでの参加においては行政処分によって免除してきた経緯を述べながらも、「今日ニ在テハ本件ノ如キ税金免除ニ属スヘキ事項ヲ行政処分ヲ以テ定ムルハ穏当ヲ欠クノ感ナキヲ得ス」と述べた。そして、シカゴ万博だけではなく、政府が将来に参加する博覧会について、免除に関する法律の制定が必要であることを主張している。

しかし、九月三〇日の閣議では、出品物の輸出税免除を勅令で定めることが決定している[*31]。これに対して陸奥は、松方に宛てて、勅令によってではなく、これまでどおり内閣総理大臣から税関を管轄する大蔵大臣に免除の旨の達があればよい、という主張をした[*32]。その後、先述のように出品事務の進展、参加経費の議会通過、評議員の任命が行なわれるが、輸出税の問題については進展することなく、次に確認できる史料は、翌二五年二月一八日に陸奥が閣議に提出した意見書である[*33]。陸奥はこれまでの経緯を説明しながら、従来と同様の行政処分による免除措置を求めつつ、その一方で、諸大臣のなかでは先述の閣議でも決定されたように、勅令案が主張されている現状も述べた。そこで陸奥は第二案として、勅令案を採用するのであれば、税関法に基づいて勅令で定められた、税関規則に免除の旨を追加することを主張したのである。しかし、この案に対しては大蔵省が異論を唱え[*34]、再び免除の方法をめぐって、前例による免除措置案、もしくは勅令案を主張する農商務省と、免除について新たに法律制定を主張する大蔵省との間で意見が分かれたのである。

すでに参加準備は着々と進展し、出品者はこれまでの前例にならって輸出税は免除されるものと見込んでおり、出品物収集への影響も懸念して、陸奥は閣議決定を求めた。しかしながら、ここでも免除に関する決定はなされず、その後、決定への動きが見られるのは、陸奥が農商務相・事務局総裁を辞し、次に河野敏鎌が就任した同年三月以降のことである[*35]。

河野農商務相は三月二九日、出品物の輸出税免除についての意見を閣議に提出した[*36]。ここで農商務省は、先に陸奥が述べた第二案＝勅令を発布して、税関規則に「帝国政府ノ参同スル外国博覧会及共進会ニ出品スル物品及其附属品ハ輸出税及同品積戻ノ際輸入税ヲ免除ス」という条文を記載することを主張している。

そして、この農商務省案を受けた形で、四月一二日には枢密院が審査を行なっている。その報告書によれば[*37]、まず博覧会事業は、「売買」が本旨ではなく、「商路ヲ拡張」し、「国威ヲ発揚」することが目的であること、そして、国会開設以前においては、輸出税免除を行政処分によって規定してきた経緯を述べている。次に、先の農商務省案については、①税関法の第二一条に「外国通航船沿海通航船及輸入貨物並ニ減税免除仮納税ニ関スル事項ハ税関規則ヲ以テ」規定すること、そして同二二条には「税関規則ハ勅令ヲ以テ之ヲ定ム」とあり、この案は問題ないと考えられる。②しかしながら、税関法は税関の職権を規定したものであり、「納税ニ於ケル臣民ノ義務ヲ左右スル如キ重大ノ事件」を含むものではないことを指摘した。また、憲法によって納税義務が定められた以上は、これまでの慣例＝行政処分によって免除を行なうことは違法となる、という判断を下している。よって、農商務省案の「輸出税及同品積戻ノ際輸入税ヲ免除ス」のうち、「免除ス」という直接的な表現を「課スルノ限ニ在ラス」と改めることが妥当であるとして、審査の結果とした。そして、議論が始まってから半年以上が過ぎた二五年四月二一日、ようやく先の勅令が公布されることで、シカゴ万博を含めて以後の海外博覧会・共進会出品物の輸出税について、事実上の免除が定められたのであった。

この輸出税免除が決定されるまでの間、出品物の収集活動はすでに進展していた。出品物に課税される輸出税は、出品者にとって出品費用に関わる重要な問題となる。『閣龍世界博覧会記事』第四号では、神戸出品協会により、出品物に輸出税が課税されることの注意が促されている。[*38] また、事務局が二五年三月一九日付で『官報』に掲載し、出品者に配布した「『コロンブス』世界博覧会出品者心得」では、出品に際して輸出税が課税される旨が述べられ、参考として「本邦海関税率」について有税品・無税品の一覧が掲載されるなど、出品者に対しては輸出税の課税分が出品費用に含まれることが示されていた。[*39]

そうしたなか、二五年四月には一転して免除が定められることになるが、『閣龍世界博覧会記事』では、勅令の内容が報じられたほかは、出品者の反応などは見られない。また、免除決定までの期間における、東京府への出品願書類からは、特に出品者の反応等を確認することはできず、[*40] 陸奥が懸念したような、出品物収集での大きな影響は無かったようである。

この輸出税免除についての問題は、それまでの言わば慣例的な措置で免除されてきた従来の方法を変更させるものとなった。博覧会参加という枠で見れば、農商務省、大蔵省の意見、そして枢密院による判断の過程では、博覧会の出品物が「売買ヲ本旨トスルニ非スシテ商路ヲ拡張スルト同時ニ国威ヲ発揚シ知識ヲ交換スル」ものであり、輸出税が免除される対象となることが、改めて確認された。そしてさらに、「課スルノ限ニ在ラス」という表現ながら、輸出税免除の旨を税関規則に追加する勅令公布によって、それまでの慣例による措置を変更して、免除の規定を明確なものとしたのである。[41]明治三二年（一八九九）に輸出税が撤廃されるまでの規定ではあるが、シカゴ万博を契機として海外博覧会参加に関わるシステムの一つが整備されたこととなった。

4　日本出品物の分析と評価

(一)　日本出品物の概況

本節では、これまで述べてきたような日本の方針のもとで収集された出品物を分析し、それらが会場でどのような評価を受けたのかを見ていきたい。分析にあたっては、管見の限りで日本の出品目録が確認できないため、臨時博覧会事務局の出品報告から、出品物の状況を見ることとする。

シカゴ万博では、表3のように出品物はA区からM区に分類されている。各国の出品物は、会場内に建築された工芸館、心芸館、農業館、園芸館、美術館、機械館、電気館、鉱業館、運輸館、漁業館、女性館、小児館、人類学館、山林館、製革館、音楽館、合衆国政府出品館、「クルップ」大砲出品館、製乳館などの各パビリオンに展示された。[42]

日本の出品物には、①事務局が製作を依頼した「御用品」、②一般から出品願いのあった「一般出品物」、③美術区の出品物で、事務局で定めた「鑑査規則」によって鑑査を実施して選択された出品物、という三つの形態があった。

出品物収集の過程では、展示スペースや博覧会終了後の残品処分等を考慮して、一部の出品物について事務局が数量の標準を定めて収集が行われた。[43]出品総数及び詳細は、報告書に記載がないために把握ができないが、「一般出品物」では出品総数が一六五一二点、出品人数が二五五五人ということが判明する。[44]出品状況は表3の通りであり、C区「動物部」とF区「機械部」を除く各区に出品されている。出品数が不明のため出品トン数を参考にすると、最多

表3　シカゴ万博の出品区分，日本の出品状況

出品区分		出品トン数	出品状況
A区（農業部）	農業，食物類，森林産物，林業，其器械及使用品	161.400	農業館内に田舎風の農家を模した展示場を設けた．出品数では米と茶が最多．数は少ないが醤油，酒，繭，農商務省農務局による農産物とそれらを原料とした工芸品見本，鳥類，牧草，飲食物などを出品．同じくA区に分類された「山林部」は，山林館に展示．竹で装飾した展示スペースに，農商務省山林局による木材標本，各種植物の成長を示した現品と絵図，「植物配置区分図」などを出品．また民間による出品物については，出品解説を付していないものや，収集方法が粗雑な点もあり，出品・展示方法の問題が残った．
B区（園芸部）	園芸，葡萄，果樹栽培，育花等	67.150	園芸館内の日本展示スペースに，文部省と民間から植物各種標本等を出品．
C区（動物部）	動物，家畜及野生動物	0	—
D区（漁業部）	魚類，漁業，製造品及漁具類	53.257	漁業館内に櫂艫を組み合わせた門や漁網などで装飾した展示スペースを設け，魚類見本，海産物の貯蔵法，漁労法図や，缶詰，魚油，寒天など製造品，昆布，ヒジキなどの海藻類を展示．ノルウェーの展示とともに好評を得たという．
E区（鉱業部）	鉱山，採鉱術，冶金術	25.850	鉱業館内の展示スペースに鉱山の坑口・門を再現した．出品物は，各種の鉱石，冶金製品，鉱業に関する地図（地質測量図等），採掘方法を示した写真，模型などで，特に銅とアンチモニー製品が注目された．
F区（機械部）	機械	0	—
G区（運輸部）	運搬法	25.625	当初，出品が予定されていなかったが，L区から移動した海軍省による軍艦模型・図面・速射大砲，海図，陸軍省による架橋材料，造兵廠写真，内務省土木局による架梁・工作の雛形・図面，通信省鉄道局による鉄道雛形・図面等を運輸館に展示．
H区（諸製造品部）	諸製造品	1,458.234	出品数最多は陶磁器で，七宝器，金属器，生糸，絹布がそれに続く．また絹織物，段通，刺繍製品，漆器，家具類，木牙彫刻品，紙類，化学製品，花莚，麦稈真田，指物類，竹細工などを工芸館に出品．また，同じH区に分類される革製品は製革館に展示．日本からは農商務省商工局収集による紋革と染革見本，北海道産毛皮を出品して好評を博した．
J区（電気部）	電気及電気器具	5.000	出品の予定が無かったが，H区とL区から移した，文部省による「地震観測器械」と震災地の写真，また「電流自記器」，「竹製電灯架」，「磁製電池」，「磁製絶縁器」を電気館に展示．
K区（美術部）	美術，絵画，彫刻，建築及装飾	105.825	出品物は絵画，彫刻，陶磁器，漆器，織物，金属器等．これらは日本の美術範囲の広さを示すに至ったという．鈴木長吉作「十二羽の鷹」（出品は林忠正），高村光雲作「老猿」などが注目を浴びた．
L区（心芸部）	心芸，教育，土木，公共作業，音楽，文芸	6.500	工芸館及び心芸館に展示されたが，日本は出品数，展示スペースともに小規模．文部省からの出品が多くを占め，幼稚園，小学校ほか各種学校の模範品や生徒作品等を出品．民間からは，学術用器械・器具，医療器具，教育用標本，書籍，楽器などを出品し，特に軍隊用医療用具が評価を受けた．しかしながら，出品物の多くは説明が不完全のため，観覧者に十分な理解が得られなかったという．
M区（人類学部）	人種学，古物学，工作及発明ノ進歩	4.500	当初は出品の予定は無かったが，L区から移動した内務省による長浦消毒所の模型，帝国博物館・文部省による出土古器物を人類学館に展示．また，日本館として建設された鳳凰殿もM区の出品物としている．
総計		1,913.341	

註）出典は以下の通り．「シカゴ府『コロンブス』世界博覧会出品部類目録目次」『臨時博覧会事務局報告』（『明治前期産業発達史資料』195），「本邦出品物陳列場」『臨時博覧会事務局報告附録』（同198），『官報』第3090号（1893年10月14日）〜同3237号（1894年4月18日）掲載の「コロンブス世界博覧会録事」．

は陶磁器や工芸品、絹織物などが中心のH区「諸製造品部」であり、ここで全体の約八割を占めている。これに次ぐのが、茶・米が多くを占めるA区「農業部」で、全体の約一割弱であり、続いてK区「美術部」となっている。[*45]

出品数最多のH区「諸製造品部」では、出品の多くを陶磁器が占め、[*46]それに七宝器、金属器、そして生糸、絹布が続き、また絹織物、段通、刺繍製品、漆器、家具類、木牙彫刻品、紙類、化学製品、花莚、麦稈真田、指物類、竹細工などが工芸館に出品された。また、同じH区に分類される革製品は製革館に展示され、日本からは農商務省商工局収集による紋革と染革見本、北海道産毛皮が出品されて好評を博したという。

陶磁器、漆器、美術金属器は、これまで参加してきた海外博覧会でも会場で注目を浴びた、日本にとって主力となる出品物である。また、日本の重要輸出品である生糸、絹織物の出品も多く、シカゴ万博においてもこうした品目を中心に据えた出品となっている。

H区に次ぐ出品量のA区「農業部」では、農業館内に田舎風の農家を模した展示場を設けた。出品数では主力の輸出品でもある米と茶が最多で、この二品については会場内で来場者に無料配布を行なって製品をアピールした。[*47]また、数は少ないが醤油、酒、繭、農産物とそれらを原料とした工芸品見本、鳥類、牧草、飲食物などが出品された。同じくA区に分類された「山林部」は、山林館に展示された。竹で装飾した展示スペースに、木材標本、「植物配置区分図」などが出品された。その他の民間による出品物については、出品解説を付していないものや、収集方法が粗雑な点もあり、出品・展示方法の問題が残ったという。

また、出品準備当初から重視されていたK区「美術部」は、先行研究でも述べられているように、これまでの海外博覧会では日本美術が「美術品」とは見なされず、美術区に展示されなかったが、シカゴ万博ではついに美術区・美術館内に展示されることとなった。出品に際しては臨時博覧会事務局で定めた鑑査規則によって鑑査が実施され、出品物が選択された。出品物は絵画、彫刻、陶磁器、漆器、織物、金属器等であり、これらは日本の美術範囲の広さを示すに至ったという。鈴木長吉作「十二羽の鷹」（出品は林忠正）、高村光雲作「老猿」が展示されたのもこの時である。日本の出品物は以上のH区、A区、K区が中心であり、出品量でもこの三区が他区に比して多いことが分かる。他区の出品については、官庁のみの出品や、民間でも非常に限定された出品区も見られる。[*48] 海外博覧会の出品物は他国の見学者を対象としているものであり、国内開催の博覧会とは出品状況が異なるのは当然である。明治二三年開催の第三回内国勧業博覧会では、実用化の段階もみられる機械の出品があるが、シカゴ万博ではF区「機械部」の出品はない。[*49] 実業者を多く任命した評議員の担当も、「製造・普通商品」に重きが置かれ、それも出品物の傾向に反映されていると言える。シカゴ万博における出品物も従来の参加同様に、会場で「日本」をアピールするものをメインとして、海外輸出の増進、国威発揚という出品方針に沿ったものであることが分かる。

(二) 日本出品物の評価

こうした日本の出品物はどのような評価を受けたのだろうか。臨時博覧会事務局の報告書によると、日本の出品物は「秀優ニシテ他国ノ企及シ難キ長所ヲ有スル」もので、「東洋ノ文明国タル実ヲ示シ大ニ国交上ノ品位ヲ高メ啻ニ通商貿易上ニ多大ナル効益」があったことを述べている。[*50] また、臨時博覧会事務局員として会場に赴き、仮名で『朝日新聞』紙上に「市俄古博覧会通信」を連載した天野皎は、日本展示場の評判が良く、「常に縦覧人黒山の如く」という状況や、シカゴ万博参加を契機として、「新造の国」であるアメリカにおいて日本品が受け入れられる可能性の高さを述べている。しかし天野は、博覧会場での展示技術の稚拙さを指摘し、また工芸品について、外国品と比較した場合に、模様や意匠について進歩がなく、流行・変化に乏しいことも指摘した。[*51]

さてシカゴ万博でも、これまでの博覧会と同様に褒賞制度があり、各国から審査官が選出されて、各部門ごとに審査が行なわれた。博覧会における受賞は、出品物の評価を具体的に検討する一つの指標である。また褒賞は出品物・

表4　シカゴ万博　日本の受賞状況

出品区分	受賞数 官	受賞数 民	受賞数 合計	主な受賞品
A区　農業部	3	315	318	茶が115点，米が40点，醤油が21点，その他，麻や穀物類などが受賞
B区　園芸部	2	4	6	植物類聚，造園意匠などが受賞
C区　動物部	0	0	0	—
D区　漁業部	4	42	46	漁業図，魚類標本，また魚油，寒天，昆布，缶詰などの諸製品が受賞
E区　鉱業部	4	18	22	銅，トパーズなど鉱物標本，大理石材，食塩，湯の花などが受賞．しかしながら，出品物に説明文を付していないものが多く，審査で不利になったという
F区　機械部	0	0	0	—
G区　運輸部	5	0	5	土木工事図面，鉄道雛形・図面，海図，軍艦雛形などが受賞．日本の出品数は少なく，海防，運送，鉄道といった現状の日本において重要な分野であることが審査官によって指摘された
H区　諸製造品部	12	1,061	1,073	特に多いものでは，陶磁器類が112点，美術金属器・七宝器類が168点，生糸が146点，漆器が105点，絹織物が150点，絹布が67点，綿布が23点，木・象牙等の彫刻類が50点など
J区　電気部	2	1	3	「電流自記器」，「磁製絶縁器」，「地震器械」が受賞
K区　美術部	0	48	48	「老猿」，「十二羽ノ鷹」や，橋本雅邦の水彩画，その他，刺繍意匠，蒔画，七宝などが受賞
L区　心芸部	39	28	67	文部省出品による教育用品や，内務省，民間からの出品による地図，写真などが受賞
M区　人類学部	3	0	3	文部省・宮内省出品の古器物，鳳凰殿内に展示した歴史資料が受賞
総　数	74	1,517	1,591	

註）出典は以下の通り．「受賞人員表」『臨時博覧会事務局報告』（『明治前期産業発達史資料』197），『官報』掲載の「コロンブス世界博覧会録事」．

製品に対して有効な付加価値となり、その後の販売にも影響することから、出品者にとっても重要な問題であったと言える。

日本出品物の受賞数と状況は表4の通りであり、出品した全区で受賞をしている。[*52] 受賞数では出品数最多のH区「諸製造品部」が受賞でも最多の計一〇七三点で、受賞総数の約七割を占めている。特に受賞が多いものでは、陶磁器類が一一二点、美術金属器・七宝器類が一六八点、生糸が一四六点、漆器が一〇五点、絹織物が一五〇点、絹布が六七点、綿布が二三点、木・象牙等の彫刻類が五〇点となっている。続いて受賞数の多いA区「農業部」は計三一八点で、茶が一一五点、米が四〇点、醤油が二一点、その他、麻や穀物類などが受賞した。また、日本出品物については、農産物の種類を知らしめ、また「善良ナル」面をアピールできたが、将来的に輸出の有望な製品は少ないと指摘されている。その他、出品が重視されたK区「美術部」では計四八点で、前述の「老猿」、「十二羽の鷹」や、橋本雅邦の水彩画、その他、刺繍意匠、蒔画、七宝などが受賞している。

次に受賞品を品目別に見てみると、表5のように、受賞最多は絹織物、そして生糸、美術金属器、茶、陶磁器が続いている。また表6は、事務局が示した米国向けの重要輸出品であり、これらは概ね高い受賞率を示しており、表7が示す通り、重要輸出品の多くが万博でも受賞という評価を受けたことが分かる。参加事業に関わった実業者にとっても、受賞で一定の成果を挙げたことは、後の輸出増加という効果面で強い期待を持たせるものであっただろう。ま

表5　受賞　上位10品

順　位	品目	受賞数
第1位	絹織物	150
第2位	生糸	146
第3位	美術金属器	126
第4位	茶	115
第5位	陶磁器	112
第6位	漆器	105
第7位	絹布	67
第8位	七宝	42
第9位	米	40
第10位	酒	32

註）『官報』掲載の「コロンブス世界博覧会録事」より.

表6　重要輸出品の受賞状況

品　目	出品人数	受賞数	受賞率
絹織物	282	150	0.53
生糸	192	146	0.76
美術金属器	190	126	0.66
茶	177	115	0.64
陶磁器	219	112	0.51
漆器	153	105	0.68
七宝	54	42	0.77
米	83	40	0.48
刺繍	41	27	0.65
蝋	18	17	0.94
扇・団扇	39	17	0.43
莚	19	16	0.84
絹手巾	15	8	0.53
段通	15	8	0.53
麦稈真田	11	8	0.72
樟脳	10	5	0.5
マッチ	5	3	0.6
銅	4	3	0.75

註）「重要輸出品ノ出品人員ニ対スル受賞比較表」（『臨時博覧会事務局報告』（『明治前期産業発達史資料』勧業博覧会197））より.

表7　明治24年　対米輸出・上位10品

品名	価格（円）
生糸	17,336,698
茶	5,595,100
絹布手巾	1,823,878
米	927,889
地蓆	595,936
絹布	572,310
樟脳	489,375
陶磁器	448,403
硫黄	245,012
麦稈真田	180,922

註）農商務省商工局編『日本商工業要覧』（文栄堂，1893年）より．

表8　フィラデルフィア，バルセロナ，パリ，シカゴ各万博の日本受賞数比較

	官	民	総数
フィラデルフィア万博（1876年）	42	109（全体の72%）	151
バルセロナ万博（1888年）	19	130（同87%）	149
パリ万博（1889年）	102	418（同80%）	520
シカゴ万博（1893年）	74	1,517（同95%）	1,591

註）出典は以下の通り．米国博覧会事務局編『米国博覧会報告書』第2（1876年），農商務省編『西国バルスローヌ府万国博覧会報告書』（1890年），同編『仏国巴里万国大博覧会報告書　完』（1890年），臨時博覧会事務局編『臨時博覧会事務局報告』（『明治前期発達史資料』勧業博覧会資料197，1895年）．

た民間からの出品物の受賞が増加したことも今回の特徴である。表8のように、アメリカで開催された大規模博覧会の一つである明治九年フィラデルフィア万博、また明治二〇年代に入って参加した、バルセロナ、パリ万博に比して、シカゴ万博における民間受賞数の割合は大きく増加している。これは先述の重要輸出品の受賞とともに、出品準備の段階から実業者などが出品選択にも関わった、官民協力の成果であると言える。

以上、日本の出品物を概観し、その受賞状況から出品物に対する評価を見てきた。先述のように、事務局は出品物収集の方針として、「普通商品」で「貿易ノ標本トナリ又広告トナルヲ以テ目的」とすること、また「美術品」によって、日本の「名誉ヲ発揚」する機会となることの重要性を示していた。実際に収集された日本の出品物はH区、A区、K区に集中しており、出品数では陶磁器、絹織物、米、茶、生糸が多数を占めた。また、「美術品」については、これまでの海外博では展示されなかった「美術区」に日本の出品物を展示し、万博会場において日本美術が西洋諸国と同じパビリオン内で紹介されるに至った。

会場における日本出品物は全体的には好評であり、受賞状況という面からも、官民の協力で進められた日本の出品プランに沿った形で、一定の成果を挙げたと言えるだろう。

おわりに

本章では明治二六年に日本が参加したシカゴ万国博覧会について、参加準備段階における実業者、輸出税免除の問題、日本出品物の分析と評価という、これまでの研究では扱われなかった点を検討した。

民間の実業者が準備当初から関わり、さらに評議員や出品物収集などを始めとした実務面や出品協会の活動など、参加事業の中心的な担い手としての役割を果たした点は、従来の参加には見られなかった大きな変化である。そこには博覧会参加を有益なものとして位置づけて、それを担うことのできる体力が民間側にも備わるとともに、博覧会事業自体が社会へ浸透してきた面を見ることができる。また、このような参加形態は以後も継承されていくことになり、シカゴ万博参加は明治中期において、民間を担い手とする形態を提示した点で転機として位置づけられる。

二点目の輸出税免除の問題は、帝国憲法発布、議会開設以後における最初の参加となるシカゴ万博を契機に、改めて免除方法が政府内で検討されたものであった。こうした面は、博覧会参加といった、様々な近代化を図るための事業を遂行していく一方で、幕末の安政条約、改税約書で定められた租税体系のもとで、試行錯誤の議論を重ねていくという、近代日本の姿を示すものであったとも言えよう。[*53]

三点目として、日本出品物の全体像を俯瞰し、受賞状況を検討した。シカゴ万博参加において、日本は近代国家としてのアピールと輸出増大という面を重視して参加に臨んだ。シカゴ万博ではそうした方針決定や出品物収集などの実務面で実業者が関わることとなった。日本の展示・出品物は会場でも好評で、また受賞面でも出品方針に沿った形で評価を得たと言える。そして、重要輸出品が高い受賞率を示した点や、民間の出品物が受賞数を増大させたことは、今回の参加の特徴である官民協力の成果の一つであろう。しかしながら、審査官や天野皎が指摘したように、それは様々な課題を含んでのことであり、基礎的事項の分析を基に、さらに実態を検討しなければならないだろう。以上、本章ではシカゴ万博参加の基礎的な状況分析をしたにすぎない。シカゴ万博が日本の近代化のなかでどのような役割を果たしたのかについては、先行研究の成果も含めて、さらに参加全体を明らかにしていくことが必要である。また、博覧会事業の具体的な経済的効果を明確にするためには、さらに詳細な参加及び出品過程、実業者の役割、会場における出品物の販売状況・評価、その後の輸出状況などの効果面を分析することが必要であり、こうした点は今後の課題としたい。*54

註

*1　戦前では、永山定富『内外博覧会総説　並に我国における万国博覧会の問題』（一九三三年）、同編『海外博覧会本邦参同史料』第四輯（博覧会倶楽部、一九二九年）など。概説的なものとしては、技術史の視点から吉田光邦『改訂版　万国博覧会』（日本放送出版協会、一九八五年）、ニール・ハリス「世界はるつぼか？―アメリカの博覧会における日本」（加藤秀俊・亀井俊介編『日本とアメリカ　相手国のイメージ研究』日本学術振興会、一九九一年）では、日本参加と一部の出品物や、『ハーパーズ・ウィークリー』誌等の記事から日本の評価を分析したほか、社会史の視点から、吉見俊哉『博覧会の政治学―まなざしの近代』（中央公論社、一九九二年）がある。また個別的な研究として、能登路雅子「フェリス観覧車と鳳凰殿―一八九三年シカゴ博覧会に見る日米のナショナリズム」（本間長世・亀井俊介・新川健三郎編『現代アメリカ像の再構築―政治と文化の現代史』東京大学出版会、一九九〇年）が日米の国際関係、国威発揚をシカゴ万博会場のフェリス観覧車と鳳凰殿を通じて検討し、その他、佐野真由子「文化の虚像と実像―万国博覧会にみる日本紹介の歴史―」（『国際関係論研究』第九号、同編集委員会、一九九五年）、建築史の立場から、三島雅博「一八九三年シカゴ万国博における鳳凰殿の建設経緯について」（『日本建築学会計画系論文報告集』第四二九号、同会、一九九一年）、同「鳳凰殿の形態とその成立要因について」（『日本建築学会計画系論文報告集』第四三四号、同会、一九九二年）、教育出品を分析した石附実「シカゴ閣龍博と教育」（吉田光邦編『万国博覧会の研究』思文閣出版、一九八六年）、パビリオンの一つである女性館への出品を分析した、味岡京子「一八九三年シカゴ万国博覧会『女性館』への日本の出品―『女性の芸術』をめぐって―」（お茶の水女子大学大学院人間文化研究科『人間文化論叢』第九巻、二〇〇六年）などの研究がある。

また、シカゴ万博では日本の美術品が、海外博では初めて美術部門に展示されたことから、美術史での研究蓄積があり、美術出品の経緯、美術品の評価、同時期の美術界の状況、出品物自体の分析などがされている。主な研究として、志邨匠子「一八九三年シカゴ万博における日本美術」(『早稲田大学大学院文学研究科紀要別冊』第二一集　文学・芸術学編、一九九五年)、古田亮「閣龍世界博覧会独案内」(東京国立博物館編『特別展観　海を渡った明治の美術—再見!一八九三年シカゴ・コロンブス万国博覧会—』一九九七年)、伊藤嘉章「シカゴ・コロンブス世界博覧会の日本陶磁」(瀬戸市歴史民俗資料館編『特別展　近代日本陶磁の華—シカゴ万国博覧会出品作品を中心にして—』一九九七年)、同「シカゴ・コロンブス世界博覧会の日本陶磁—転換期としての明治二六年—」(『楢崎彰一先生古希記念論文集』真陽社、一九九八年)、土田元子「土田雪鴻とシカゴ・コロンブス世界博覧会—『花鳥図』出品の過程を検証する—」(大妻女子大学比較文化学部『大妻比較文化』第四号、二〇〇三年)、佐藤善一「彫刻家藤田文蔵のシカゴ万博出品作品と『世界之日本』」(『女子美術大学研究紀要』第三三号、二〇〇三年)などが挙げられる。

*2　國雄行『博覧会の時代—明治政府の博覧会政策—』(岩田書院、二〇〇五年)。また、拙稿「第三回内国勧業博覧会と実業界」(たばこと塩の博物館編『広告の親玉赤天狗参上　明治のたばこ王　岩谷松平』二〇〇六年)でもこの点について若干の考察をした。

*3　『臨時博覧会事務局報告』(以下、『事務局報告』)〔藤原正人編『明治前期産業発達史資料』勧業博覧会資料一九五、明治文献資料刊行会、一九七五年(以下、『発達史資料』)〕、二二五〜二二六頁。

*4　「万国大博覧会開設報告ノ件」、「米国万国博覧会条例報告ノ件」、「(シカゴ府ニ開設スヘキコロンブス世界博覧会ノ挙ニ本邦ニ於テモ加盟参同相成度件)」〔『北米合衆国市俄古府開設万国博覧会(一名閣龍世界博覧会)へ帝国政府参同一件』(外務省外交史料館所蔵『外務省記録』3-15-2-24)、以下、『参同一件』と略す〕。

*5　『事務局報告』(『発達史資料』一九五)五五〜五六頁。

*6　「北米合衆国シカゴ府コロンブス世界博覧会ニ参同ノ件」一八九一年四月二〇日(独立行政法人国立公文書館所蔵『公文類聚』第一五編、一八九一年、第三一巻、博覧会共進会、2A-11-類572)。

*7　「シカゴ府世界博覧会へ我政府参同ノ件ニ付回答」一八九一年五月二一日(『参同一件』)。

*8　『事務局報告』(『発達史資料』一九五)、五六頁。

*9　同右、二六頁。

*10　「知加呉府博覧会ニ関スル意見」一八九一年五月一三日(『参同一件』)。

*11　『事務局報告』(『発達史資料』一九五)、五七頁。また前掲注1の三島論文では、参加過程における政府の動向や、評議員選任の概

要を論じている。
＊12　同右、九二頁。
＊13　『事務局報告』附録（『発達史資料』一九八）、七五一頁。この諮問の後、森村及び貿易協会から答申があり、事務局はこれらの意見を参考にしたという。
＊14　『事務局報告』（『発達史資料』一九五）、九二～九三頁。
＊15　『閣龍世界博覧会記事』第一号（閣龍博覧会協会、一八九一年一〇月二八日）。
＊16　「衆議院第二回通常会議事録」第六号（一八九一年一二月五日、「明治二四年度歳入歳出総予算追加」）。
＊17　「農商務省農務局長西村捨三外四十九名臨時博覧会事務局評議員被命ノ件」一八九一年一二月一五日（独立行政法人国立公文書館所蔵『官吏進退』一八九一年、官吏進退五、農商務省・通信省・会計検査院・行政裁判所、2A-18-任A246）。
＊18　『事務局報告』（『発達史資料』一九五）、一〇三頁。
＊19　『事務局報告』（『発達史資料』一九六）、二九〇頁。
＊20　『事務局報告』（『発達史資料』一九五）、九三～一〇〇頁。
＊21　『事務局報告』（『発達史資料』一九六）、二九〇頁。
＊22　同右、二九二～二九四頁。
＊23　「同会出品東京組合役員届」（東京都公文書館所蔵『第一種　庶政要録　世界博覧会』、619-D5-14）。太田万吉については、拙稿「一八七六年フィラデルフィア万国博覧会と日本―参加過程・状況を中心に―」（『中央史学』第二四号、二〇〇一年）でも一部言及している。
＊24　現在のところ、国立国会図書館に第一号～八号・一〇号、一橋大学附属図書館に第一号～八号・一一号・一五号・一六号、大学院法学政治学研究科附属近代日本法政史料センター（明治雑誌文庫）に第一号、東京国立文化財研究所に第一〇号～一三号・第一六号が所蔵されていることを確認している。
＊25　浜田徳三郎「博覧会雑誌発行の趣意を陳べ併せて我官民は参同に十分の力を尽すべき理由あるを論す」（『閣龍世界博覧会記事』第二号、一八九一年一一月二八日）。
＊26　ただ、官民の協力が全て円満に進められたわけではないようである。評議員の一人である綿野吉二の回想によれば「事務局と出品者並にその諸団体等との関係も時に円満を欠き、何だ彼だと噛み合」うこともあったという［綿野吉二「万国博覧会の憶出」（永山

編『海外博覧会本邦参同史料』第四輯)」。

＊27　アジア歴史資料センター、Ref.A03020124800、「御署名原本・明治二五年・勅令第三八号、税関規則中第五五条追加」一八九二年四月二五日(独立行政法人国立公文書館所蔵『御署名原本』一八九二年、勅令)。

＊28　主に、梅津和郎「明治前期における輸出関税撤廃論争」(京都大学経済学会『経済論叢』第八五巻第六号、一九六〇年)、林健久『日本における租税国家の成立』(東京大学出版会、一九六五年)、通商産業省編『商工政策史』第五巻・貿易(上)(商工政策史刊行会、一九六五年)、大蔵省関税局編『税関百年史』上巻(日本関税協会、一九七二年)、藤村幸雄「明治初期の輸出関税について」(同志社大学経済学会『経済学論叢』第二二巻第二・三・四号、一九七四年)など。

また、本章で検討する輸出税免除の問題と単純に結びつけることはできないが、初期議会期において、輸出税の問題が政治的な争点となっていることから政治史では、坂野潤治『明治憲法体制の確立』(東京大学出版会、一九七一年)や、近年では小宮一夫『条約改正と国内政治』(吉川弘文館、二〇〇一年)、五百旗頭薫『大隈重信と政党政治　複数政党制の起源　明治十四年—大正三年』(東京大学出版会、二〇〇三年)などの諸研究で分析されている。

＊29　例えば、明治一八年のサウスケンジントン万博以前の参加では、太政大臣から大蔵卿への達によって、また、明治二一年参加のバルセロナ万博、同二二年のパリ万博では、内閣総理大臣から大蔵大臣への達によって輸出税が免除されていた。

＊30　「税関規則中帝国政府ノ参同スル外国博覧会及共進会ニ出品スル物品及附属品ハ無税通関ノ一条ヲ追加ス」一八九二年四月二一日(独立行政法人国立公文書館所蔵『公文類聚』2A-11-類609、以下「税関規則」と略す)。また、同史料の草稿と思われる史料や関連史料が、国立国会図書館憲政資料室所蔵「陸奥宗光関係文書」(書類の部・六五「米国博覧会」)に含まれるほか、原敬文書研究会編『原敬関係文書』第五巻(日本放送出版協会、一九八六年)所収の「シカゴ・コロンブス世界博覧会関係書類」にも草稿類が含まれている。

＊31　「税関規則」。岩壁義光・広瀬順晧編『影印　原敬日記』第二巻(北泉社、一九九八年)一八九一年一〇月一日条。

＊32　「税関規則」。

＊33　「米国博覧会出品物及其附属品無税通関ノ件」一八九二年二月一八日(「税関規則」)。

＊34　「税関規則」。

＊35　『影印　原敬日記』第二巻、一八九二年三月二二日条には「博覧会出品輸出税免除ニ関シ新農相河野敏鎌ヲ其邸ニ訪フテ談話セリ」との記述が見られる。

＊36 「外国博覧会出品物及其附属品無税通関ノ件」一八九二年三月二九日（「税関規則」）。
＊37 アジア歴史資料センター、Ref.A03033930100、「税関規則中追加ノ件」（独立行政法人国立公文書館所蔵『枢密院決議』一・税関規則中追加ノ件・一八九二年四月一八日）。
＊38 『閣龍世界博覧会記事』第四号、一八九二年一月三一日。
＊39 「『コロンブス』世界博覧会出品者心得」［『事務局報告』（『発達史資料』一九五）一一五～一五一頁］。
＊40 東京都公文書館所蔵『庶政要録・農商・世界博覧会』（619―C3―07）、同『庶政要録・農商・世界博覧会』（619―C3―08）、同『庶政要録・農商・世界博覧会』（619―C3―09）、同『普通第一種・庶政要録・農商・世界博覧会一』（620―D7―01）、同『普通第一種・庶政要録・農商・世界博覧会二』（620―D7―02）、同『普通第一種・庶政要録・農商・世界博覧会三』（620―D7―03）。
＊41 前述のように同時期に展開された輸出税全廃の論調と単純に結びつけることはできないが、例えば、「博覧会及び共進会の出品は海関税を課するの限りにあらず」（『東京経済雑誌』第六二一号、一八九二年四月三〇日）では、博覧会出品物のみ輸出税を免除するのではなく、全ての輸出品を免除すべきことが主張されている。また衆議院議員の犬養毅は大蔵大臣松方正義に宛て、帝国憲法第六二条及び六三条で租税に関する規定があるにも関わらず、勅令によって博覧会出品物の免除を定めたことについて質問書を提出している（「同犬養毅ヨリ海関税ニ関スル質問ニ対シ答弁書ノ件」一八九二年六月一三日、独立行政法人国立公文書館所蔵『公文雑纂』一八九二年、第一八巻、議会、2A―13―纂256）。
＊42 『事務局報告』（『発達史資料』一九七、四七四～四七六頁。
＊43 『事務局報告』（『発達史資料』一九五）、一〇〇～一〇三頁。なお、出品数量を定めたのは、穀物、澱粉、缶詰・瓶詰、茶、煙草、化学製品、乾魚・貝、室内器具、陶器・漆器、繭、生糸、繊維、製紙、織物、編物・組物についてであった。
＊44 『事務局報告』附録（『発達史資料』一九八）、七七一頁。
＊45 出品物の概況については以下、特に断らない限り、『事務局報告』（『発達史資料』一九七）、五二四～五八〇頁、『臨時博覧会事務局報告附属図』（同局、一八九五年）による。
＊46 本宮一男「海外情報と陶磁器輸出」（高村直助編『明治の産業発展と社会資本』ミネルヴァ書房、一九九七年）ではシカゴ万博他の海外博覧会への陶磁器出品について検討されている。
＊47 シカゴ万博参加と緑茶については、角山栄『茶の世界史』（中央公論社、一九八〇年）、同『「通商国家」日本の情報戦略』（日本放

送出版協会、一九八八年）など。

＊48　他区の出品で、文部省の出品については、石附「シカゴ閣龍博と教育」で、また女性館への出品については、味岡「一八九三年シカゴ万国博覧会『女性館』への日本の出品」で分析されている。

＊49　内国博の機械出品については、國『博覧会の時代』第三部第一章。

＊50　『事務局報告』附録（『発達史資料』一九八）、八〇八頁。

＊51　天野皎「市俄古博覧会通信」（天野徳三編『入清日記その他』一九二九年）。また、天野のこうした視点については、石附「シカゴ閣龍博と教育」で既に分析されている。

＊52　受賞・審査状況については、『官報』第三〇九〇号（一八九三年一〇月一四日）〜同三二三七号（一八九四年四月一八日）掲載の「コロンブス世界博覧会録事」による。

＊53　同様の指摘は例えば、國『博覧会の時代』、二五三頁でされている。

＊54　博覧会と租税との問題では、主催国における博覧会出品物の輸入税の問題、また明治後期における、実業者の織物消費税反対運動と博覧会出品拒否の問題など、博覧会研究という視点からも分析すべき点は多く残されていると思われる。

九　町村財政と御料地下戻

高村昭秀

はじめに

本章は、明治後期にかけての町村財政と御料地下戻について検討する。従来、御料地の下戻に関する研究は、地租改正における林野改租に端を発した官有地編入が問題の原点となり、各地で起きた紛議を中心になされてきた。山梨県における御料地に関する研究も、官有地からの御料地編入を契機に「入会権」などの権利関係を問題とした研究が多く見られる。[*1] 本章では、山梨県下の町村における町村財政との関わりから御料地下戻が展開されていく過程を明らかにしたい。

1　中野村の概要

本章の対象町村である山梨県中野村（現山中湖村）は、一八七五年の合併で形成した村である。近世期は、山中村・平野村・長池村で、それぞれ独立村として存在していた。「甲斐国志」[*2]よれば、山中村は二六石五斗四升九合、平野村は二四石一升五合、平野村の枝郷である長池村は三石一斗四升である。生業としては、粟・稗・蕎などを作り、駄賃稼ぎなどから収入を得ていた。また、山中湖を囲むように三ヶ村があり、天領として支配されていた。その三ヶ村での共同入会地は「向切詰」という地所を利用していた。同地は三ヶ村で、近世期中に何度か地盤や入会利用をめぐり争われたが、一八二九年（文政一二）に決着し、済口証文を作成している。[*3]その他に、富士北麓地域の村々で広大な一一ヶ村入会地を利用していた。

その後、一八八九年町村制施行に際して隣村と組合村を形成するが、途中で分離して一つの行政村となる。大正期の中野村では、駄賃馬二七九頭中運搬用に七六頭を使用し、残りを耕作用に使用した。肥料には苅草を主としており、依然として入会地の存在は重要なものであった。[*4]

2 林野改組と官民有区分

地租改正上における林野改組の性格は、宅地や田畑のそれが税制改革的なものに比べ、土地改革の側面から捉えられている。[*5]その過程で行われた山林原野における官民有区分は、官有地と民有地との大別区分を目的とした土地の所有権帰属が重要な目的であった。そのため認定過程で公有地に認定された旧村持地や入会地が官有地へと編入され、各地で紛議を起こす要因ともなった。[*6]山梨県での官民有区別は県令藤村紫郎のもとで行われ、一八八二年（明治一五）に一定の「入会制限」はあったが、官有地内での入会行為を禁止するものではなかった。山林原野の官民有区別が終了した結果、旧小物成地三五万二八〇八町歩の内で民有地三三八五町二段一八分が選定され、残りが官有地へと編入された。

3 連合戸長役場形成と組合村の解体

山梨県では、一八八四年九月二五日の「甲第五六号」をもって、町村の連合戸長役場設置を行い、同年一〇月二〇日に中野・忍野村連合戸長役場を置くこととなった。戸長には、官選の渡辺佐平治が戸長に着任しており、両村にはそれぞれ独自の村会があり、予算を別途に計上していた。

その後、一八八八年四月に市制町村制（以下、町村制）が公布され、翌年に施行された。全国的には、町村制施行以前の一八八七年から八九年末までの期間で町村が五分の一に減少した大合併が行われた。山梨県の場合は、全国的動向と異なり、中野村のように明治初年に多くが合併しており、それほどの変動はなかった。[*7] 中野・忍野両村では、対応を協議し、「上申書」を知事に提出した。[*8]「上申書」によれば、一八八八年一二月八日の集議の中で、戸長より忍野・中野村を合併し一村の名称に改正するか、「聯合村」とするのかを村議・両村の「重立」で協議している。そのなかで「戸数人口多寡」、「納税力ノ厚薄」、「人民日常ノ要件」を調査したところ、忍野村は「人民日常ノ要件」が中野村の倍あり、町村制が施行されても連合戸長役場区域のまま、戸長役場の位置が変更ない場合は忍野村民にとって「利害不尠」としている。また中野村が忍野村と分離すれば「小村」となり、収入支出も「寡少」となるため、村長に書記料を給与し書記の業務を行わせ、助役に収入役を兼務させ役場費の減じる方策をとるので、両村が独立村として行政を担うことを主張した。結局、両村の「上申書」は、山梨県より却下された。そこで町村制第一一六条に、[*9] 合併協議が整わない場合や「合併ヲ不便」とする場合に、郡参事会の許可を得れば「数町村ノ組合村」を設けることができる規定があり、中野・忍野両村では町村制を「組合村」という形で受け入れたのである。さらに一八八九年九月一八日に、中野・忍野組合村の区域設置、区長・代理者が南都留郡長に報告された。「区域設置報告」には、中野村第一区を平野組、第二区を長池組、第三区を山中組として設置している。[*10] 忍野村も同様に、第一区内野組、第二区忍草組の設置を行った。

中野・忍野組合村では、両村で各議会を構成した上で、両村の代表者である組合村会議員で構成した組合村会を開設した。なお組合村会議員は、各村会議員から選出され、両村各六名の計一二名で構成された。このように連合戸長役場から町村制施行に伴う組合村への移行は、区域の拡大には至らず、合併の道をたどらなかったが、旧村単位の部落が「区」となり、行政上における法的位置が確保されたのである。

しかしながら、組合村は政治上安定せず、分離の方向へ進んだ。一八九二年に忍野村組合議員四名より、中野村・忍野村の「組合解散」を議題とする組合村会開会の請求があった。[*11] この時点では、組合村会が開会されたが、人数少数のため閉会となった。そこで、忍野村内野組の村議四名が「建議案」を組合村長大森治作に提出した。[*12]「建議案」によれば、内野組村議より中野村との組合村分離のため、町村制第一一八条に準拠して独立した「自治」を行うと主張している。組合村分離の理由として、元々中野村と忍野村との間には「民情風俗」が異なり、「人心」も「隔絶」しており一体ではなく行政上においても「円滑」に進まず、将来的な「治安」に関する問題があるとしている。最後に、「各自固有の民情」に基づき、「純粋ナル単村体制」を築く必要性を主張した。これは、連合戸長役場を構成する以前の独立村に戻すことを意味したものであった。忍野村会議場では、忍草組村会議員四名の反対意見もみられたが、賛成多数で「建議案」は可決されている。その後、一八九三年五月に忍野村会議場を内野組地内に建設する「議案」、[*13] 一八九五年五月に忍草組村会議員を中心に組合村分離を要求した組合村会開会の「請求書」を提出している。[*14] このように、町村制施行後に形成された組合村は、忍野村よりの分離要求のため解体へと傾いたのである。

この背景には、組合村役場位置をめぐる問題があり、その解決が進まなかったことがあげられる。そして一八九五年に、郡参事会より郡書記小林一光が派遣され、分離処務に中野村外一ヶ村組合村長職務管掌としてあたっている。

同年一二月九日に「組合村分離案」を組合村会に提出している。[*15]「分離案」によれば町村制施行に際して、それぞれ「独立ノ力」が乏しいゆえに組合村を設置したが、その後両村共に「数倍ノ資力」を持つに至ったため、組合村を「分離」して法律が保証する「権利義務」を担うこととしている。「分離案」は決議され、同時に「組合村財産分離法案」が決議された。[*16]こうして村役場建物・敷地は中野村が引継ぎ、その他書類の引継ぎに各村委員二名を互選し、処理にあたることを取り決めたのである。こうして、同年一二月一九日「告示第一五号」で南都留郡長より許可を得て、組合村は分離した。忍野村との分離した中野村では、新たに自村の村長を選任して行政の整備を行っていく。

4　財政維持と基本財産の造成

町村制施行後の町村では、合併後においても旧村単位で財産を維持している状況があり、僅かな財政規模でスタートせざるえなかった。町村の財政維持のためには、基本財産造成が必要だったのである。どのようにその基本財産の造成を計ったのかを検討する。

中野村は一八九五年に至り、連合役場以前の町村規模で自治を担うこととなった。まず組合村を解消した中野村では、一八九六年一〇月六日に村会議員の増員について村会で以下のような決議を行っている。[*17]

本村ノ村会ハ明治廿二年七月自治制施行ノ際、議員八名ヲ以テ組織シ、内外ヨリ起コル百般ノ事件ヲ討議シ、以テ本村ノ自治ヲ全フシ来リシモ、時運ノ趨勢ニ伴ヒ内ニ共有地等ニ対シ事業ノ企図スルアリ、又人口ノ如キニ至ツテモ歳々増加シテ既ニ千五百ニ近カラントス、然ラバ諸般大計ヲ議セントスルニ当テハ、議会其者ハ充分ノ機関ヲ保持セサルベカラザルニ依リ、本会ノ組織ヲ変更シテ議員四名を増シ、十二名ニ増員シ以テ本村将来ノ福利ヲ増進セン事ヲ図ラントス町村制第一一条[18]では、市町村会における議員定数があり、人口一五〇〇人未満の町村は八名で、人口が一五〇〇人以上五〇〇〇人以下では議員一二名と規定している。中野村においても「千五百ニ近カラントス」として議員を一二名に増員しようとしたものである。そのなかで「共有地」に対して「事業ノ企図」があることを挙げている。この場合、「共有地」とあるのは、旧三ヶ村入会地であった「向切詰」を指すのか、又は各組で共有する共有地を指すのかは明らかではない。しかし、組合村を解消してからの「村会」の組織再編を目指した動きとして捉えることができる[19]。

町村制における町村の財源は、財産収入、使用料、手数料、過怠金などからの収入を得ていた。それが不足した場合に、町村税を賦課すべしと規定しており、税収入は補助財源扱いとしている。当時の中野村は、組合村解体後に忍野村分担分を中野村単独で徴収せねばならなかった。組合村解体時の一八九五年の総予算額は、六四三円二八銭五厘であるが、その内二三五円四四銭八厘を忍野村負担、一九〇円三六銭八厘を中野村が負担していた[20]。以上からも中野村・忍野村で組合村のほぼ半額の村税を負担していたことがわかる。

また、組合村解体後の一八九七年には、七一四円五一銭四厘を中野村単独で徴収している。このことからも組合村分離によって、中野村財政に負担増という結果をもたらしたのである。当時の町村財政の歳入は、村税の中心を戸数割や地価割の徴収によって負担していた。その他、国庫交付金や県税交付金といったものは少額であった。分離当時の手数料・使用料からの収入はみられず、村民への戸数割による徴税で町村財政を支えていたのである。

また、組合村分離による税負担増だけでなく、伝染病の流行による歳出も増加していた。山梨県下では、一八八二年と一八八六年にコレラ流行でピークを重ね、一八九五年には天然痘が大流行しており、一九〇〇年前後には赤痢が蔓延して深刻な問題となっていた[21]。山梨県の壬生村・盛里村・宝村などは伝染病問題の出費で衛生費に追われ、谷村町では歳出における割合が役場費や教育費を上回り、隔離病舎の建設も延期を重ねていた状態であった[22]。

伝染病問題は中野村でも例外ではなく、同年八月二七日に「中野村明治三十一年度追加予算議定[23]」のため、村会を開会している。そこで戸数割による総額四五〇円を現戸数二一四戸に対して、一戸に平均二円一〇銭余を徴収することを決議している。[*24]歳出目的は臨時費として、全額衛生費に充てられている。さらに別件扱いで「追加予算」[*25]がなされ、村税三二円八九銭七厘を戸数割と現戸数割によって徴収し、役場費（旅費）一〇円、諸税負担費七円八九銭、臨時費に衛生費として村医に給料に一五円を追加予算とした。翌年の「明治三十一年度予算精算表」[*26]によると、歳入総額一二一七円五二銭四厘に対して、雑収入や繰越金、国庫交付金・県税交付金の補助金を合わせても全体の一割に至っていない。ここでも村税の賦課に頼らざるえない状況であったのである。また村税としては、地価割、戸数割、現戸数割として徴収し、その八割を戸数割が占めている。歳出では、役場費、諸税負担、臨時費としては伝染病予防費に支出している。

また注目されるのは、諸税負担の科目に総額二二五円五三銭四厘の全額が計上されていることである。項目の内容は、郡費三〇円七二銭、教員恩給基金一円二二銭一厘、官池借地料一九円一二銭五厘、草木払下料一七四円四六銭五厘が支出されている。その中でも御料地における「草木払下代」が、その比重を占めているのである。その背景には、一八八九年八月二三日に、山梨県下の官有地の山林原野を、松本大林区署及び県所管から御料局静岡支庁へ、その管轄を移管したことがある。その面積は、四一万四九五九町歩に及び、その内の入会林野はおよそ三一万町歩である。[*27]このように山梨県下の町村では、入会地や旧村持地が御料地に編入されたことにより、払下願を提出して産物を得なくてはならなかったのである。そのため中野村では、「草木払下代」が町村の財政上比重を占めていたのである。

そのような状況下の中野村では、一八九八年九月二日に旧三ヶ村入会地であった「向切詰」に対して、「入林規定」を設けている。次にその前文を挙げる[*28]。

本村入会字向切詰御料林ニ於テ、近来村民中他村へ売捌ノ目的ヲ以テ、家屋材或ハ薪炭材伐木スルモノアル事ヲ発見セリ、就テハ今之レヲ放任スルトキハ、将来入会団体ノ不得策ニ付、永遠ノ利益ヲ得ル為メ、別紙規定ノ方

法ヲ以テ、他村へ売捌ク用材及薪炭材ヲ伐採スル事ヲ制止セントス

近世以来、中野村の平野・長池・山中の部落では、この「向切詰」を利用して家屋材や薪材を伐採していた。しかし、この土地は一八八八年に御料地に編入されている。そこで「入会向切詰御料林」として、御料局に払下願を提出して、草木の払下げを受けていた。そのような中で、自家用ではなく他村への売買を目的としている者があり、入林規定を制定したとしている。売買行為を放置した場合は、将来的にも「入会団体ノ不得策」であり、「永遠ノ利益」を得るため制定したのである。「字向切詰入会入林規定」として制定された内容は、村民の入林期限や「向切詰」での炭焼・他村への売買をそれぞれ禁止し、罰則規定として背いたものは二年間の「入林権」の停止を定め、村長の指名による各組取締役員を一名ずつ置くこととされた。なお入林期限であっても、鎌を所持した者であれば規定外としている。このように、自家用以外の目的に対しての禁止規則を設けたのは、御料地編入以来盗伐や濫伐が耐えず、山林の荒廃が進行していることに起因している。

入林規定を中野村が設けた後、一九〇一年九月一三日に、「中野村平野組地盤入会字向切詰御料地下付ニ関スル件」として、山中組・平野組御料地払下げに関する「費用支給ノ件」について中野村会を開会している。該村会での「決議書」[*29]によると、平野組地盤の「入会字向切詰御料地原野反別一一九町九反八畝九歩」と「山林反別五二町三畝二歩」の地所に対して、「宮内省告示第七号」により払下げの出願をするとしている。また平野組名義で払下げがなされても、「従前」の通り「中野村共同入会」とすることを決議し、その払下げ費用を組ごとに負担させるのではなく中野村負担とした。費用負担の内訳は、総額一五〇円として、平野組の下戻に対する費用額五〇円、山中組地盤御料地下戻に対する費用五〇円、「平野村地盤御料地」に対する下戻費用五〇円を負担することとしている・このほか下戻に対する証拠書類提出の総代人を山中組に一名、平野組に一名設けている。

一九〇六年八月一三日には、中野村会で「向切詰入会御料林野」の「草反別約二〇町歩」を一町歩毎約一円として

三年間売却し、その収益を中野村の基本財産に編入する「原案」を決議している。[*30] また売価一円は、一町歩一年間の代金としており、向う三年間の収入が確保できるのである。村会での決議の結果、売却年限を五ヶ年に延長していることからも、単純計算でも五ヶ年で約一〇〇円近くの収益を造成できるのである。

また同日の中野村会では、「中野村基本財産増設」のため「向切詰入会林」の約五〇〇棚の伐採区域を設定して、御料局に払下げを出願し、払下げ産物を売却して基本財産に編入する「議案」[*31] を提出している。まず調査費を選定し、伐採に支障のない調査区域の選定を行うとしている。その上で払下げを行い売却することを決議した。このように、旧三ヶ村入会地であった「向切詰」は、地租改正以後も官民地、御料地へとその所有を変更しても、中野村入会地として行政村の財政上重要な土地として存在していたのである。

その後、一九一一年の中野村会で山中組二名・長池組二名の議員より、緊急動議として「向切詰」における植林事業資金のため、同地の針葉樹「五千尺〆」をもって、県に払下げを要求すること提議した。その際、平野組より反対者三名出たが、賛成多数により可決された。[*32] その「決議書」[*33] によれば、造林事業における一切の準備・造林補助を求める出願及び植林資金に対する針葉樹の払下げ出願を村長においてすること、植栽に関する経費は特別会計として、必要に応じて村会議決を経て一時借入れとすることを決議した。

また手数料の収入に関して、一九〇二年（明治三五）一月二〇日に中野村会を開会している。そこでは、村長長田勝右衛門より「議案」が提出される。[*34]「議案」によると、隣村の瑞穂村渡邊孝治に対して、山中湖の天然氷を全て一年ごとに「一五円三〇銭」で採氷権を譲与するというものであった。同時に中野村会では、渡辺孝治との契約を村会で決議後、一月二六日に渡辺孝治と「為取換契約書」を結んでいる。[*35] その契約内容は、さきの「議案」に付け加え、中野村民が疾病等のために、氷結の必要が生じた場合、貯蔵にかかった経費分で売却することや採収に必要な「人夫」を総て中野村民の中から選び、賃金は協議の上で決定するというものであった。このように手数料を得ると共に、村民の雇用に対する規約を設けていた。

また中野村会では、翌一九〇三年八月一五日に湖水借用の決議を行っている。これは、山中湖の使用料として毎年「官池借地料」を中野村予算から支出しているため、中野村では借地延長の出願を求めたのである。[*36] 湖は山林同様村民に利用されており、山中組高村五兵衛の「明治参拾六年萬大宝日記」[*37]でも山中湖で魚を得て売買している様子が記されている。このように、前年に採氷権の譲与を行い、漁業法の制定に伴い手続きが行われた。

その後、採氷権に関して一九〇九年一一月二三日に「山中湖天然氷採取規程」を制定している。翌年の一二月一八日には、「山中湖天然採取規程改正ニ関スル件」として、営利を目的として採氷料年額一五〇円から年額五〇円以上一〇〇円以内に変更し、村長の許可を受けて採氷権の貸付を受けるよう改正している。[*38] このような減額処置は、「明治四拾参年度中野村歳入出精算表」によると、歳入の採氷料項目〇円とあり、備考欄に「一五〇円滞納」のため減額と記載されている。[*39] このことからも採氷権取得者の拡大を計るための減額措置であると考えられる。

また基本財産造成には、村民の寄付金による収入もある。一九〇二年一一月一二日に中野村の養蚕業者で蚕種を共同購入したおり、補助金五五円二〇銭を天野与一他一一二名から中野村基本財産へ寄附の申し出があった。[*40] 同年六月に山梨県より補助金一一〇円四〇銭を下付され、その内五五円二〇銭は分配し、その残額五五円二〇銭を中野村基本財産へ編入することを村会で決議している。[*41]

その結果、翌年一一月二一日に右の寄付金五五円二〇銭と「明治三十五年度国庫交付金」の三七円七七銭一厘を基本財産として編入している。これらの寄付金が集められた背景には、前年から続く雪霜の被害で「民力」が大いに疲弊し、「村税ノ滞納」が年を追って増加していることをあげている。また極力徴収を行っているが、一定の支出ができず、到底一村としての経営がままならない場合に寄付金を一時流用し、村税滞納分の補填に充てることを決議した。

その後も村税滞納者が多く、一九一一年一二月に坂本諏訪松他三名より、中野村長天野大吉にむけて、明治四四年度村税の戸数割賦課が不当である旨の「異議申立」[*42]を行っている。申立者の一人である坂本諏訪松の主張によれば、「明治四十四年度戸数割」で「村税金三五円八七銭」と「山中区税四七円五八銭」を賦課されたが、「資力ニ適応セザル」過重の負担であるとしている。そして、中野村会が賦課配当に際し、厳密な「査定審議」を行ったものではないと主張しているのである。坂本は、「明治四三年度戸数割」によると、中野村家産等級二六等の中で二等の位置にあり、延戸数二五戸分を負担し、「村税戸数割一一円九八銭・山中区税一六円六銭」を納めていた。

しかし本年度において、家産等級を二七等に増加し、申立人自身も二等から一等に繰り上げられたとしている。延戸数の負担では、四分の一に減額となったが、戸数割においては実際の四倍の負担増になったと理由を述べている。そして、従来の「諸税賦課徴収」は各人の「資力」に応じた「一定ノ標準」に基いて確定するべきもので、今回の「過重賦課」の議決は、中野村会の賦課配当に際する「査定標準」を誤ったものであると主張したのである。

その「異議申立」に対する「決定書」[*43]によれば、村税戸数割は県税戸数割の賦課税であって、「明治四十四年度県税戸数割」は一円であり、中野村税戸数割二円四五銭・山中区村税三円二五銭の税率によって賦課すべきものであるとしている。申立人の「明治四十四年度県税戸数割」の負担額は、「金拾四円六四銭」であるので「錯誤」のないものであると決定している。このように財政の収入は不納者などのため不安定なものであった。そのため、旧三ヶ村入会地であった「向切詰」の土地利用の重要性が帯びてくる。

湖水の拝借を延長した一九〇三年からの中野村の歳入では、採氷料は一九〇三年から一九一〇年頃まで手数料・使用料として村の収入になっていた。しかし、他の収入と比較しても必ずしも収益を上げてはいない。また、採氷料は一九一二三年（大正二）段階に雑収入の項目に入れられている。これは採氷料の納入がなく、定期的な収入が見込めないために雑収入としたと考えられる。このほか財産収入は増額しているが、銀行預金の利子金や「向切詰」の産物売却による収益のためで、歳入総計の一割を占めるに至っている。また村税は一九〇三年～一九一三年の間で減少していくが、そうした収入により村民への賦課徴収が減少したためと思われる。

以上からも、町村制施行後においては、町村における基本財産は僅かなもので、村税として戸数割が明治期を通して、その比重を占めていた。また、度重なる自然災害や伝染病問題などが重なり、村税にも滞納者が出る状況になったのである。そのような中で湖での採氷料を設け、旧三ヶ村入会地を利用した収益で財政を賄おうとしていたのである。また、町村の基本財産が僅かなものであったのは、旧村単位及び一部として残っている組（部落）が独自の財産を、新町村へ編入せずに保持していたためである。

5　部落有財産造成と御料地下戻

中野村の財政は、戸数割徴収や伝染病問題などによる圧迫を受けていた。ではそれを下支えしていた部落はどうであったか。部落の基本財産は、明治初年に部落有財産となった山林原野等の比重が大きかった。

例えば平野組では、一八九九年七月二〇日に、平野組村会議員長田俊治他三名より、平野区の「字皆形内大沢・東久保」における雑木売買のために、村会開会の「請求書」が提出されている。[*44]

一、糶売ハ広ク告示シ、投票ヲ以テ定ムル事

一、金額ハ壱千五百円資本金ヲ充ツル事

　　但該利金ヲ以テ医士ノ生計ヲ補助スル事

一、該金引余金ハ招雇諸費トス、且ツ差引剰余金アルトキハ資本金ニ加入スル事

一、資本金平野区民ヨリ担当人ヲ五名撰ヒ支配スル事

　　但有金及支払ハ歳々本会ニ報告スル事

右各項ニ依リ、人命保全ノタメ、今回医士招聘スル件提出所以ナリ

「請求書」の「理由書」によれば、平野区は「医師欠乏」で来診に不便があるため招聘するというものであった。このような「請求書」が出される背景には、「平野区民代表者」六名より、中野村長宛に「建議書」の提出があったためである。その「建議書」によれば、平野区は「一部落」であり「不便極メテ多シ」とし、昨年来からの伝染病蔓延により不幸をきたしたとする。そのほか病の時でさえ、隣村の吉田地方や静岡県御殿場より来診を求めている状況であり、三里から五里の遠距離であるため、急病の場合は診察を請う間もないとしている。その診察代にかかる費用も、充分に払うことができず、平野区民「一同協議ノ上」で平野区の「字皆形山小字大沢・大久保」における雑木を売却するとしている。そして、売却金一五〇〇円を資本金として、その利子金と共に、毎年の医師の生活費の補助とし、余金を医師の「招聘雑費」に充てることを協議したのである。この結果、同年八月六日に中野村会が開会され、前述の土地を売却する「議案」[*45]を決議した。

さらに、翌一九〇〇年九月に平野区尋常小学校の学務委員天野与市より中野村長宛に「建議書」[*46]を提出している。

（前略）当区壁陬ト雖モ戸七拾ヲ有シ、巨多ノ共有財産広大ノ私有土地ハ、安全ニ今日チ支持シ而シテ千歳ニ継続スベク福村トシテ、郡下ニ称セラレッツアルニアラサルカ、曽テ金八百円ヲ菩提寺ニ寄納シ、二千有余円ノ医院ヲ建テ雇医ヲ為ス豪挙ヨクスレハ、一校ノ経営即チ微事ノミ、此ヲ有志ノ義捐トスルモ人民ノ負担トスルモ将タ、共有財産ノ補足トスルモ当区ノ状況決シテ不能ト云フベカラス

以上のように、「建議書」では平野尋常小学校の補修を目的としているが、平野組の基本財産についても述べられている。平野組は「巨多ノ共有財産広大ノ私有土地」を所有しており、菩提寺への寄付金八〇〇円や二〇〇〇余円で前述の医院を建て医者の招致行ったことを「豪挙」としている。そのため「一校ノ経営」は「微事」であるとし、「有志ノ義捐金」や「民費」で負担するか、「共有財産ノ補足」とすることも平野区の状況では不可能ではないとして

いる。このような病院建設費二〇〇〇円などの金額は、同年の中野村予算額以上の資金を平野組が造成しているのである。一八八六年小学校令施行以降、山梨県下で初等教育における各市町村での小学校校舎の整備、教職員の充足が進み、就学率も上昇していた。また一八九九年の小学校令改正後、尋常科の授業科は廃止され、就学児童は試験合格で進級するのではなく四年の在学義務年数を果たせば卒業となり、高等科への進学も増加していた。[*47]

その後、一九〇三年六月二七日、中野村会において平野組小学校校舎新築及運動場購入のため、平野組有地「反別二七町七反八畝六歩」を売却し、その費用にあてるための決議が行われた。決議が行われる以前に、平野組人民惣代として長田勝光他五名より「建議書」が提出されている。[*48]

この「建議書」によれば、平野尋常小学校は平野組の集会所を校舎として代用していたため、小学校建物などが「明治三拾参年文部省令学校設備ノ法則」によって校舎設備を整備する必要が生じていた。伝染病流行や水害など「頻年ノ凶歎」の状況により、その負担を「民力」よることは「望ミ難シ」とし、一九〇三年一月に、平野組人民の「総会」を起こし、「向切詰二七町七反八畝歩」を売却して校舎新築及運動場増設の資金とすることに決議したとしている。また該土地は「原野従来一毛ノ収益ナシ」で平野組有財産において、「僅ニ十分ノ一」であるため、教育の向上は、「団体百年ノ長計」として売却を決めている。

以上のように、病院の建設や学校の建設に対する資金として、平野組で共有する基本財産から負担をしていたのである。

次に、山中組の場合どう基本財産の造成を計ったのか。一八八九年(明治二二)に東海道線が全通し、一八九六年一二月から甲府―八王子間の線路建設工事が開始され、一九〇二年一〇月に八王子―大月間、翌年六月には甲府まで開通した。富士北麓地域では、開通した中央線の大月駅や東海道線の御殿場地方と富士北麓地域を結びつけようと取り組んでいる。この両地方を結びつけたのは、馬車鉄道である。その一つに、御殿場馬車鉄道があり、静岡県御殿場と山梨県との県境の籠坂峠を結んでいた。山梨県側の動きとして、静岡県の御殿場から須走間の馬車鉄道と山梨県の籠坂から下吉田間の馬車鉄道設立が目指された。一八九九年に創立総会が行われ、都留馬車鉄道が設立されている。車両一五両で、年間に乗客数は四万五三八五名を数えたとされる。そうした中、一九〇〇年一一月二一日に中野村山中組で都留馬車鉄道の株式を一〇株購入する決議を行っている。隣村の吉田銀行に預金山中組基本財産二〇五円とその預金に対する利子金二三円に二二円を合わせた総計二五〇円の金額をもって、都留馬車鉄道の株式会社の株式を購入することに決定した。

同日の「村会決議要領」[*49]では、この事案を「山中組基本財産設立ノ件」として資金の内容を詳しく記している。

明治三十一年度山中組ニ於テ毎戸ノ人夫ヲ以テ駿州東往還字篭坂峠□道修築工事ヲ為シ其工事金弐百五円、及本年迄ノ其利子金弐拾三円アルニ依リ之レニ明治三十二年度山中組歳入出精算残金ノ内金弐拾弐円ヲ加ヘ都合弐百五拾円トシ之ヲ基本財産ト為シ都留馬車鉄道株式会社ノ株式（壱株金弐拾五円）ヲ拾株買入スル事ニ決ス

決議書の、吉田銀行預金二〇五円の金額は、「明治三十一年度」に山中組毎戸で、駿州東往還に位置する籠坂峠の道路修築工事をした労働対価として支払らわれたものであった。そうした山中組基本財産からの支出をもって株式を購入したのである。また、馬車鉄道の宿駅が山中組地内に設けられたためか、中野村及び他の組では株式を購入した形跡はみられない。この株式購入は山中組独自の動きとしてみることができる。[*50]『山中湖村史』によれば、馬車鉄道は籠坂—上吉田間を一日の二回の往復し、輸送量は少なく、山中組従来の馬力による輸送に影響を与えたものではなかったとしている。[*51]しかしこうした株購入も微々たるものであった。

山中組では、一八九七年四月二二日に「原野合反別五八三町九反九畝二歩」を山中組に返還するように「元御詮議地御引戻之議請願」[*52]を中野村長坂本諏訪松より山梨県知事に提出している。内容の要旨は、一八七五年の林野改租以降に、山梨県庁が山林原野等の官有地編入に至らないものを一時「詮議地」とした土地の返還を求めたものである。

その経過を辿ると、一八八三年に山梨県は「丁第九九号[*53]」をもって、「詮議地」に対して、払下げを希望する者に価格を定めた上で出願するよう求めている。山中組は一八八四年から一八八七年六月までに四回の「払下願書」を提出していた。しかし、山梨県はいずれも「代価不当」であるとして却下している。その後も出願を続けた結果、山梨県は要求を受理したが、その処分が実行されないまま、山梨県下の官有林を全て御料地に編入している。そこで山中組は新たに御料局静岡支庁へ「払下願書」を提出している。一八九四年六月二七日に再願を静岡支庁行い、一〇月二〇日に「難聞届」として却下されている。その理由は、御料局には御料地の払下に関する「規程」を設定していないことをあげている。

また一八八八年に「払下願書[*54]」を平野組が提出し、全て払下げられていることに対し、山中組だけ払下げを受けれないのは大いに「失望」で「遺憾」としている。この平野組で払下げた土地は、「皆形山一一〇町一反歩」を一〇六円で出願し、一八八九年二月二四日に二三四円で払下げられた。該土地は、前述の平野組における医者雇金及び病院建設又は小学校建設に利用された同名の地盤である。このように山中組では、御料地に編入された土地の払下げを受けれずにいた。

一八八八年の農商務大臣井上馨から山梨県令前田正名宛の「林第五三八号[*55]」によれば、中野村の官有地反別が「官有山林反別七一町四畝八歩」「原野反別一一一五町四反一畝一六歩」と記載している。山中組が要求した土地は「原野合反別五八三町九反九畝二歩」であるから、中野村内の約半数が該土地にあたる。

そして、この請願が出される同年二月八日に、山梨県知事清棲家教は、県下の郡役所・市役所に対して「告諭第一号[*56]」を達している。それによれば、山梨県下の入会御料林は面積の大半を占めており、林業における「栄枯盛衰」は大きく、「山林荒廃」を回復するためには、「官民」共に入会御料林の経営に注がなくてはならないとしている。そこで一八九八年告示第九号をもって、一八八七年の県告示第八三号「御料地草木払下規則[*57]」は森林法実地の結果から御料局の林政上やむを得なかった措置であったとしている。森林法は、一八九八年に木材の需要増加により各地で乱伐、盗伐が発生し、その結果森林の荒廃が進み、森林の保護に重点をおいた監督取締を目的として制定されたものである。また「御料地草木払下規則」は、官有地での「有期払下」から「永世払下」に、立木払下の対象者を「一村又は入会村々」から「草木ノ払下ヲ安ケタル人民」に規定を変更したもので、一八九七年に「人民」から「入会団体」へと改めている。そうした経緯から入会御料地の「荒廃ヲ回復」することを目的としたものであると述べている。しかし、多くの入会団体がその趣旨を、「入会権」を減殺したものと「誤認」し「苦情」も計り知れない状況があるとしている。追加の趣旨は「愛林ノ精神」であるので、趣旨を誤らずに徹底して「入会御料林」の荒廃を防ぐことを達している。

また、山中組では、どのような人選で請願を提出していたのか。一八九五年に中野村の山中組は人民総代を立て、「地所払下ヶ之御処分請願[*58]」をしている。この請願が出される前提で、一八九四年段階で提出者に対する「委任証」を山中組一同の間で作成している。

将来本村ニ居住スト雖モ、到底生活ノ目途無之ニ於テハ、人民一般ノ困難ノ事情難言語ニ尽ニ付、飽迄払下ケノ事ヲ一同希望存候間、依テ該件ニ対シ費用負担スルハ勿論ニ付、御払下ケ相成候様、精々御尽力被成下度、左記指名ノ者へ委任候ニ相違無之、依テ証書差入申処如件（後略）

この「委任証」で山中組は、村会議員及び組合村会議員・村内有力者に委任している。中には、後に村長となり請願を行う者もいる。

一九一〇年（明治四三）に山梨県は大水害にみまわれた。その翌年三月三一日に「御沙汰書[*59]」が宮内大臣渡辺千秋より桂太郎に提出される。内容は、帝室林野管理局甲府市庁管轄の「御料地二九万八二〇三町七反七畝一五部歩」を山梨県有財産として下賜するというものであった。そのような経過の中で一九一一年（明治四四）五月に、山中組人民一同連名で山梨県知事宛に「御払下詮議請願」[*60]を提出している。

当請願によると、御料地の県有財産編入の措置等ついては、「御沙汰書」や知事の指示に従うのは当然だが、ここで請願したのは県有財産中恩賜林野の中野村大字山中地内にある（明治八年改租当時官民有未定地）「筆数二九筆・反別五八三町八畝二八歩」の土地に関係することであると主張している。隣村の土地はすでに全て払下げになったが、山中組の出願分に限って「御詮議」にならず、御料局へ編入となり恩恵を受けられないことは「甚ダ遺憾」であったと述べている。

山梨県庁及御料局へ請願や陳情書を上願したが、いずれも許可を得られなかった。そこに一九〇九年県告示第一三四号「御料地特売規定」が発布され、帝室林野局に払下願を出願したのである。

しかし県側の対応としては、山中組が低価な払下げを受けた場合は、その価格が標準価格となり、県下の他村にも多大な影響を与えるため、予定価格以上の代金更正をするよう再提出を求めてきた。結局は山梨県に「恩賜県有財産」として編入されてしまう。県民としては「喜悦」ではあるが、「当部落ノ遺憾極マリナキ」とその結果を明確に批判して払下げを山梨県に求めたのである。

また一九一一年九月の臨時県会で、「山梨県恩賜県有財産管理規則」が作成されている。その席上で山梨県知事熊谷喜一郎は「入会権」を管理規則の中では認めていないが、「入会慣行」はあくまで尊重するという曖昧な答弁を行なっている[*61]。臨時県会では、「交付金」の配分比率が論議されている。「交付金」は、県有地上における立木の売却に際して生じる収益の分収歩合であり、主に入会団体を対象に県の収入の重要な地位を占めていた。

臨時県会終了後の中野村では、山中組の議員坂本諏訪松他三名より、村会開会の「村会開会請求書」[*62]を提出している。

当山中組ハ地盤入会御料地ヲ本県特売規程ニ依リ先ニ斗払下請願候処、或一部ニ対シテハ価格御指定ノ置ニモ相成候ニ不斗、本県々有財産トシテ御下賜ノ御典ヲ浴スル事ニ相成候ニ付テハ、当組民ハ之レガ当局払下ノ請願スルモ、今回臨時県会ニ於テ入会権ハ消滅シテ払下ハ為之能ハザル様ノモノニ相成、当山中区民ハ茲ニ於テ其ノ望ヲ失ヒ先途実ニ云フベカラザル不幸ノ域ニ候、論スルノ悲運ニ遭遇セリ、依テ当地番字沖新御料地同反別百六拾五町五反五畝歩ノ御料地ヲ御払下ノ恩典ヲ蒙リ、其立木ハ一部売却シ組ノ基本財産ニ当テ土地ハ整理シ之レヲ灌漑之水田ト為シ、以テ山中組民永遠ノ経特方法相立候様致度候間、右ノ書ヲ諒セラレ早急本村会開会候様相取斗相成度此段請求候也

山中組は、入会御料地を「山梨県特売規程」により、「払下請願」をしたところ、ある一部分には価格の指定はされた。しかし、他の土地払下げはならず、山梨県有財産として「下賜」された。山中組でも再び請願をしたが、臨時県会において入会権は「消滅」したとの発言から払下げを受けれなくなったとしている。そこで「沖新畑御料地一六五町五反歩」の御料地を払下げ、その立木を売却して山中組の基本財産に編入するとしている。また該土地を整理し、「灌漑水田」として山中組の永遠の「経特方法」をたてるため、早急に中野村会の開会を求めたのである。

同年一〇月一〇日に中野村会では、中野村大字山中沖新田の御料地の山林「一六五町五反五畝歩」に対する払下詮議を、山中組有地として中野村長が行う趣旨を決議している。[*63] また払下げ料金はすべて山中組が負担することとなった。

さらに同年一二月一八日に中野村会で中野村山中地内「字大久保恩賜県有地全部」に部分林設定を山中組の事業として申請する事、但し一切の費用は全て山中組の負担とする事を決定した。その「字北畠恩賜県有地全部」に天然造林を施業し、費用は総て山中組の負担する事として右二件に対する「造林補助金下附申請」をすることを決議している。[*64]

一九〇三年に、内務省吉原地方局長は地第九八号をもって、各市町村の基本財産造成の一つとして造林を挙げてい

る。こうした造林事業は、山中組だけでなく平野組や長池組からも要望があり、その収益を目的としたことがしれる。このように、町村内の中にある部落が基本財産の造成を図るために、近世以来の入会地を介して、近代的な町村の中で利用していたのである。このほか、一九一〇年の南都留郡長飯田知房の山梨県知事宛の「入会御料地払下ニ関スル件」では、払下代金について「町村財政ノ現況起債」に頼らなくてはならず、「価格ノ如何」は「町村ノ休戚」に関することであると述べている。[*65]

また旧一一カ村入会地では、一九一一年八月九日の「恩賜県有入会林ニ関スル件」によると、福地外四ケ村入会団体の組合会を招集した席上で「無償還付」の請願を議決している。[*66]この「無償還付」の発議者は、「山中区選出議員」であると南都留郡長飯田知房は推察している。同月一三日の県知事への報告では、福地村外四ケ村入会団体組合会に出張したところ、山中区選出議員より「頑強」に希望の主張があったと報告している。また組合会で、「無償還付」の主張が頑強にされたならば、「決議ノ取消」を命ずると組合長に申し含めたとの圧力が加えられている。

おわりに

山梨県では、一八八一年の官民有区別以降、近世以来の村持地や入会地が官有地・御料地に大量に編入している特質がある。そのために土地の返還を求める下戻の請願等が多々起きていた。[*67]これは、一つに旧村持地又は入会地であり、生活材に必要な土地でもあったためでもある。一方で一八八九年の町村制施行後と同時に推移していることから、度重なる洪水被害、伝染病問題で町村財政が圧迫され、部落の基本財産によって対処しなくてはならなかったためでもある。しかし、それはまた基本財産である山林原野等の土地を返還された場合に可能であった。山中組のように、半数以上の土地が御料地に編入された上では、そうした状況に耐えうる資力をもたなかったため、下戻の請願に連結していったのではないかと考える。

註

＊1　川島武宜、潮見俊隆、渡辺洋三編『入会権の解体2』（岩波書店、一九六一年）。
福島正夫『地租改正の研究』（有斐閣、一九六二年）。

北条浩『村と入会の百年史　山梨県村民の入会闘争史』（御茶の水書房、一九七八年）他一連の著作。

田嶋悟『地租改正と殖産興業』（御茶の水書房、二〇〇三年）。

＊2　松平定能「甲斐国誌」（甲斐国叢書刊行会『甲斐叢書』第一〇巻、第一書房、一九七四年）。

＊3　「差上申済口証文之事」（山中村の歴史編纂委員会『山中村の歴史』上巻、浅間神社有地入会権擁護委員会、一九九六年）四〇五～四〇七頁。

＊4　「南都留郡取調書　三」（山梨県立博物館所蔵）。

＊5　佐々木寛司『地租改正』（中央公論社、一九八九年）参照。

＊6　林野の官民有区分の作業は地租改正の減租結果に対する予防措置としての方向で進められたとする。奥田晴樹『日本の近代的土地所有』（弘文堂、二〇〇一年）参照。

＊7　山梨県『山梨県史』通史編五、近現代一（山梨県、一九九八年）二二三頁。

＊8　「上申書」（『忍野村誌』第一巻、忍野村、一九八九年）三六七頁。

＊9　「町村制第百十六条」（山中永之佑他『近代日本地方自治立法資料集成』二、明治中期編、弘文堂、一九九四年）。

＊10　「区域設置報告」（山中湖村役場所蔵、『明治廿二年ヨリ二十四年ニ至ル村会決議書諸報告書』）。

＊11　「請求書」（忍野村『忍野村誌』第一巻）三七八頁。

＊12　「建議案」（忍野村『忍野村誌』第一巻）三七九頁。

＊13　「建議案」（忍野村『忍野村誌』第一巻）三七九頁。

＊14　「請求書」（忍野村『忍野村誌』第一巻）三八〇頁。

＊15　「組合村分離案」（山中湖村役場所蔵、『明治二十八年村会書類』）。

＊16　「組合村財産分離法案」（忍野村『忍野村誌』第一巻）三八一頁。

*17 「議員増員の件」（山中湖村役場所蔵、『明治二十九年村会書類』）。
*18 「町村制第十一条」（山中永之佑他『近代日本地方自治立法資料集成』二、明治中期編）三五九頁。
*19 この時点の村会議員は、平野組と山中組で構成されており、長池組は加わっていない。
*20 「中野村会書類」（山中湖村役場所蔵）。
*21 松本四郎『町場の近代史』（岩田書院、二〇〇一年）一九九～二〇〇頁。
*22 松本四郎『町場の近代史』二〇二～二〇五頁。
*23 「村会開会報告」（山中湖村役場所蔵、『明治三十一年村会書類』）。
*24 総額四五〇円中の内訳は、予防委員報酬金一〇五円、予防委員事務取扱費六一円、隔離病舎に関する諸費一六四円、交通遮断に関する諸費一二円五〇銭である。「中野村明治三十一年度追加予算」（山中湖村役場所蔵、『明治三十一年村会書類』）。
*25 「中野村明治三十一年度追加予算表」（山中湖村役場所蔵、『明治三十一年村会書類』）。
*26 「中野村明治三十一年度歳入出精算表」（山中湖村役場所蔵、『明治三十二村会書類』）。
*27 山梨県『山梨林政誌』（山梨県、一九二二年）。
*28 「字向切詰入会入林規程」（山中湖村役場所蔵、『明治三十一年村会書類』）。
*29 「決議書」（山中湖村役場所蔵、『明治三十四年書類』）。
*30 「原案」（山中湖村役場所蔵、『明治三十九年村会書類』）。
*31 「議案」（山中湖村役場所蔵、『明治三十九年村会書類』）。
*32 「議事録」（山中湖村役場所蔵、『明治四十四年村会ニ関スル書類』）。
*33 「決議書」（山中湖村役場所蔵、『明治四十四年村会ニ関スル書類』）。
*34 「議案」（山中湖村役場所蔵、『明治三十五年村会書類』）。
*35 「為取換契約書」（富士吉田市史編さん委員会『富士吉田市史』史料編、第六巻、近・現代一、富士吉田市、一九九三年）三三九～三四一頁。
*36 地租改正時の「山中村総計簿」によれば、湖は村持と記されているが、その後借地料を支出していることから、官民有区別後に官有地になったと思われる。「山中総計簿」北条浩編『山中区入会関係史料集』（浅間神社有地入会擁護委員会、一九六三年）九八頁
*37 「明治参拾六年萬大宝日記」（高村正勝氏所蔵）。

＊38 「山中湖天然採取規程改正ニ関スル件」（山中湖村役場所蔵、『明治四十四年村会ニ関スル書類』）。
＊39 「明治四拾参年度歳入出精算表」（山中湖村役場所蔵、『明治四十四年村会ニ関スル書類』）。
＊40 「寄付金」（山中湖村役場所蔵、『明治三十五年村会書類』）。
＊41 「議案」（山中湖村役場所蔵、『明治三十六年村会書類』）。
＊42 「異議申立」（山中湖村役場、『明治四十四年村会ニ関スル書類』）。
＊43 「決定書」（山中湖村役場所蔵、『明治四十四年村会ニ関スル書類』）。
＊44 「請求書」（山中湖村役場所蔵、『明治三十二年村会書類』）。
＊45 「議案」（山中湖村役場所蔵、『明治三十二年村会書類』）。
＊46 「建議書」（山中湖村役場所蔵、『明治三十二年村会書類』）。
＊47 有泉貞夫編『山梨県の百年』（山川出版社、二〇〇三年）一二八頁。
＊48 「建議書」（山中湖村役場所蔵、『明治三十六年村会書類』）。
＊49 「村会決議要領」（山中湖村役場所蔵、『明治三十三年村会書類』）。
＊50 一九〇〇年八月二日、馬車鉄道株式配当金一二円五〇銭を山中組基本財産へ編入している。
＊51 山中湖村史編集委員会『山中湖村史』第三巻（山中湖村役場、一九七八年）七五〇頁
＊52 「元御詮議地御引戻之議請願」（北条浩編『山中区入会関係史料集』）一一四頁
＊53 「丁第九拾九号」（北条浩編『山中区入会関係史料集』）一一四頁。

丁第九拾九号

郡役所

従前数村又ハ一村入会小物成官有山林原野ノ内詮議中ノ旨、会テ主任官ヨリ及通知置ケル部分中水源涵養土砂扞止風除類雪林等国土保安ニ関スル分ヲ除ク外、其村々へ払下ケノ詮議ニ可及候条払下ケ企望ノ村々ハ別紙書式ニ倣ヒ相当代価取調ケ所限リ図面相添来ル十二月十日迄ニ願出候様各村戸長へ相達スヘシ但出願ノ上ハ実地踏検木種木数及ヒ目通寸尺並相当代価ノ当否且国土保安ニ関セサルヤ否其実況ヲ具シ同月廿五日限リ願書進達スヘシ此旨相達候事

山梨県令藤村紫朗代理

山梨県小書記官　内田忠雄

＊54 「官有御詮議地払下願」（北条浩編『山中区入会関係史料集』）一一〇三頁。

南都留郡中野村
旧平野村人民一同

南都留郡旧中野村旧平野村地盤
字皆形第二千百九十七番
一、草山反別百拾町壱反六畝廿歩
此地代金弐百三拾四円四拾八銭六厘
内訳
草山反別六拾弐町壱反六畝廿歩
此地代金百八拾六円四拾八銭六厘但壱反分ニ付金参拾銭
石藪険阻地反別四拾八町歩
此地代金四拾八円　但壱反分ニ付金拾銭

右地所御詮議地ニ御座候処、屡々御払下出願ノ末第三一壱四号ヲ以、代価底廉ニ付、御聞届難キ旨御指令御下附ニ付、前者之通地代金取調候間何卒特別ノ御詮議ヲ以右地代金取調候間、何卒特別ノ御詮議ヲ以、右地代金ニテ御払下御聞届被下度、尤モ該地所ニ対スル水源涵養土砂扞止風除類雪林等国土保安ニ関スル部分ハ更ニ無御座候、依テ別紙図面相添此段奉願上候也

明治廿一年四月廿八日

右村総代
天野伝五右衛門印
長田俊治印
＊55「林第五三八号」（林野制度研究会編『近代林野制度資料集』御茶の水書房、一九九七年）五〇八頁。
＊56「告諭第一号」（林野制度研究会編『近代林野制度資料集』五〇八頁。
＊57「御料地草木払下規則」（山中区入会史編集委員会編『山中区入会史』浅間神社有地入会擁護委員会、一九九〇年）。
＊58「地所払下ヶ之御処分請願」（北条浩編『山中区入会関係史料集』）一〇五頁
＊59「御沙汰書」（山梨県『山梨県史』資料編一四、近現代一、政治　行政Ⅰ、山梨県、一九九八年）。
＊60「御払下詮議請願」（北条浩編『山中区入会関係史料集』）一二〇〜一二一頁。
＊61「臨時山梨県県会議事速記録」（『恩賜林の去今来』宋文館書店、一九六五年）二一二頁〜二一三頁。

＊62「村会開会請求書」（山中湖村役場所蔵、『明治四十四年村会ニ関スル書類』）。
＊63「決議書」（山中湖村役場所蔵、『明治四十四年村会ニ関スル書類』）。
＊64「決議書」（山中湖村役場所蔵、『明治四十四年村会ニ関スル書類』）。
＊65「入会御料地払下一件」（林野制度研究会編『近代林野制度資料集』）五五六頁。
＊66「恩賜県有入会林ニ関スル件」（林野制度研究会編『近代林野制度資料集』）。
＊67北条浩『村と入会の百年史―山梨県民の入会闘争史』（御茶の水書房、一九七八年）参照。

十　町村制町村の歳入構造と戸数割

奥田晴樹

はじめに

ここでは、「町村制」によって法的に規律された町村である「町村制町村」の財政構造、とりわけその歳入構造と、そこにおける戸数割の財政的位置についての検討がなされる。

まず、「町村制町村」と戸数割に関する学史上の問題点を一瞥し、ここでの研究課題の所在ついて確認する。それをふまえて、石川県石川郡野々市《ののいち》村（現・野々市町）と栃木県上都賀郡《かみつがぐん》鹿沼《かぬま》町（現・鹿沼市）の事例を取り上げ、問題の実相を探ってみたい。

1　町村財政と戸数割――研究史の問題点と課題

(一)「町村制町村」の成立

まず、「町村制町村」についてである。

「町村制町村」については、内部に近世以来の生活共同体である複数の「自然村」を包摂して成立している「行政村」との見方が古典学説を構成している。これについては、維新以後、とりわけ地租改正事業の実施時期における町村合併の進展や[*1]、「町村制」施行に先立って実施された町村合併において住民側に地域自治の実存に即した合併対案が提起されている事例に鑑みて[*2]、再考を要することをかつて指摘した[*3]。さらに、山村などに見られる近世以来の村が合併を経ることなくそのまま「町村制町村」となっている事例をも[*4]、再考材料として付け加えることができよう。

近世以来の村は、その法的地位に即して見るならば、維新後も引き続き「村請制町村」として存続し、これが改租事業により順次解消しつつあったことを背景に地方制度改革が実施され、地方三新法によって法的に規律された「三新法町村」となる[*5]。もっとも、「三新法町村」の実態は、前述したように、改租事業期に実施された相当数の町村合併を経ておるとともに、連合戸長の設置を許容する法制の下に置かれており、実際、石川県などではその施行時に全県的規模で連合戸長役場が編制され、そこではいずれ町村会も連合する「連合町村」が成立するに至ったと見られる[*6]。明治一七年(一八八四)の地方制度改正は、こうした事情を一半の背景として実施されたと考えるべきだろう[*7]。

このように、「村請制町村」や「三新法町村」は、「町村制町村」に歴史的に先行する「前期的町村」として法史的に位置づけられるが、それらを成り立たせている地域自治の実存は、「町村制」施行に先立つ町村合併をかいくぐって、一部は「町村制町村」そのものともなったが、多くはそれに包摂された「住民組織」となった。

この「住民組織」は、町村制によって法的に規律される「財産区」としての地位を獲得し、また行政区画としては「大字」となる場合もあるが、それに限られないことに注意しておくべきだろう。「住民組織」の実態は、実に千差万別であると思われる。

都市化が進んだ地域では、金沢市のように、近世以来の町地に成立していた「町」と、壬申地券交付に伴う武家地処分によって簇生した新しい「町」とが合わせて五三五に上っていたが、明治一二年（一八七九）八月の地方三新法施行時に、これらが八二の「連合町」に編制され、さらに一七年改正の際に七つに再編制されて、「市制」施行後、それがほぼそのまま七つの「区」となり、その後長く「住民組織」として機能している場合もある。[*8]

他方、同じく都市化した地域でも、栃木県上都賀郡で「町村制」施行に先立って、西鹿沼・府所《ふどころ》両村と合併し、鹿沼町を発足させた鹿沼宿のように、同宿を構成していた近世以来の「町」が「町村制」施行後も「住民組織」の単位となっているところもある。[*9]

さらに、農山漁村などでは、近世以来の村を構成している「組」などが「住民組織」の単位となり、中にはそれが「小字」として行政区画上に位置づけられるような場合もある。[*10]

また、「財産区」となった場合、「町村制町村」がその事務や人事、財政について監督権を行使することになるため、[*11]それに伴う他の「住民組織」からの干渉を互いに嫌忌し、あえてそうした法的地位を獲得しない場合もあったと見られる。

(二)　町村制町村の歳入法制

いずれにせよ、こうした住民組織を抱え込んで成立した町村制町村は、その歳入構造において、どのような法制上の境涯に立たされていたのであろうか。この問題については、すでに別途に検討しており[*12]、ここではそこで得られたその要点のみを述べておく。

明治二一年（一八八八）四月一七日付の法律第一号で公布された「市制町村制」では、町村の財政は、「町村制」第八八条によって規律されることとなっていた。その規定によれば、町村の支出は、①町村が固有の自治行政（自治事務）を行なうにあたって必要な経費と、②従前の法律・命令および将来の法律・勅令によって国が遂行を義務づけた行政事務（国政委任事務）の経費とからなる。その財源は、まず町村基本財産など町村財産のからの収入、そして使用料・手数料などとし、それでもなお不足するときは、町村税、夫役や現物を賦課できるとされている。

富国強兵を国是とする明治政府の下では、民生関係の行政ニーズへの財政的対応の主役は、国ではなく、地方であった。地方が支出する民生関係の諸経費には、①町村制町村が包摂した住民組織が伝統的に担ってきた自治事務の経費（地域の事情により、その一部の場合もあれば、大部分の場合もある）のみならず、②町村に裁量権がなく、法令でその事務の執行と経費の負担を義務づけられた、国政委任事務の経費も含まれていた。そのことが地方の民生費を膨張させ、地方を民生費支出の主役の座に着かせる一因となったとみられる。

財源の方にも、この国政委任事務の負担に劣らぬ、大きな問題点があった。町村財源の主軸は財産収入や使用料・手数料などの収入とされ、税収はあくまで補助財源という位置づけになっていたことである。しかし、財産収入は終始微々たるものに止まっている。また、使用料と手数料は、ほとんど無きに等しい水準から出発し、明治末年から大正期にかけて急増するが、それでも主要な財源となるにはほど遠かった。実際の町村財源は、法規上で補助財源とされた税収だった。昭和期になって、これが落ち込み始めると、借り入れに依存した財政運営を余儀なくされる。借金財政は、早いところでは大正期から始まっていると見られる。

さらに、町村の税制も問題を抱えていた。「町村制」第九〇条の規定によれば、町村税の第一の柱は付加税で、直接国税と府県税の徴税額に一定の税率を付加して課税することになっている。

直接国税は、地租と所得税を中心としており、課税基準となる地価が固定されている上、賦課率の引き上げも政治的に難しいため、地租が足を引っぱる形で、その総額は増えず、国税収入全体に占める比率は激減の一途をたどっている。[*13] 当然、それに付加する町村税も、町村税収全体に占める比率を下げていくことになる。

府県税は、明治二三年（一八九〇）五月一七日付の法律第三五号で制定された「府県制」第五七・五九両条の規定により、地価割と通称される地租の付加税、営業税・雑種税、戸数割という以前からの税目に、地税と家屋税が加えられている。

府県税の地価割に付加する町村税は、言うなれば、付加税の、そのまた付加税ということになり、大本の地租の比重が下がっていくため、直接国税への付加税と同様の憂き目にあう。地税や家屋税は課税対象に一定の広がりがあるが、営業税の税収は商工業の展開度に規定されるし、雑種税の課税対象は限られている。これらの諸税は、総じて、都市的な場でこそ大いに税収を期待できる性格のものだった。したがって、町村全体として見た場合には、それらが歳入中に大きなウェイトを占めるようになるのは難しかったのである。

町村税の第二の柱は特別税だが、これも町村に自律的な課税裁量権があるわけではない。「町村制」第一二六条で、使用料や手数料と同様、特別税の課税も内務大臣および大蔵大臣の許可が必要だった。

このように、実際上、町村の主要財源となった町村税にもしっかりと箍が嵌められている。そのことが、地方税の税収が落ち込み始めたとき、迅速かつ的確な対策を講じられなかった一因となったと考えられる。

町村の財政や税制がこのような境涯に立たされた背景には、明治地方自治制の性格、とりわけそこでの地方自治の位置づけという根本的な問題がある。

「市制町村制」に付された「市制町村制理由」によれば、自治団体は、法人として民法上の権利・義務関係に入るとともに、公法上の統治権を区域内に行使できるが、その区域も国土の一部である以上、国による法的規律と監督を受けるのは当然である、と説かれている。こうした一般原則の下で、市町村の財政や税制については、個人の家計や経営と同様、その財政を管理する自治権があることを一応認めるものの、次の二つの理由で、それを制限する必要があるとする。

第一に、市町村の資力は、国力の消長に関係するから、そのあり方に注意しなければならない。

第二に、市町村の財政が、国の財政と抵触し、国の財源を侵蝕することのないようにしなければならない。

そこで、国は市町村の財政を法的に規律し、財産の処分や課税など、その個々の経済行為に関する許可権限を掌握する、というのである。

こうした考え方で制度が作られている以上、町村財政の脆弱化は避けられなかったと言えよう。しかし、急速な近代化は、町村に対する行政ニーズを否応なく膨張させたので、町村はその財政運営に苦心せざるを得なかったのである。

ここでの問題は、かような問題点を有する法制上の境涯に立たされた町村の歳入構造が、如何なる実相にあったかを探ることである。

(三) 戸数割法制の展開

次に、戸数割についてである。戸数割の法制上の展開過程についても、すでに別途に検討しており、[*14] ここではそこで得られたその要点のみを述べるに止める。

戸数割は、近世の村入用に歴史的に淵源し、それは当初軒割だったものが、石高割となるに及んで、不均等賦課を常態とするものとなったという。明治一一年（一八七八）七月二二日付の太政官布告第一九号で制定された「地方税規則」において、三種の地方税の一つとされた。さらに、同規則で町村が賦課・徴収できることとなった協議費の賦課方法の一つとなった。ついで、明治二一年（一八八八）四月二五日付の法律第一号で公布された「市制町村制」において、県税である戸数割の付加税として、市町村が賦課・徴収できることとなった。

戸数割は、地租改正により石高という賦課基準を喪失し、以後は「見立割《みたて》」と称し、その賦課・徴収にあたる地域団体における構成員間での議定による、不均等な賦課方法が採られるようになったという。

町村制町村では、戸数割の実際の賦課方法は、従前の「見立割」慣行を引き継ぎ、各町村会で議定するのが一般的だったと見られるが、府県によっては統一的な賦課方法を制定する向きもあった。栃木県の場合、前出の鹿沼町のように、町村制施行の翌年、明治二三年（一八九〇）三月一三日付で「戸別割等差法」を制定し、同町独自の賦課方法を決めているところもある。同県は、明治三一年（一八九八）三月一三日付で「明治三十一年度県税賦課免除規則」を制定し、県税戸数割の賦課方法を決めており、その付加税であるため、以後、管下各町村の賦課方法もそれに準拠するようになっていったと見られ、実際、鹿沼町でもそうなっている。

国は、大正一〇年（一九二一）一〇月一一日付の勅令第四二二号で「府県税戸数割規則」を、ついで翌一一年（一九二二）二月二一日付の内務省令第二号で「府県税戸数割規則施行細則」を制定し、戸数割賦課方法の統一基準の設定を試みた。けだし、その賦課方法の議定が町村会にしばしば紛議を惹起し、町村制町村の政治的不安定要因の一つとなっていたからである。大正三年（一九一四）の「寄留法」制定をもたらした人口移動の激化を背景として、一戸を構えない独立生計者にも賦課可能とする（規則第一条）一方、賦課基準となる資力の算定標準（施行細則第三条）とそこからの除外費目（同細則第八条）を定めた。しかし、この立法は、資力算定標準の規定がすこぶる抽象的であったために、所期の目的を達することができなかった。

大正一五年（一九二六）三月二七日付の法律第二四号で「地方税ニ関スル件」が、ついで同年一一月一七日付の勅令第三三九号で「地方税ニ関スル法律施行ニ関スル件」が制定され、府県税の税目から戸数割を削除し（法律第一条）、市町村は戸数割を賦課できることとした（法律第二二条）。こうして戸数割は、市町村特別税に特化する形となったのである。市町村特別税戸数割の賦課方法は、「府県税戸数割規則」の規定を継承する（法律第二三〜二五条）一方、賦課基準となる資産状況による資力算定による賦課額、換言すれば不均等賦課をもたらす主要な一因となる賦課額の割合を、賦課総額の二割以内に制限された（勅令第二一条）。さらに、市町村財政の戸数割への過度の依存を回避するためと見られるが、市町村税の収税総額の六割以内に特別税戸数割の賦課総額を制限した（勅令第二七条）。

この市町村特別税戸数割も、戦時体制構築に伴う地方財政整備の一環として、昭和一五年（一九四〇）三月二九日付の法律第六〇号で「地方税法」が制定され、市町村税の税目から戸数割が削除され（第二条）、廃止されたのである。

㈣　戸数割研究の課題

以上のような法制的展開を見せた戸数割に関する研究は、従前、およそ三つの方向からなされて来た。

第一に、戸数割が現行税制として施行されていた戦前の同時代における法解釈学的研究である。そこでは、戸数割の賦課対象が人身なのか、その財産なのか、したがってその性格を「人税」と見るか、「物税」とみるか、をめぐる法解釈の相違が問題となっていた。しかし、それに決着がつく以前に現行法としての生命が尽き、論議は立ち消えとなった。[*15]

第二は、一九七〇年代以降に見られる、町村会の議事録中に残存する戸数割の賦課資料を手がかりとして、それによって地域社会の階層構成を明らかにしようとする社会経済史的研究である。[*16]

第二の研究では肝心の戸数割それ自体についての歴史的解明がなされていなかったため、第三の税制史的研究が一九九〇年代以降に登場して来ることとなる。[*17]

筆者は、すでに、第三の視点をふまえた上で、第二の視点から、前出の鹿沼町について考察を試みている。[*18]しかし、これらの従前の研究では、戸数割が地方財政においてどのような位置を占めていたか、という最も肝心な問題が考察されていない。これは地方行財政史的研究と言ってよいが、ここではその視点に立ち、時期を明治期に限り、町村制町村の財政難が深刻化し、町村自身と国や府県によってさまざまな対策が本格的に講ぜられる以前の段階における、町村制町村の歳入構造との関連に焦点をあて、そこでの戸数割の位置について検討を試みたい。

2　野々市村の歳入構造と戸数割

(一)　野々市村の歳入構造と戸数割

明治期における野々市村の歳入の推移（表1を参照）を俯瞰すると、五つの画期があることに気づくだろう。[*19]

第一は明治二九年度（一八九六）。学校基本財産の地所の売却益一八七四円五銭六厘と幻灯の使用料一〇〇〇円で、雑収入が三三六一円七二銭二厘となり、他年度の平均額の六倍に達している。また、公債七〇〇円も借り入れている。そのため、歳入総額が六三八〇円三二銭となり、それまでの年度の平均の三倍を超えている。その主な使途は小学校の校舎改築費で、一五五〇円が歳出費目に計上されている。この年度以降、それまでの一〇〇〇円台、多くとも二〇〇〇円台に止まっていた歳入の規模が、三〇〇〇円台へと膨張している。

第二は三六年度（一九〇三）。公債一一五七円八九銭を借り入れ、ほぼ三〇〇〇円台で推移していた歳入総額を、一挙に五八〇〇円二二銭七厘へと押し上げている。このときも、主な使途は小学校の校舎改築費である。

寄付金		村税				公債・借入金		総額		備考
		戸別割		税収総額						
金額	百分比	金額	百分比	金額	百分比	金額	百分比	金額	百分比	
21.000	1.60	664.918	50.58	1,097.765	83.51	——	——	1,314.542	100.00	決算
122.564	7.18	573.722	33.63	1,005.961	58.97	338.658	19.85	1,705.871	100.00	決算
——	——	1,051.14	52.57	1,483.457	74.20	——	——	1,999.402	100.00	決算
48.000	2.66	661.149	33.90	1,311.487	72.75	——	——	1,802.798	100.00	予算
18.000	1.15	637.128	40.74	1,289.435	82.44	——	——	1,564.080	100.00	予算
0.000	0.00	873.452	38.57	1,525.529	67.36	275.962	12.180	2,264.816	100.00	予算
1,550.000	24.29	965.584	15.13	1,617.682	25.35	700.000	10.970	6,380.320	100.00	予算
516.870	——	1,337.020	——	1,989.094	——	(史料欠失)	——	(史料欠失)	——	予算
140.000	4.50	1,272,160	40.93	2,079.782	66.92	140.00	4.50	3,107.863	100.00	予算
140.000	4.27	1,534.111	46.76	2,307.516	70.34	110.000	3.35	3,280.535	100.00	予算
0.000	0.00	1,772.801	50.96	2,760.320	79.35	0.000	0.00	3,478.506	100.00	決算
63.000	1.46	1,860.157	43.19	2,774.370	64.41	72.000	1.67	4,307.043	100.00	決算
139.000	3.74	1,847.430	49.79	2,524.540	67.92	0.000	0.00	3,716.904	100.00	決算
272.500	4.70	1,789.365	30.85	2,494.003	43.00	1,157.890	19.96	5,800.227	100.00	予算
120.000	3.09	1,402.553	36.16	2,102.851	54.21	234.660	6.05	3,879.191	100.00	予算
113.000	2.87	1,531.336	38.88	2,324.786	59.03	——	——	3,938.526	100.00	予算
136.000	2.51	1,933.110	35.62	2,693.770	49.64	1,250.000	23.04	5,426.517	100.00	決算
63.000	1.21	2,896.460	55.82	3,659.335	70.52	——	——	5,189.133	100.00	決算
373.000	4.42	2,715.606	32.16	3,884.256	46.00	1,743.280	20.65	8,443.375	100.00	予算
199.700	1.83	3,593.905	32.91	4,901.680	44.89	——	——	10,919.037	100.00	決算
193.200	2.84	3,767.210	55.32	5,395.290	79.23	——	——	6,809.443	100.00	決算
171.600	2.45	4,026.930	57.60	5,588.650	79.94	——	——	6,991.074	100.00	決算
167.400	2.09	5,085.630	63.53	6,632.950	82.86	——	——	8,004.619	100.00	決算
	3.76		42.53		64.67		10.19		100.00	

作成.
額の数値を用いた.

100.00 にならない場合がある．なお，戸別割の百分比は歳入総額に占める割合.
総額の金額と一致しない場合がある.

第三は三九年度（一九〇六）。公債一二五〇円を借り入れて、じりじりと増加しつつはあったが、どうにか三〇〇〇円台を維持していた歳入総額を五四二六円五一銭七厘としている。このときは特段の不時出費があったわけではない。歳出費目の推移を眺めると、軒並み人件費が増加傾向にある。野々市村会には、三〇年（一八九七）一一月二九日付で、物価騰貴を理由とした有給吏員の給与増額を求める建議書が提出されている。[*20] 日露戦争を挟んだ時期に、経済・社会の発展にともなう物価や賃金の上昇が進み、村の役場や小学校の人件費を漸増させ、ついに経常歳入では賄えきれなくなり、

表1　野々市村の歳入（明治期）

年　度	財産収入		雑収入・手数料		前年度繰越金		交付金	
	金額	百分比	金額	百分比	金額	百分比	金額	百分比
明治23（1890）	105.036	7.99	7.230	0.55	74.943	5.70	8.568	0.65
明治24（1891）	98.354	5.76	119.150	6.98	——	——	20.958	12.29
明治25（1892）	97.614	4.88	503.861	25.20	99.714	4.99	22.546	1.13
明治26（1893）	103.438	5.74	454.816	25.23	164.318	9.11	14.300	0.79
明治27（1894）	109.957	7.03	444.782	28.44	132.064	8.44	18.350	1.17
明治28（1895）	110.597	4.88	350.190	15.46	159.218	7.03	23.140	1.02
明治29（1896）	60.427	0.95	3,361.722	52.69	246.237	3.86	23.072	0.36
明治30（1897）	0.000	——	640.758	——	95.523	——	52.106	——
明治31（1898）	——	——	515.067	16.57	153.066	4.93	80.403	2.59
明治32（1899）	——	——	660.326	20.13	8.854	0.27	53.839	1.64
明治33（1900）	——	——	642.843	18.48	23.439	0.67	51.904	1.49
明治34（1901）	——	——	660.550	15.34	30.001	0.70	59.122	1.37
明治35（1902）	270.000	7.26	593.260	15.96	117.957	3.17	72.201	1.68
明治36（1903）	270.000	4.65	679.934	11.72	291.767	5.03	632.133	10.90
明治37（1904）	270.000	6.96	931.680	24.02	150.000	3.87	157.900	4.07
明治38（1905）	270.000	6.86	986.210	25.04	40.610	1.03	203.920	5.18
明治39（1906）	270.000	4.98	897.712	16.54	8.477	0.16	146.690	2.70
明治40（1907）	270.000	5.20	1,028.669	19.82	8.477	0.16	159.652	3.08
明治41（1908）	270.000	3.20	603.310	7.15	25.151	0.30	1,010.339	11.97
明治42（1909）	3,869.325	35.44	490.098	4.49	346.823	3.18	1,051.411	9.63
明治43（1910）	270.000	3.97	363.551	5.34	368.801	5.42	218.601	3.21
明治44（1911）	270.000	3.86	357.999	5.12	379.776	5.43	223.049	3.19
大正元（1912）	270.000	3.37	396.348	4.95	292.095	3.65	245.826	3.07
平　均		6.83		16.60		3.67		3.78

注1）野々市町役場所蔵「野々市村　村会議案及諮問案」明治23年～大正元年により
2）決算の史料を欠く年度は，次年度予算に掲げられた追加・更正後の前年度予算
3）金額は円，百分比は％.
4）百分比は小数点以下第3位を四捨五入．そのため，各費目の百分比の合計が
5）各費目と総額の金額は史料の表記に従った．そのため，各費目の金額の合計が

公債の借り入れでその場を凌がざるを得なくなったのであろう。これを機に、歳入規模は五〇〇〇円台を上回るようになり、膨張の一途を辿っていく。

第四は四一年度（一九〇八）。県からの補助金八七一円一四銭と公債の借り入れ一七四三円二八銭で、歳入は八四四三円三七銭五厘となっている。

第五は翌四二年度（一九〇九）。村の基本財産である地所の売却益三八六九円三二銭五厘で、ついに歳入総額は一万〇九一九円三銭七厘に達している。このときも、その主な使途は、またしても小学校の校舎改築費一四六八円九六銭と運動場新設費一三五〇円四九銭である。明

治期の野々市村は、財政面から見るならば、小学校の経営母体であることを主要な性格としていた、としても過言であるまい。

また、ここで注目しておきたいのは、「戸別割」の名称で登場している県税戸数割の付加税である村税の戸数割の変化である。同税は、三〇年度まで一〇〇〇円台、三九年度まで二〇〇〇円台だったが、四〇年度には三〇〇〇円台に突入し、この四二年度に四九〇一円六八銭まで一挙に伸びていることである。前述した財産収入の一時的な増加の関係で、この年度の歳入総額に占める割合は表面上低下しているが、翌四三年度以降は五〇％台に達し、さらにそれを超えていく。

表2　野々市村の基本財産（明治37年度）

費　目		金　額（円）
村基本財産	貸付金	7,241.594
	郵便貯金	57.000
	小計	7,298.594
学校基本財産	貸付金	329.582
	郵便貯金	55.210
	小計	384.792
石川郡義倉からの公借金	貸付金	1,277.890
	郵便貯金	50.000
	小計	1,327.890
合　計		9,011.276

注）野々市町史編纂専門委員会編『野々市町史』資料編3　近代・現代（2002年），48頁により作成．

小学校の施設整備費のような不時出費の有無に拘わらず、村の財政規模は膨張し続けており、公債の借り入れによる一時凌ぎではない、安定した歳入増加策は「戸別割」を中心とした村税収入への依存を高めていくほかなかったのである。けだし、明治四五年・大正元年度（一九一二）には、歳入総額に占める村税の割合は、実に八二・八六％に達している。

野々市村では、明治期を通じて、「町村制」が町村の主要財源と規定する基本財産（表2を参照）からの収入や、手数料などの雑収入は、あわせても平均で歳入総額の二三・五六％に止まる。これに対して、村税は平均で六四・六七％、「戸別割」は同じく四五・五三％に上っている。つまり、村の財政の半分近くを「戸別割」に依存しているのである。

「町村制」の財政—税制原則は、前述したように、当初から実態にそぐわないものであったが、野々市村に関する限り（そして、それは一般的な傾向だったと見てよいが）、明治期を通じて、目標規定とすらなり得ず、完全に破綻した、と言ってよかろう。

(二) 野々市村の戸数割と住民負担構造

このように、野々市村の財政を実質的に支えた基本財源は、「戸別割」と呼ばれる戸数割の村税が主要財源となっていた。

ところが、この戸数割については、前述したように、明治期には、それをだれに、どれだけ、どう賦課するか、といった制度の基本を定めた国法がなく、その決定は各自治団体に委ねられていた。もっとも、多くの町村では、府県税として賦課された戸数割の賦課総額を斟酌し、それに付加する町村税の戸数割の賦課総額を決め、それらを各自の負担能力にあわせて不均等に町村民全体に割り当てていくという方式がとられていた。

野々市村では、県から賦課された明治二三年度(一八九〇)の地方税(県税)戸数割を村民各戸にどのように割り当てるか、村会で議定している(表3を参照)。これによれば、全賦課対象戸数の一八・三九%を占める一三等までの七三戸で、賦課総額の過半に当たる五一・七二%を負担している。地方税(県税)戸数割は、野々市村の場合、村民中の上位階層により重い負担を求める累進課税の方式で賦課・徴収されたと見てよかろう。

野々市村の財政は、前述したように、この県税戸数割に付加して課税される村税である「戸別割」に大きく依存している。その際、「戸別割」の過半を引き受けていた村民中の上層階層は、その負担増に耐えられたのだろうか。

野々市村の村会が議決した大正六年度(一九一七)の県税戸数割の村民各戸への賦課額(表4を参照)を見ると、等級数が明治二三年度の二倍に増やされ、各等級の戸数の大半が一桁となっており、きめ細かい課税がなされていることがわかる。しかし、賦課対象戸数の過半に当たる、四〇等までの一九四戸の負担合計額が負担総額に占める割合は、実に八五%に達している。また、負担総額の過半に当たる五〇・五二%を、一八等までの五六戸が負担している。

表3　野々市村の戸数割賦課等等級区分（明治23年度地方税〔県税〕戸数割）

等級	戸数（戸）	負担額／総額（%）
1	3	7.37
2	3	4.06
3	3	3.83
4	3	3.32
5	5	4.55
6	4	3.15
7	5	3.44
8	9	5.75
9	6	3.24
10	9	4.42
11	2	0.88
12	10	3.93
13	11	3.78
14	13	4.15
15	13	3.83
16	15	4.06
17	35	9.03
18	59	14.50
19	10	2.21
20	20	3.93
21	11	1.76
22	35	4.30
23	26	2.24
24	19	1.17
25	15	0.74
26	16	0.39
27	21	0.37
等外	16	0.00
合計	397	100.00

注1）野々市町史編纂専門委員会編『野々市町史』資料編3　近代・現代（2002年），41～42頁により作成.
　2）各等級の負担合計額の総額に占める百分比は，小数点第3位以下を四捨五入．そのため，各等級の負担合計額の百分比の合計は100.00%にならない.

表4　野々市村の戸数割賦課等等級区分（大正6年度地方税戸数割）

等級	戸数（戸）	負担額／総額（%）
1	1	2.80
2	1	2.70
3	3	6.71
4	1	1.77
5	2	2.98
6	1	1.40
7	3	3.63
8	2	1.86
9	2	1.68
10	3	2.40
11	3	2.24
12	6	4.25
13	6	4.03
14	2	1.27
15	2	1.19
16	6	3.35
17	6	3.24
18	6	3.02
19	3	1.45
20	5	2.24
21	3	1.23
22	3	1.12
23	1	0.34
24	3	0.95
25	6	1.79
26	5	1.40
27	3	0.81
28	5	1.30
29	5	1.28
30	15	3.77
31	12	2.90
32	10	2.24
33	7	1.46
34	8	1.60
35	11	2.15
36	7	1.33
37	9	1.68
38	9	1.59
39	11	1.85
40	10	1.58
41	7	1.04
42	7	0.99
43	12	1.57
44	9	1.09
45	8	0.89
46	16	0.89
47	7	0.65
48	12	1.01
49	12	0.89
50	23	1.58
51	8	0.45
52	10	0.47
53	13	0.48
54	15	0.42
55	7	0.13
56	15	0.20
合計	388	100.00

注1）野々市町史編纂専門委員会編『野々市町史』資料編3　近代・現代（2002年），41～42頁により作成.
　2）各等級の負担合計額の総額に占める百分比は，小数点第3位以下を四捨五入．そのため，各等級の負担合計額の百分比の合計は100.00%にならない.

明治二三年度と比較しても、より一層、村民中の上位階層の負担が重くなる傾向が、そこには読み取れる。つまり、村財政の膨張は、村民中の上位階層の負担増大によって進んでいったと見てよかろう。問題は、この負担増に上位階層がどこまで、したがってまた、いつまで耐えられるかであろう。

3　鹿沼町の歳入構造と戸数割

(一)　鹿沼町の歳入構造

明治期における鹿沼町の歳入の推移（表5を参照）を俯瞰すると、五つの時期に区分できよう。[*21]

第一期（二二年度）　第一期は明治二二年度（一八八九）。前述したように、一宿・二ヶ村の合併によって同年四月一日付で発足した鹿沼町の、この年の財政規模は八一〇円余と小さい。これは、当年度がまだ新旧過渡期にあることを示していると思われる。もっとも、この年度の税収への依存度は六八・八九％と、七割弱に上っており、そこには町村制町村の財政的前途を予感させるものがあろう。

第二期（二三～二七年度）　第二期は二三～二七年度（一八九〇～九三）。この時期は、歳入総額がほぼ三〇〇〇円台後半で推移している。二三年度のみ四九六九円と突出しているが、これは主に旧鹿沼宿からその共有金六〇六円余が寄付されたことによるものである。

都市化が進んだ地域では、住民組織の共有財産と言っても、多くに場合、林野などの地所での形は望めまいが、それまでの協議費や各種の公証手数料などを積み立てた共有金が蓄積されている場合は想定し得る。この旧鹿沼宿の場合もその種のものであろうが、ここでは、いわばそれを吐き出して、町村制町村の運転資金に充てたと見てよかろう。

町税				借入金・公債		総額		備考	町税未納額			
戸別割		税収総額										
金　額	百分比	金　額	百分比	金　額	百分比	金　額	百分比		戸別割未納額	百分比	未納総額	過年度分徴収額
275.425	23.40	810.950	68.89	——	——	1,177.214	100.00	決算	——	——	——	——
703.869	14.16	2,010.986	40.47	250.000	5.03	4,969.275	100.00	決算	——	——	——	——
702.000	20.74	1,949.605	57.59	——	——	3,385.125	100.00	予算	——	——	——	——
656.590	18.06	2,090.198	57.50	110.000	3.03	3,635.406	100.00	決算	——	——	——	——
472.290	13.33	2,004.476	56.57	——	——	3,543.175	100.00	決算	——	——	——	——
527.090	13.40	2,091.860	53.20	——	——	3,932.350	100.00	決算	——	——	——	——
892.940	9.39	3,248.075	34.14	1,555.000	16.34	9,514.376	100.00	決算	——	——	——	——
1,020.000	20.80	3,052.022	62.24	201.250	4.10	4,903.750	100.00	予算	——	——	——	——
705.450	10.41	3,389.647	50.01	——	——	6,778.603	100.00	決算	——	——	——	——
1,186.842	16.77	4,423.974	62.51	——	——	7,077.280	100.00	決算	205.488	50.52	406.750	——
2,464.961	24.09	6,737.554	65.86	——	——	10,230.181	100.00	決算	489.144	62.28	778.873	——
2,855.199	24.25	7,593.823	64.48	1,720.500	14.61	11,776.204	100.00	決算	939.851	59.27	1,585.616	——
2,914.535	20.73	8,510.908	60.53	2,300.000	16.36	14,060.895	100.00	決算	——	——	——	——
4,175.130	19.45	9,554.338	44.50	6,600.000	30.74	21,469.396	100.00	決算	2,782.070	69.75	3,988.623	——
4,581.440	17.97	10,021.001	39.30	4,641.000	18.20	25,499.043	100.00	決算	2,500.190	60.70	4,118.814	——
4,043.880	25.51	8,536.250	53.84	——	——	15,854.403	100.00	決算	2,229.730	70.20	3,176.070	——
4,321.710	31.89	9,207.910	67.94	——	——	13,553.813	100.00	決算	2,110.600	70.20	3,006.340	——
8,970.000	49.63	14,515.240	80.31	——	——	18,073.153	100.00	予算	——	——	——	——
6,711.720	29.89	11,786.931	52.49	——	——	22,455.356	100.00	決算	2,078.960	71.00	2,927.930	——
7,200.000	40.44	14,103.274	79.21	——	——	17,805.505	100.00	予算	——	——	——	1,200.000
7,234.360	15.21	18,213.820	38.29	25,767.300	54.18	47,562.037	100.000	決算	2,310.150	64.40	3,587.255	3,398.755
6,356.060	12.67	16,517.614	32.92	——	——	50,168.805	100.00	決算	2,073.690	63.32	3,274.925	2,473.024
6,390.100	13.32	16,720.679	34.84	——	——	47,987.950	100.00	決算	2,153.940	60.11	3,563.490	1,366.289
7,506.860	17.33	21,355.218	49.30	——	——	43,316.693	100.00	決算	1,243.600	71.52	1,738.800	4,328.093
3,591.001	21.09	8,268.598	48.55	4,793.894	28.15	17,030.416	100.00		1,759.784	65.68	2,679.457	2,553.232

2000年，別冊）を参照．

合がある．戸別割の百分比は歳入総額に，また戸別割未納額の百分比は未納総額に占められる割合．
金額と一致しない場合がある．

表5　鹿沼町の歳入（明治期）

年　度	財産収入		雑収入・手数料		前年度繰越金		交付金・補助金		寄付金	
	金　額	百分比	金　額	百分比	金　額	百分比	金　額	百分比	金　額	百分比
明治22（1889）	——	——	277.843	23.60	15.758	1.34	72.639	6.17	——	——
明治23（1890）	——	——	1,837.671	36.83	123.040	2.47	70.381	1.42	605.797	12.19
明治24（1891）	——	——	53.000	1.57	——	——	200.000	5.91	——	——
明治25（1892）	0.000	0.00	1,206.650	33.19	——	——	228.558	6.29	——	——
明治26（1893）	——	——	1,169.751	33.01	102.893	2.90	245.435	6.93	20.630	0.58
明治27（1894）	——	——	1,188.550	30.22	381.064	9.71	270.876	6.89	——	——
明治28（1895）	——	——	2,360.201	24.81	107.050	1.13	275.224	2.89	1,968.826	20.69
明治29（1896）	——	——	1,386.750	28.28	99.978	2.04	250.000	5.10	——	——
明治30（1897）	——	——	1,811.746	26.73	232.981	3.44	344.229	5.08	——	——
明治31（1898）	——	——	1,817.989	25.69	——	——	435.490	6.15	185.000	2.61
明治32（1899）	——	——	1,987.955	19.43	863.985	8.45	572.687	5.60	68.000	0.66
明治33（1900）	——	——	1,755.525	14.91	246.743	2.10	448.213	3.81	11.000	0.09
明治34（1901）	0.000	0.00	1,711.787	12.17	1,108.112	7.88	430.088	3.06	——	——
明治35（1902）	——	——	1,889.558	8.80	728.600	3.39	584.350	2.72	2,148.550	10.01
明治36（1903）	——	——	5,092.086	19.97	997.262	3.91	478.880	1.88	150.000	0.59
明治37（1904）	——	——	2,818.795	17.78	201.474	1.27	638.484	4.03	195.630	1.23
明治38（1905）	——	——	2,913.106	21.49	387.413	2.86	905.384	6.68	140.000	1.03
明治39（1906）	——	——	2,560.500	14.17	387.413	2.14	600.000	3.32	0.000	0.00
明治40（1907）	258.980	1.43	8,993.726	40.05	188.611	0.84	1,107.108	4.93	120.000	0.53
明治41（1908）	309.907	1.38	1,637.500	9.20	866.611	4.87	853.213	4.79	——	——
明治42（1909）	262.820	0.55	913.950	1.92	897.696	1.89	1,456.451	3.06	50.000	0.11
明治43（1910）	1,005.150	2.00	1,035.626	2.06	29,932.927	59.66	1,491.188	2.97	186.300	0.37
明治44（1911）	1,095.560	2.28	1,387.870	2.89	27,210.889	56.70	1,571.952	3.28	135.240	0.28
大正元（1912）	3,740.000（基本金よりの繰入金）	8.63	946.570	2.19	15,190.415（うち3,483,559は次年度よりの繰上金）	35.07	1,791.890	4.14	292.600	0.68
平　均	1,112.070	6.53	2,031.446	11.93	3,822.425	22.44	638.447	3.75	392.348	2.30

注1)「鹿沼町歳入歳出決算書」(鹿沼市史編さん委員会編『鹿沼市史』資料編　近現代1,
2) 決算を欠く年度は予算額の数値を用いた.
3) 金額は円，百分比は%.
4) 百分比は小数点第3位以下を四捨五入．各費目の百分比の合計が100.00にならない場
5) 各費目と総額の金額は史料の表記に従った．そのため，各費目の金額の合計が総額の

ちなみに、財産収入は三九年度（一九〇六）まで計上されていない。他方、この時期の雑収入・手数料は、二四年度（一八九一）の五三円を例外として、いずれの年度も一〇〇〇円台にあり、歳入総額に占める割合も三割を超えている。なお、この時期の税収はほぼ二〇〇〇円に達したところで、税収依存度は、右の寄付金を勘案すれば、いずれの年度も五〇％台にある。これを要するに、この時期の鹿沼町は、町税と雑収入・手数料によって経営されていたと言ってよかろう。

第三期（二八〜三二年度） 第三期は二八〜三二年度（一八九五〜九九）である。日清戦後のこの時期は、歳入総額が第二期の三〇〇〇円台後半から一気に二八年度の九五一四円余へと跳ね上がり、その後、二九年度（一八九六）の四九〇三円余から三二年度の一万二三〇円余へと毎年度増え続け、遂に一万円の大台に達するのである。二八年度の急増の主要な原因は、鹿沼尋常高等小学校の校地拡張・校舎増築事業にある。[*22] この事業は、二七年度の途中から着手され、鹿沼銀行から元利計一一一四円五八銭三厘を借り入れ、二八年度に一五五五円を起債して、その返済に充てている。他方、学校新築（増築）寄付金として一九〇二円六五銭を受け入れており、公債と合わせて三五〇〇円弱が、この事業に充てられたことがわかる。

しかし、これだけでは、この時期の財政規模の拡大は捉えきれない。第二期は、人件費がその大半を占める教育費の歳出が、ほぼ二〇〇〇円前後で推移していた。しかし、この第三期に入ると、二八年度の二二九三円余から三二年度の三九二〇円余へと、毎年度増えて行く。学校施設の拡充は、当然のことに、その人件費の増大をも伴うのである。これに加え、役場費が一二五六円余から二二五五円余へ、土木費が一〇五円余から五四四円余へと、この間にそれぞれ増えており、他の費目も同様の傾向にある。つまり、経常経費の全般的な増加傾向が認められるわけである。これらの諸要因があいまって、財政規模を拡大させたと見られる。

公債や寄付金といった不時収入を除いたとき、いったいどの歳入費目がこの財政規模の拡大を支えたのであろうか。

雑収入・手数料は、二四年度以降、二八年度が例外的に二〇〇〇円台になったものの、三五年度（一九〇二）までは一〇〇〇円台を推移している。したがって、財政規模が拡大したこの第三期には、歳入総額に占める割合は二割台に減少し、三二年度にはそれも割り込んで一九・四三％になっている。その後も、同様の傾向が続き、三五年度には八・八％にまで落ち込んでいる。

財政規模の拡大を支えたのは、端的に言えば、税収の増大である。この時期の町税は、ほぼ二〇〇〇円前後で推移していた第二期から、二八年度には一挙に一〇〇〇円以上増やして三二四八円となり、三二年度には六七三七円余と、三倍以上になっている。公債と寄付金を除外した、二八年度の税収依存率は五四・二一％だから、この年度から五割台から六割台への上昇傾向が始まったと見てよかろう。そして、三二年度には六五・八六％に達している。

こうした税収増加の牽引役は、いずれの税目にあったのだろうか。

国税の地租の付加税である町税の「地価割」はどうか（表6を参照）。「地価割」は、三〇年度（一八九七）までは地価に、以後は地租に定率賦課されている。賦課率は、二二年度は五・六％強、以後三〇年度までは一割台前半、地租率が二・五％から三・三％へ引き上げられた三一年度[*23]には二一・三％に上昇している。二割台は三三年度（一九〇〇）までで、以後は三割台となり、四二年度（一九〇九）には四割に達している。翌四三年度（一九一〇）には地租率が引き下げられ、賦課率も地目別に異なるようになっている。こうした四二年度までの一貫した賦課率上昇により、地価割額こそ二三年度の六〇七円余から四二年度の一三七二円余へと倍以上になってはいるものの、歳入総額に占めるその割合は一貫して低下傾向にある。したがって、どの期であれ、「地価割」が税収増加の牽引役たり得ることはなかったと言ってよかろう。

「戸別割」と呼ばれる県税戸数割の付加税である町税はどうか（表7を参照）。その平均収税額は、第二期が六五二円余だったのに対し、第三期が一二五四円余と、倍近くに増えている。しかし、税収総額に占めるその割合を見ると、

表6　鹿沼町の地価割（明治期）

年　度	地価総額	地租賦課率	地価割額	百分比	備　　考
明治22（1889）	178,151.239	5.660	252.084	21.41	
明治23（1890）	——	——	607.757	12.23	
明治24（1891）	172,046.240	14.206	611.004	18.05	
明治25（1892）	172,710.566	13.992	604.153	16.62	
明治26（1893）	172,541.180	13.294	573.459	16.18	
明治27（1894）	——	——	565.953	14.39	
明治28（1895）	172,501.920	12.965	559.108	5.88	
明治29（1896）	172,501.920	14.200	612.381	12.49	
明治30（1897）	172,409.600	14.200	597.333	10.34	
明治31（1898）	171,325.680	21.300	888.453	12.55	地租率3.3%へ引き上げ
明治32（1899）	——	21.500	776.254	7.59	
明治33（1900）	——	20.000	694.225	5.90	
明治34（1901）	——	35.000	1,226.004	8.71	
明治35（1902）	——	35.000	1,201.608	8.53	
明治36（1903）	——	35.000	1,171.951	4.60	
明治37（1904）	——	30.000	1,044.590	6.59	非常特別税法制定
明治38（1905）	——	30.000	1,011.420	7.46	同法改正
明治39（1906）	147,365.542	30.000	1,105.240	6.12	同法改正（時限解除）
明治40（1907）	——	30.000	1,050.001	4.68	
明治41（1908）	147,856.600	30.000	1,108.924	6.23	
明治42（1909）	——	40.000	1,372.795	7.47	
明治43（1910）	——	田畑 21.0000 宅地 9.000 雑地 18.000	1,284.450	2.56	地租率引き下げ
明治44（1911）	——	宅地 9.000 他 21.0000	1,377.760	2.87	
大正元（1912）	——	宅地 9.000 他 21.0000	1,573.335	3.63	
平　均	——	——	911.260	9.30	

注1）前掲「鹿沼町歳入歳出決算書」を参照.
2）単位は，地価総額と地価割額が円，地租賦課率と百分比は%.
3）地租賦課率は，明治28年度までは地価割額÷地租額（地価総額×0.025）によって求めた数値，それ以後は出典の記載に従い，小数点以下第5位を切り捨てた.
4）百分比は歳入総額に占める割合で，小数点以下第3位を四捨五入した.

第一期が平均で三二・一五％あったのに対し、第二期は二九・〇四％と、幾分後退すらしている。
「戸別割」の税収は、実はもっと増えるはずだった。この時期の後半から町税の未納が問題化し、[*24] 三一年度（一八九八）からその未納額が決算書に記載されるようになる。これを見ると、未納額の過半は「戸別割」が占めている。未納総額に占める「戸別割」未納額の割合は、明治四五年・大正元年度（一九一二）までの平均で六五・六八％となっており、七割台に達した年度も少なくない。もっとも、「戸別割」税収への依存とその未納問題は、この第三期ではまだ序の口だった。

いずれにせよ、「戸別割」も第三期の税収増加の牽引役でなかったことは間違いない。それは、他の税目、とりわけ県税の営業税および雑種税[*25]への付加税である町税の「営業割」に求められよう（表8を参照）。その平均税収額は、第二期が七二〇円余だったのに対し、第三期が一七八五円余と、二・五倍弱に増えている。税収総額に占める割合も、第二期の平均三五・四六％に対し、第三期は四三・四五％へと上昇している。

これを要するに、第三期の税収増加の牽引役は「営業割」の税収増加だったと言えよう。その背景は、第二期に始まり、日清戦争に伴う軍需の急増によって第三期に飛躍を遂げた、鹿沼町における製麻工業の成長にあると見てよかろう。[*26]

表7　鹿沼町税収中の戸別割（明治期）

年　度	百分比	平均
明治 22（1889）	33.96	33.96
明治 23（1890）	35.00	32.15
明治 24（1891）	36.00	
明治 25（1892）	40.98	
明治 26（1893）	23.56	
明治 27（1894）	25.20	
明治 28（1895）	27.49	29.04
明治 29（1896）	33.42	
明治 30（1897）	20.81	
明治 31（1898）	26.87	
明治 32（1899）	36.59	
明治 33（1900）	37.60	42.59
明治 34（1901）	34.24	
明治 35（1902）	43.70	
明治 36（1903）	45.72	
明治 37（1904）	47.37	
明治 38（1905）	46.93	
明治 39（1906）	61.80	44.80
明治 40（1907）	56.93	
明治 41（1908）	42.10	
明治 42（1909）	39.72	
明治 43（1910）	39.69	
明治 44（1911）	38.22	
大正元（1912）	35.15	
平　均	43.43	——

注）百分比は税収総額に占める割合で，小数点以下第3位を四捨五入した．

第四期（三三〜三八年度）　第四期は三三〜三八年度（一九〇〇〜〇五）である。この時期の財政規模はほぼ一万円台前半で推移しているが、例外は三五・

表8　鹿沼町税収町の営業割（明治期）

年　度	営業割額	百分比	平均	備　　考
明治22（1889）	283.441	34.95	34.95	営業雑種税割
明治23（1890）	699.360	34.78		営業税割
明治24（1891）	611.005	31.34		営業及雑種税割
明治25（1892）	699.498	33.47	35.46	営業及雑種税金割
明治26（1893）	787.748	39.30		
明治27（1894）	803.047	38.39		
明治28（1895）	1,510.744	46.51		営業税雑種税割
明治29（1896）	1,175.141	38.50		
明治30（1897）	1,641.209	48.42	43.45	県税営業税割＋国税営業税割（明治30〜明治40）
明治31（1898）	2,000.481	45.22		
明治32（1899）	2,600.530	38.60		
明治33（1900）	3,039.069	40.02		
明治34（1901）	3,060.668	35.96		
明治35（1902）	3,058.250	32.01	31.63	
明治36（1903）	3,026.070	30.20		
明治37（1904）	2,250.040	26.36		
明治38（1905）	2,320.890	25.21		
明治39（1906）	2,940.000	20.25		
明治40（1907）	2,619.500	22.22		
明治41（1908）	3,053.360	21.65		国税営業税割＋県税営業税割＋県税雑種税割（明治41〜大正元）
明治42（1909）	4,452.240	24.44	24.98	
明治43（1910）	4,710.740	28.52		
明治44（1911）	5,118.950	30.61		
大正元（1912）	5,801.050	27.16		
平　均	2,427.626	29.36	——	

注1）前掲「鹿沼町歳入歳出決算書」を参照.
　2）単位は，営業割が円，百分比とその平均は%.
　3）百分比は小数点以下第3位を四捨五入.

三六両年度（一九〇二・〇三）である。

この両年度の膨張原因は、またしても鹿沼尋常高等小学校の校地購入・校舎新築事業である。この事業は、第三期の三二年度にその建築費として一六〇七円余が歳出費目として計上され、その建設資金の積み立てが開始される。三三年度から起債も行われていたが、三五年に至り、暴風雨のため同小学校の既設校舎が倒壊し、校舎の新築は待ったなしの事業となった。

この第四期は、第三期に引き続き、経常経費の漸進的な増加傾向が認められ、その財源となったのはやはり税収の増加だった。公債と、その歳出残余と見られる前年度繰越金とを歳入総額から差し引いて、そこに占める税収総額の割合を見ると、三三年度が七七・四%、以後、七九・七四、六七・五七、五〇・四六%と推移する。三七年度（一九〇四）は五三・八四、翌三八年度が六七・九四%と、再び上昇する。

こうした第四期の税収増加の牽引役は、「営業割」から「戸別割」へと交代する。この時期の税収総額に占める「営業割」税収は平均で三一・六三%へと、第二期から一〇パーセント以上も低下している。他方、「戸別割」は、第二期の平均二九・〇四%から、第三期は四二・五九%へと上昇している。

この割合はもっと増えるはずだったが、前述したように、ここでその未納問題が深刻化してくるのである。「戸別割」の未納額は、三五年度以降、二〇〇〇円台に達する。「戸別割」の賦課総額に対するその未納額の割合は、三五年度以降、三九・九九、三五・三〇、三五・五四、三二・八一%と、漸減傾向を示して推移してはいるものの、毎年度ほぼ三分の一も徴収できない状況となっていることには変わりない。

こうした事態を少しでも改善すべく、三六年度には、鹿沼町に製麻工場を持つ日本製麻株式会社に対する県税の私法人建物税に、町税の付加税を賦課しようとする議案が、鹿沼町会で審議されている。*27 しかし、「鹿沼町歳入歳出決算書」を見る限り、この新規課税案が実現した形跡はない。

これを要するに、専ら「戸別割」に財政膨張の付けを回した結果、その矛盾がそこに集中的に現れることとなったと見てよかろう。

第五期（三九〜四五・大正元年度）　第五期は三九〜四五・大正元年度（一九〇九〜一二）である。いわゆる日露戦後経営の時期で、後述するように、臨時の事業費を差し引いた経常経費の財政規模は、二万円台で推移している。

臨時の事業費は、翌四二年度（一九〇九）に二万五七六七円余という従来の歳入総額を超える金額の起債によって調達された。その使途は、二万円が建設費、残りが後述するように、基本財産への編入に充てられた。臨時の建設事業費は、鹿沼尋常高等小学校の校舎増築に二万三〇円、隔離病舎の建築に四〇〇〇円、役場の建築に四〇〇〇円が、四二年度の臨時歳出費目として計上されており、八〇〇〇円余は経常歳入の中から捻出する方針だったことがわかる。

明治四〇年（一九〇七）三月二一日付の勅令第五二号で「小学校令」が改正され、尋常小学校の修業年限が六ヶ年へと延伸された。[*28] この義務教育年限の延伸は翌四一年（一九〇八）四月一日付で施行され、直ちに学校施設の拡充が必要となった。鹿沼尋常高等小学校では、既存施設の遣り繰りで当座の急をなんとか間に合わせつつ、校舎の増築を計画し、四四年（一九一一）に至ってようやくそれを実現している。

隔離病舎や役場の建築も、二二年に九〇八六人だった人口が、四五・大正元年には一万三五七一人へと、ほぼ一・五倍に増える中で、[*29] 鹿沼町が住民の行政需要に応えて行く上で、避けられない事業だったと見られる。

国や住民が求める、これらの新たな地方行政課題に対応して行くために、町村は相応の財政基盤を備えることが求められていた。しかし、鹿沼町の場合、公債への依存が唯一の、その実際的な解決策だったと言えよう。

もちろん、この日露戦後期には、国の主導により地方改良運動が展開され、基本財産の造成を進め、納税組合の結成を奨励して収税率の引き上げをはかるなどの、自治団体の財政基盤の強化策が講ぜられていた。では、鹿沼町におけるその実態はどうか。

基本財産については、前述したように、財産収入はながく皆無の状態が続いたが、四〇年度に二五八円余が初めて計上され、翌四二年度に起債により、前述したように、五七六七円三〇銭が基本財産に繰り入れられ、その利子収入でようやく一〇〇五円余の財産収入を計上するに至っている。しかし、より高い利子の資金を借り入れて、見かけ上の基本財産を「造成」し、より低い利子収入を得る、というのが、その実態だった。差額の利子分の負担を覚悟で、基本財産「造成」の体裁を整えたにすぎない。

収税率の引き上げの方はどうか。鹿沼町は、旧鹿沼宿以外の旧二ヶ村の地域も含め、二八の「町」から成っていたが、四四年三月一五日現在、二八の納税組合が結成されている。ただし、一つの「町」で複数の組合が結成されているところがある一方、未結成の「町」が九つあり、この時点でほぼ三分の二の「町」に組合が成立している。[*30]

「戸別割」の未納額は、この時期も相変わらず、二〇〇〇円台で推移しているが、後述するように、「戸別割」の賦課総額が増えているので、収税率が上昇していることは確かである。そして、四五・大正元年度には、未納総額と「戸別割」未納額はともに一〇〇〇円台となって前年度までからほぼ半減し、「戸別割」未納率は一四・二一%まで下がっている。鹿沼町では、地方改良運動の自治団体財政基盤強化策のうち、収税率の引き上げについては、相応の効果を上げたと見てよかろう。

それは裏返せば、いよいよもって町税収入への財政依存が強まったことを意味する。歳入総額に占める税収総額の割合は、三九年度以降、八〇・三一、五二・四九、七九・二一%と推移している。四〇年度が低くなっているのは、雑収入で過年度収入金として七一二九円余が計上され、歳入総額に占める雑収入・手数料の割合が四〇・〇五%にまで達したためである。歳入総額からこの不時収入を差し引いた分に占める財収総額の割合は、七六・九二%だから、この年度も含めて、三九年度以降の基調に変わりないことがわかる。

四二年度には多額の起債が行なわれているので、歳入総額から公債と（四三年度以降は）その歳出残余である前年度繰越金とを差し引いた分に占める税収総額の割合を見ると、四二年度以降、八三・五七、八一・六二、八〇・四八、七五・九三%と推移している。この第五期の鹿沼町の経常財政の税収依存度は八割台だったと見てよかろう。

税収の中身を見ていくと、「営業割」税収が税収総額に占める割合は、三九年度が明治期中で最低の二〇・二五%だったものの、以後は漸次上昇に転じ、四四年度には三割台にまで回復している。しかし、この第五期は平均すると二四・九八%で、第四期の水準にすら回復し得ていない。

これに対して、「戸別割」税収が歳入総額に占める割合は、三九年度が明治期中で最高の六一・八%に達するが、以

表9　鹿沼町戸別割等差法の賦課等級区分（昭和23年）

等級	賦課基準			賦課対象者		賦課額		
	県・国税納入合計額	所得税納入額	その他の要件	人数	百分比	1人当額	合計額	百分比
1等	250円以上	かつ15円以上	――	8	0.57	2.50	20.00	3.25
2等	170 〃	かつ5円以上	――	2	0.14	2.00	4.00	0.65
3等	100 〃	または5円以上	――	22	1.57	1.50	33.00	5.37
4等	50 〃	かつ5円未満	――	23	1.64	1.00	23.00	3.74
5等	18 〃	――		26	1.86	0.80	20.80	3.38
6等	10 〃	――	または地租20円以上	51	3.65	0.70	35.70	5.81
7等	7 〃	――		40	2.86	0.60	24.00	3.90
8等	3 〃	――		133	9.51	0.55	73.15	11.90
9等	2 〃	――	または人力車3輛以上所有の人力車業者，または官庁・会社に奉仕する者	150	10.72	0.50	75.00	12.20
10等	1 〃	――	かつ大字鹿沼居住の宅地税納入者，または人力車2輛以下所有者	500	35.74	0.40	200.00	32.53
11等	――	――	1～10等に該当しない者	354	25.30	0.30	106.20	17.27
免除				90	6.43	――	――	――
合計				1,399	100.00		614.85	100.00

注1）前掲『鹿沼市史』資料編　近現代1，161～162頁を参照.
2）単位は金額は円，百分比は%.
3）百分比は小数点以下第3位を四捨五入したので，合計が100.00%にならない場合がある.

後急減し、四五・大正元年度には三五・一五％にまで落ち込んでいる。しかし、それでも、第五期の平均は四四・八％であり、この時期の税収の半分近くを「戸別割」が担っていたことは間違いない。

とは言え、収税率の上昇にもかかわらず、「戸別割」の税収総額に占める割合が低下したのは何故か。その直接の理由は「戸別割」の賦課総額が増えていないからだが、問題は何故増やさなかった、あるいは増やせなかったのか、である。この問題を解くためには、住民によるその負担のあり方を探ってみる必要があろう。

(二)　鹿沼町の戸数割と住民負担構造

鹿沼町「戸別割等差法」（明治二三年）　鹿沼町では、明治二三年（一八九〇）三月一三日付で「戸別割等差法」を制定し[*31]、町税の戸数割である「戸別割」の賦課方法を定めている（表9を参照）。

「戸別割等差法」の第一条は、同法が「町村制」第一二七条第七項を法的な根拠として制定されたことを確認している。「町村制」第一二七条第七項は、町村が、郡参事会の許可を得れば、国税や府県税の付加税を不均等な税率で賦課できることが規定されている。そこから、鹿沼町の戸別割は、県税戸数割の付加税で、不均等な税率をとるものであることがわかる。

第二条は、全一一等に区分された賦課基準を規定している。ここから、本税である県税戸数割が、各町村にそれぞれの賦課総額を割り当て、個々の賦課額の決定を各町村に委ねる方式をとっていたことがうかがわれる。県税戸数割の賦課等級が定められていれば、町はそれにどう上乗せするかを議定すればよく、そもそもこの条項は不要なはずである。

等級区分のうち、一等から四等までは、県税と国税の納税合計額（二五〇円以上～五〇円以上）と、国税である所得税の納税額（一五円以上～〇円以上）とを賦課基準とする。二等を除き、両者のいずれかの基準に当て嵌まれば、課税の対象となる。

五等から一〇等までは、県税と国税の納税合計額（一八円以上～一円以上）を基準とし、これに六等が地租（二〇円以上）、九・一一等が人力車の所有（三輌以上～二輌以下）など、他の基準を並立させ、それらの等級ではどちらかの基準に該当すれば課税することになっている。

一一等は、一等から一〇等までに該当しないが、賦課するケースである。

第三条は、賦課基準の納税額を前年度の分で算出することと、戸主を一括納税者とすることを定めている。

賦課対象者とその賦課額は、納税者の申告ではなく、町が所管する資料で決定されるわけである。「戸別割等差法」には、各等級の賦課対象者の人数（戸数）、一人（戸）当たりの賦課額、賦課合計額の書き上げが添付されており、町の資料に基づき、町会で個々の賦課対象者とその賦課額を決定したものと見られる。

賦課対象者は、「戸籍法」上の戸主とされており、この時点の鹿沼町では、戸籍制度が住民と納税者を把握するシステムとして有効性をもっていると、町役場と町会によって判断されていることがわかる。しかし、こうしたやり方は、いずれも後年では維持し難くなる。

第四条は、複数の賦課基準に該当するケースは、そのうちの最も賦課額が重くなる基準を適用することを定めている。

第五条は、一一等の該当者のうち、疾病や極貧の者を、調査の上、町会の決議で半額または全額を免除できることを定めている。一一等が、県税・国税の納税合計額が一円に満たないような下層住民を賦課対象とした等級であることがわかる。ちなみに、この等級の一人（戸）当たりの賦課額は三〇銭で、各等級中の最低額である。

第六条は、住民が他の町村に所有する土地に賦課される税額も調査してその納税額に合算し、賦課基準とすることを定めている。これは、戸籍制度による住民の把握に基づいて賦課対象者を決定しようとしていることをあらためて示すとともに、その限界も物語っている。

戸籍上では一戸を構成しているとしても、実際には分家して他の町村に居住して生計を営んでいる者でも、その居住する土地が戸主の所有するものとなっていれば、この規定では、そこでの納税額も戸主のものに合算し、それを基準として戸主に賦課されることになる。

その場合、一方で、戸主と、戸籍を共にする他町村居住者との間で、負担額をどう分けるか、という問題が生じてこよう。また、他方で、他町村居住者は、その居住する町村が賦課する戸数割を免除されるのか、という問題もあろう。

各町村は、それぞれ独自の賦課基準を定めており、戸籍ではなく、生計実態を基準に賦課する方式がとられれば、おそらく負担を免れることはできないだろう。そうなると、二重に納税することになってしまう。この二重負担の問題は、戸主が単に土地を所有するだけのケースでも生じてこざるを得ない。むしろ、この時点ではこちらの場合の方がほとんどだったろう。

逆に、負担を免れたとすれば、居住してその町村から行政サービスを受けながら、その戸数割は負担せず、戸主が居住する鹿沼町に納税することになる。つまり、自治団体の実質構成員と経費負担者とが食い違ってくるのである。

これらは、居住・生計・所有の三位一体が戸籍上の一戸において保たれている状態の下であれば、何の問題も生じない。しかし、その三位一体が解体し、それぞれが別個のものとなってくれれば、戸籍制度は住民と納税者を把握するシステムとしての有効性を失っていくだろう。そもそも、近代化とは、こうした三位一体が解体され、社会生活が複雑化することを意味しているのだから、戸籍制度の失効は避け難いものだったと言えよう。

ここに、戸籍制度を前提として成立していた戸数割という地方税制が抱える根本的な問題点がある。「町村制」施行の翌年に制定された鹿沼町の「戸別割差等法」は、戸数割税制の前途を予感させる内容だったのである。

鹿沼町の「戸別割等差法」における賦課額の等級区分を一覧すると、町村制施行直後の同町の階層構成と、町税と財政の負担構造が見えてくる。

全体を俯瞰すると、賦課対象者総数の三三・九八％を占める九等までの四五五人が、賦課総額の過半をなす五〇・二％、三〇八円六五銭を負担している。もう少し詳しくその内容を見てみよう。

一等から七等、八等から一〇等、一一等と免除者の、三つのグループの間には、あきらかに、賦課対象人（戸）数と賦課合計額に違いが認められる。

一等から七等の第一グループは、全体の一二・二九％の賦課対象人（戸）数で、その倍以上の二六・一〇％の賦課合計額を負担している。このグループは、町民の階層構成では上層部分を占めるものと見てよかろう。

八等から一〇等の第二グループは、全体の五五・九七％の賦課対象人（戸）数で、それとほぼ同等の五六・六三％の賦課合計額を負担している。このグループは、町民の階層構成では中間層をなすものと言えよう。

一一等と免除者の第三グループは、全体の三一・七三％の賦課対象人（戸）数で、その半分をやや上回る一七・二七％の賦課合計額を負担している。このグループは、町民の階層構成では下層部分に当たっていよう。

ここから見えてくる鹿沼町の町税と財政の負担構造は、町民の中間層は応分の負担でそれを支え、上層町民が下層町民の負担のほぼ半分程度を肩代わりしている、というものである。後者の肩代わりの構造は、租税負担に所得再配分の機能をもたせ、そこに社会の安全弁の役割を働かせる、社会福祉の財政機能を認めることができるだろう。

国家財政がこうした社会福祉の財政機能を本格的に果たし「福祉国家」となるのは、日本の場合、戦後を待たなければならない。しかし、前述したように、野々市町でも同様の負担構造がより鮮明な形で看取されるのであるから、地域社会と地方財政は、明治地方自治制の発足当初から、そうした機能をはたしていた蓋然性に論及することもできよう。もっとも、おそらく、こうした傾向は近世以来の伝統に根ざしていたものと見て、まず間違いあるまい。

鹿沼町県税戸数割賦課等級区分（明治三九年度下半期）　伝存する鹿沼市議会所蔵「鹿沼町会議事録」の中で、明治期の戸数割の賦課等級区分が各等級の賦課額までわかる状態にあるものは、前出の「戸別割等差法」を除けば、管見の限りでは、明治三九年度（一八九七）下半期の県税戸数割の賦課資料のみである（表10を参照）。この年度は、前述した鹿沼町の歳入構造の推移の時期区分で言えば、同町の財政と「戸別割」も問題点が顕在化してくる第五期の第一年度に当たっている。そこでの住民の負担構造はどうなっているのであろうか。

前述したように、栃木県は明治三一年に県税戸数割の賦課方法を定めており、この三九年度の賦課等級区分は、こうした県の規定に従い、全四五等級になり、かつての「戸別割等差法」の全一一等級と比べ、ほぼ四倍に細分化されている。

細分化されてはいるものの、賦課対象者がおよそ三つのグループに分けられる点では、二三年（一八九〇）の時と変わりない。

第一のグループは、一等甲から一九等までの、賦課対象戸数の七・四八％を占める一八一戸で、これが賦課総額の過半に当たる五二・七一%の四八四円七四銭を負担している。これがこの時期の町民の階層構成において、上層部分をなすと見てよかろう。

第二のグループは、二〇等から二七等までの、賦課対象戸数の過半に当たる五四・〇五%を占める一三〇八戸で、これが賦課総額の三七・四八%の三四四円六九銭を負担している。これは町民の中間層と見られる。

第三のグループは、二八等から三〇等までの、賦課対象戸数の三八・四七%を占める九三一戸で、これが賦課総額の九・八一%の九〇円一七銭を負担している。これが町民の下層部分であろう。

表10　鹿沼町県税戸数割賦課等級区分（明治39年度下半期）

等級	賦課対象者		賦　課　額		
	戸数	百分比	1戸当賦課額	賦課合計額	百分比
1甲	1	0.04	23.080	23.080	2.51
1乙	0	0.00	——	0.000	0.00
2甲	1	0.04	17.940	17.940	1.95
2乙	1	0.04	15.380	15.380	1.67
3甲	2	0.08	13.780	27.560	3.00
3乙	2	0.08	12.670	25.340	2.76
4甲	0	0.00	——	0.000	0.00
4乙	1	0.04	10.160	10.160	1.10
5甲	1	0.04	9.230	9.230	1.00
5乙	1	0.04	8.460	8.460	0.92
6甲	1	0.04	7.700	7.700	0.84
6乙	2	0.08	7.080	14.160	1.54
7甲	2	0.08	6.490	12.980	1.41
7乙	1	0.04	6.120	6.120	0.67
8甲	3	0.12	5.750	17.250	1.88
8乙	1	0.04	5.470	5.470	0.59
9甲	3	0.12	5.120	15.360	1.67
9乙	4	0.17	4.800	19.200	2.09
10甲	4	0.17	4.310	17.240	1.87
10乙	4	0.17	4.030	16.120	1.75
11甲	3	0.12	3.670	11.010	1.20
11乙	3	0.12	3.470	10.410	1.13
12甲	2	0.08	3.160	6.320	0.69
12乙	4	0.17	2.960	11.840	1.29
13甲	2	0.08	2.750	5.500	0.60
13乙	6	0.25	2.550	15.300	1.66
14甲	6	0.25	2.320	13.920	1.51
14乙	5	0.21	2.110	10.550	1.15
15甲	6	0.25	1.910	11.460	1.25
15乙	6	0.25	1.710	10.260	1.12
16	14	0.59	1.470	20.580	2.24
17	22	0.91	1.260	27.720	3.01
18	29	1.20	1.020	29.580	3.22
19	38	1.57	0.830	31.540	3.42
20	58	2.40	0.640	37.120	4.04
21	80	3.31	0.490	39.200	4.26
22	202	8.35	0.380	76.760	8.35
23	147	6.07	0.320	47.040	5.12
24	158	6.53	0.260	41.080	4.47
25	192	7.93	0.200	38.400	4.18
26	193	7.98	0.150	28.950	3.15
27	278	11.49	0.130	36.140	3.93
28	716	29.59	0.100	71.600	7.79
29	137	5.66	0.090	12.330	1.34
30	78	3.22	0.080	6.240	0.68
合計	2,420	100.00		919.600	100.00

注1）鹿沼市議会所蔵「鹿沼町会議事録」を参照.
　2）単位は，金額が円，百分比は%.
　3）百分比は小数点以下第3位を四捨五入したので，合計が100.00%にならない場合がある.

二三年と比較すると、住民の数的構成に占める中間層の割合には変化が認められないものの、その町財政負担力の割合は二割近くも後退している。下層住民は、三割台の前半から後半へと数的に増えているにもかかわらず、その町財政負担力はほぼ半減している。前述したように、住民の絶対数は増え、それに伴い賦課対象戸数も一〇二一戸も増えて倍近くになっているが、その増え方は下層の拡大という傾向を有していたと見て間違いなかろう。

それに対して、二三年には中間層が担っていた、町財政過半の負担は、五パーセント近く数的に減少した上層住民が担うようになっている。鹿沼町でも、野々市町に看取されたのと同様、財政膨張が上層住民の負担増大によって進行している姿が確認できよう。

鹿沼町県税戸数割賦課等級区分（大正五年度上半期） 大正期に入って、こうした傾向はどうなって行くのか。明治三九年度のものと同様の内容で伝存している大正期の最初の戸数割賦課資料は、大正五年度（一九一六）上半期の県税戸数割についてのものである（表11を参照）。

ここでは、特等が設けられ、賦課等級区分は全四六等級に増えている。各等級の賦課額は、全般的に引き上げられているが、それは上位等級ほど累進的となっている。引き上げ幅は、特等を除外して、三九年度の同位等級を比較すると、七等甲以上は三倍以上、七等乙から一一等乙までは二倍以内、一二等甲以下は二倍未満となっていることがわかる。明らかに、上位階層の負担を増やす政策がとられている。

この年度の賦課対象者も、三つのグループに分けられる。

第一のグループは、上層住民で、賦課対象戸数の六・九一%の一九三戸で、賦課総額の過半に当たる五一・〇六%の一三八二円七七銭を負担している。この階層の実態は、三九年度とほぼ変わらないと見てよかろう。

第二のグループは、中間層で、賦課対象戸数の四四・八一%の一二五一戸で、賦課総額の三四・八二%の九三一円一六銭を負担している。

第三のグループは、下層住民で、賦課対象戸数の半分に近い四八・二八%で、賦課総額の一四・五六%の三九四円三一銭を負担している。

三九年度には全体の三割台の財政負担力を有していた中間層が、大正五年度には住民構成において下層住民よりも少なくなっている点に注目しておきたい。大正期に入って、中間層の崩落が起こり始めていると見られる。周知のように、大正期は大都市において「新中間層」が出現してくると言われているが、鹿沼町のような、全国水準の製麻工業という産業基盤を有する地方都市でも、中間層の崩落が進行していることは、「大衆社会」[*32]の近代日本的出現形態を考える上に、何某かの示唆を与えてられよう。

鹿沼町の場合、こうした傾向は大正期を通じて一層顕著となり、昭和恐慌期に至って、階層的崩落が上層住民にまで及んでくると見られる。[*33]

表11　鹿沼町県税戸数割賦課等級区分（大正5年度上半期）

等級	賦課対象者		賦　課　額		
	戸数	百分比	1戸当賦課額	賦課合計額	百分比
特	1	0.04	91.160	91.160	3.37
1甲	1	0.04	71.360	71.360	2.63
1乙	0	0.00	——	0.000	0.00
2甲	0	0.00	——	0.000	0.00
2乙	1	0.04	52.030	52.030	1.92
3甲	2	0.07	46.840	93.680	3.46
3乙	3	0.11	42.130	126.390	4.67
4甲	0	0.00	——	0.000	0.00
4乙	0	0.00	——	0.000	0.00
5甲	1	0.04	30.730	30.730	1.13
5乙	3	0.11	26.640	82.920	3.06
6甲	1	0.04	24.900	24.900	0.92
6乙	2	0.07	22.410	44.820	1.65
7甲	2	0.07	20.150	40.300	1.49
7乙	1	0.04	18.130	18.130	0.67
8甲	3	0.11	16.150	48.450	1.79
8乙	5	0.18	14.370	71.850	2.65
9甲	6	0.21	12.790	76.740	2.83
9乙	4	0.14	11.400	45.600	1.68
10甲	5	0.18	10.130	50.650	1.87
10乙	2	0.07	9.020	18.040	0.67
11甲	2	0.07	7.950	15.900	0.59
11乙	1	0.04	6.990	6.990	0.26
12甲	2	0.07	6.160	12.320	0.45
12乙	2	0.07	5.410	10.820	0.40
13甲	5	0.18	4.780	23.900	0.88
13乙	8	0.29	4.220	33.760	1.25
14甲	8	0.29	3.710	29.680	1.10
14乙	5	0.18	3.270	16.350	0.60
15甲	15	0.54	2.870	43.050	1.59
15乙	20	0.72	2.510	50.200	1.85
16	19	0.68	2.170	41.230	1.52
17	26	0.93	1.900	49.400	1.82
18	37	1.33	1.660	61.420	2.27
19	49	1.76	1.460	71.540	2.64
20	75	2.69	1.300	97.500	3.60
21	59	2.13	1.140	67.260	2.48
22	166	5.95	1.020	169.320	6.25
23	134	4.80	0.870	116.580	4.30
24	186	6.66	0.710	132.060	4.88
25	222	7.95	0.550	122.100	4.51
26	360	12.89	0.430	154.800	5.72
27	453	16.22	0.350	158.550	5.85
28	845	30.27	0.270	228.150	8.42
29	29	1.04	0.190	5.510	0.20
30	21	0.75	0.100	2.100	0.08
合計	2,792	100.00		2,708.240	100.00

注1）鹿沼市議会所蔵「鹿沼町会議事録」を参照.
2）単位は，金額が円，百分比は%.
3）百分比は小数点以下第3位を四捨五入したので，合計が100.00%にならない場合がある.

まとめにかえて

ここでは、町村制町村が、「町村制」の財政―税制法制と財政実態の間に決定的な乖離をその発足当初より抱えていたことを確認した上で、地方行政需要の拡大に伴う財政規模の膨張が、学校建設を中心とする臨時の事業費を捻出する当座の資金調達の面では公債への依存を強め、経常財政維持の面では町村税収入、とりわけ戸数割の税収への依存を強めて行く傾向にあることを、二つの町村の事例によって開示した。

また、同じ二町村の事例により、戸数割の住民負担構造が、当初より上層階層に少なからぬ比重をかける形で出発していたが、財政膨張に伴うその負担増大が専ら上層階層によって引き受けられる形で進行していることを確かめた。さらに、鹿沼町では、大正期以降に中間層の住民の階層的崩落への動きがおこりつつあることも検出した。

町村制町村の歳入構造の解明という研究の範囲に即してみると、戸数割の面からの検討のみでは不十分であるのは言うを俟たない。それには、ここでは論及を最小限に収めた営業税および雑種税の問題に本格的に取り組む必要があるが、ここでは他日を期したい。

また、町村制町村の財政構造へと視野を拡げるならば、歳出構造の検討が不可欠となるのも当然である。これについても、産業・経済基盤や地方政治行構造などとの連関の検討ともども、ここでは宿題としておきたい。

註

＊1　拙著『地租改正と地方制度』（山川出版社、一九九三年）、第二編第四章、二八一～二八二頁を参照。

＊2　同上、第二編第五章、三三二～三三八頁を参照。

＊3　拙稿「地方改良運動期の住民組織と神社―石川県の事例から―」（『金沢大学日本海域研究』第三六号、二〇〇五年三月）、一八～

一九頁を参照。

＊4　そのような山村の事例として、栃木県上都賀郡板荷《いたが》村（現・鹿沼市）を挙げることができる（拙稿「解題」〔「戦時住民組織統制関係資料」［鹿沼市史編さん委員会編『鹿沼市史』資料編　近現代2、鹿沼市、二〇〇三年、別冊、拙編］所収〕、二四一頁を参照）。

＊5　前掲拙著『地租改正と地方制度』、第二編第二・三章を参照。

＊6　拙稿「連合村の形成―石川県吉野谷の事例―」（『金沢大学日本海域研究』第三三号、二〇〇二年三月）、また拙稿「明治地方自治制下の行財政」（野々市町史編さん委員会編『野々市町史』通史編、野々市町、二〇〇六年、第四章第一節）・四九三〜四九四頁を参照。

＊7　「連合町村」編制の基本的契機は、その編制がいずれの時点であるにせよ、人件費を中心とする戸長役場経費の節減にあると思われる。しかし、明治一七年（一八八三）の地方制度改正に伴う連合戸長役場編制の全国的な推奨政策は、その前年の一六年（一八八三）三月に施行された栃木県の事例（拙稿「地方自治形成期の鹿沼」〔『鹿沼市史』通史編　近現代、二〇〇六年、第一部第二章所収〕、五八〜六二頁を参照）に見られるように、それに加えて自由民権運動の町村への浸透に対する抑止措置という、もう一半の面も考慮に入れておかねばなるまい。

＊8　金沢市の七つの「区」は、藩政末期の明治三年（一八七〇）四月に実施された金沢町の町政機構の再編によって成立した七つの「郷」に歴史的には淵源し、大区小区制の編制時にも、当初はその空間的区分が踏襲され、それぞれの区域に属する新旧の諸「町」を「区」として編制する形がとられている。金沢市の事例については、拙稿「概説」（金沢市史編さん委員会編『金沢市史』通史編3　近代、金沢市、二〇〇六年、第一編第一章第一節）、一四〜一九頁を参照。

＊9　松田隆行「鹿沼町御成橋地区の住民組織についての歴史的考察―町村制施行から戦時体制まで―」（『かぬま　歴史と文化』第六号、二〇〇一年三月）を参照。

＊10　この種の山村の事例として、前出の板荷村を挙げることができる。

＊11　「市制町村制」中の「町村制」は次のように規定している（内閣官報局編『法令全書』第二一巻ノ一、原書房、一九七八年、五五頁）。

第一一四条　町村内ノ区（第六十四条）又ハ町村内ノ一部若クハ合併町村（六十四条）ニシテ別ニ区域ヲ存シテ一区ヲ為スモノ特別ニ財産ヲ所有シ若クハ営造物ヲ設ケ其一区限リ特ニ其費用（第九十九条）ヲ負担スルトキハ郡参事会ハ其町村会ノ意見ヲ聞キ条例ヲ発行シ財産及営造物ニ関スル事務ノ為メ区会又ハ区総会ヲ設クルコトヲ得、其会議ハ町村会ノ例ヲ適用スル

コトヲ得

第一一五条　前条ニ記載スル事務ハ町村ノ行政ニ関スル規則ニ依リ町村長之ヲ管理スヘシ、但区ノ出納及会計ノ事務ハ之ヲ分別ス可シ

＊12　拙稿「明治地方自治制下の町村」（拙編『日本近代史概説』弘文堂、二〇〇三年、第Ⅲ章）を参照。

＊13　拙著『日本の近代的土地所有』（弘文堂、二〇〇一年）、第五章第五節、一三〇～一三四頁を参照。

＊14　拙稿「戸数割と階層構成―一九一〇～二〇年代の鹿沼町―」（『かぬま　歴史と文化』第二号、一九九七年）を参照。

＊15　近藤行太郎『戸数割規則正義』（良書普及会、一九二二年、田中広太郎校閲）、田中広太郎『地方税研究』（帝国地方行政学会、一九二八年）、宿利英治「市町村税戸数割の研究」（『国家学会雑誌』第四三巻第四号、一九二九年）、美濃部達吉「宿利君の『戸数割の研究』を読む」（同上）、神戸正雄「戸数割の性質」（『経済論叢』第二八巻第六号、一九二九年）、田中『地方税研究』第二巻（帝国地方行政学会、一九三〇年、同『地方税研究』第三巻（良書普及会、一九三三年）を参照。

＊16　西田美昭「養蚕製糸地帯における地主経営の構造　戸別分析（3）　七町歩地主関本家の場合」（永原慶二・中村政則・西田美昭・松元宏『日本地主制の構成と段階』東京大学出版会、一九七二年）、坂本忠次『日本における地方行財政の展開―大正デモクラシー期地方財政史の研究』（御茶の水書房、一九八九年）、大石嘉一郎・西田美昭編『近代日本の行政村　長野県埴科郡五加村の研究』（日本経済評論社、一九九一年、第一章第二・三節〔筒井正夫執筆〕、第二章第二節〔金澤史男執筆〕）、南亮進『日本経済発展と所得分布』（岩波書店・一九九六年）を参照。

＊17　水本忠武「戸数割に関する研究」（『八潮市史研究』第一四号、一九九三年）、同『戸数割税の成立と展開』（御茶の水書房・一九九八年）、山本弘文「村税戸数割について」（『寒川町史研究』第一一号、一九九八年）を参照。

＊18　前掲拙稿「戸数割と階層構成―一九一〇～二〇年代の鹿沼町―」を参照。

＊19　野々市村については、野々市町役場所蔵「野々市村役場文書」を参照。

＊20　『野々市町史』資料編3、近代・現代、（二〇〇二年）、三九頁を参照。

＊21　「鹿沼町歳入歳出決算書」（『鹿沼市史』資料編　近現代1、二〇〇〇年、別冊、香川雄一編）を参照。なお、明治期における鹿沼町の財政の全般的動向は、香川雄一「明治大正期における鹿沼町の財政」（『かぬま　歴史と文化』第七号、二〇〇二年）を参照。

＊22　鹿沼町の学校建設については、『鹿沼市史』通史編　近現代、（二〇〇六年）、第二部第三章（奥田和美執筆）、二〇八～二一二頁を

参照。

＊23　前掲拙著『日本の近代的土地所有』一三一頁を参照。

＊24　松田隆行「『町村会議事録』にみる町村行政の展開―明治・大正期の鹿沼町―」（『かぬま　歴史と文化』第四号、一九九九年）、一八～二〇頁を参照。

＊25　営業税は、「地方税規則」により雑種税とともに三種の地方税の一つとして法制化され、以後、府県税の税目として賦課されていたが、明治二九年（一八九六）年三月二八日付の法律第三三号で制定された「営業税法」により国税へ移行した（『法令全書』第二九巻ノ二、一九八〇年、四八～五七頁を参照）。栃木県では、翌三〇年度（一八九七）から国税の営業税の付加税として県税営業税を賦課・徴収している。鹿沼町では、同年度から国税と県税の営業税の両方に付加税を課し、町税の「営業割」を二本立てにしている。

なお、営業税については、牛米努「営業税をめぐる地方の状況について」（『租税史料館報』平成一六年度版、国税庁税務大学校租税史料館、二〇〇五年）、堀亮一「近世・近代における『国家』の変容―運上・冥加から営業税への移行を中心に―」（同平成一七年度版、二〇〇六年）、国税庁税務大学校租税史料館編「営業税の変遷―運上・冥加から事業税へ―」（平成一七年度特別展示図録、同館、二〇〇六年）を参照。

＊26　石川明範「近代製麻工業と鹿沼」（『かぬま　歴史と文化』第三号、一九九八年）、また前掲『鹿沼市史』通史編　近現代、第二部第四章第三・四節（石川執筆）を参照。

＊27　前掲松田「『町村会議事録』にみる町村行政の展開―明治・大正期の鹿沼町―」二〇～二三頁を参照。

＊28　文部省編『学制百年史』資料編（帝国地方行政学会、一九七二年）、一一〇頁を参照。

＊29　前掲『鹿沼市史』通史編　近現代、人口統計（香川雄一編）、七九五頁を参照。

＊30　鹿沼町会議案「納税組合奨励ニ関スル件」（前掲『鹿沼市史』資料編　近現代1所収）、一六四～一六五頁を参照。

＊31　前掲『鹿沼市史』資料編　近現代1、一六一～一六二頁を参照。

＊32　「大衆社会」出現の問題については、前掲拙稿「戸数割と階層構成―一九一〇～二〇年代の鹿沼町―」を参照。

なお、鹿沼町の「戸別割等差法」については、能川泰治「両大戦間期の都市計画と都市文化」（前掲拙編『日本近代史概説』第Ⅵ章）を参照。

＊33　前掲拙稿「戸数割と階層構成―一九一〇～二〇年代の鹿沼町―」を参照。

あとがき

佐々木寛司

近代租税史研究会は、奥田晴樹氏の呼びかけからはじまった。その意図するところは、租税というテーマのもつ多様な性格、つまり課税や徴税といった直截的な税制面のみならず、政治や行財政との繋がり、産業・金融などの経済現象との関係、国民生活への影響、さらにいえば学問や思想などの文化諸方面との関わり等々、さまざまな分野との関連を有する租税史を対象として、日本近代史への新たなアプローチを模索することにあった。呼びかけに応じて参集した研究者の数は決して多いとはいえないが、研究会では熱のこもった報告と議論が積み重ねられた。

研究会を重ねるなかで、租税史について次のようなことが次第に明らかとなってきた。日本近代史研究における重要なテーマであるにも関わらず、その研究史的蓄積が手薄であること、これまでにも財政史研究はそれなりに積み上げられてきた経緯はあるが、租税史というジャンルを自覚して研究を進めてきた研究者は極端にすくないこと、研究会のメンバーがすべて歴史プロパーであり、専門とする時代も明治史に限られていること、等々である。

租税史の研究状況を右のように認識し、また、研究会員のカヴァーできる時代範囲が限定されていることを自覚するなかで、研究会の方向性は自ずと明確になっていった。まずは明治租税史に関する実証的な成果を幅広く蓄積してゆくこと、がそれである。本書のテーマを「近代日本の形成と租税」と統括し、一本を除いて個別的なテーマを具体的、実証的に究明する姿勢で統一したのは、このためである。

近代日本の租税史がたんなる制度史の枠組みを超えて、隣接諸分野との交流を経験しつつ体系的に展開されるようになるには、まだまだ多くの時間と労力が必要とされよう。本会の研究会活動とその成果である本書が、今後の近代租税史研究に対していささかでも貢献できることを念じてやまない。

本書の刊行にあたっては、私が永くお付き合いいただいている有志舎の永滝稔氏にご相談したところ、二つ返事で快諾を得ることができた。専門書の出版事情がたいへん困難な時代に、このような地味な論文集の刊行をお引き受けいただいたことに、深く感謝申し上げたい。

最後になったが、これまでの研究会で報告されたテーマ一覧を掲げておく。

租税史研究会の記録

第一回　二〇〇五年二月二六日（土）　学士会分館（本郷）
牛米努「明治前期の徴税制度」
第二回　二〇〇五年五月八日（日）　学士会館（神田）
鈴木芳行「町と村の地租改正」
第三回　二〇〇五年九月一七日（土）　学士会分館（本郷）
佐々木寛司「租税国家と地租」
第四回　二〇〇六年一月一四日（土）　学士会分館（本郷）
大湖賢一「地方自治論議と税制―自治政研究会と野村靖―」
第五回　二〇〇六年三月二五日（土）　学士会分館（本郷）

奥田晴樹「越中国の地租改正」
第六回　二〇〇六年五月六日（土）　学士会分館（本郷）
池田良郎「甲州街道開鑿事業と地方税審議—神奈川県会議事録を中心に—」
第七回　二〇〇六年七月八日（土）　学士会分館（本郷）
今村千文「地価修正運動の再検討—明治三一年を中心として—」
第八回　二〇〇六年九月二三日（土）　学士会館（神田）
鎮目良文「租税史における煙草」
第九回　二〇〇六年一一月四日（土）　学士会分館（本郷）
関根　仁「一八九三年シカゴ万国博覧会参加と輸出税免除について」
第一〇回　二〇〇七年一月二七日（土）　学士会分館（本郷）
小泉雅弘「明治初年東京府の収税組織と『税』」
第一一回　二〇〇七年三月二四日（土）
鈴木芳行「明治一〇年代末東京の土地所有—明治一八年東京府『管内地価調』の分析を中心に—」
第一二回　二〇〇七年五月一九日（土）　学士会分館（本郷）
牛米　努「松方財政下における税制構想」
第一三回　二〇〇七年九月一日（土）　学士会分館（本郷）
奥田晴樹「町村制町村の財政構造と戸数割」
第一四回　二〇〇八年一二月一五日（土）　学士館分館（本郷）
高村昭秀「町村制下財政状況と御料地下戻」

第一五回　二〇〇八年三月二九日（土）　学士館分館（本郷）

徳永暁「地租改正期における地主豪農層の動向—壬申地券から地押丈量期を中心に—」

近代租税史論集 1

近代日本の形成と租税

2008年10月10日　第 1 刷発行

編　者　近代《きんだい》租税《そぜい》史《し》研究会《けんきゅうかい》

発行者　永滝　稔

発行所　有限会社　有　志　舎

〒101-0051　東京都千代田区神田神保町 3 丁目10番、宝栄ビル403

電話　03(3511)6085　　FAX　03(3511)8484

http://www18.ocn.ne.jp/~yushisha/

振替口座　00110-2-666491

装　幀　伊勢功治

印　刷　株式会社　シナノ

製　本　株式会社　シナノ

ISBN978-4-903426-16-7

〈執筆者紹介〉

佐々木寛司（ささきひろし）　一九四九年生まれ　茨城大学人文学部教授
徳永　暁（とくながあきら）　一九八一年生まれ　国士舘大学大学院人文科学研究科博士課程
鈴木芳行（すずきよしゆき）　一九四七年生まれ　税務大学校税務情報センター租税史料室研究調査員
池田良郎（いけだよしろう）　一九七九年生まれ　中央大学大学院文学研究科博士後期課程
牛米　努（うしごめつとむ）　一九五六年生まれ　明治大学文学部兼任講師
大湖賢一（おおごけんいち）　一九六一年生まれ　法政大学第二中高等学校教諭
今村千文（いまむらちふみ）　一九七六年生まれ　中央大学大学院文学研究科博士後期課程
関根　仁（せきねひとし）　一九七三年生まれ　渋沢史料館学芸員
高村昭秀（たかむらあきひで）　一九八三年生まれ　国士舘高等学校定時制非常勤講師
奥田晴樹（おくだはるき）　一九五二年生まれ　金沢大学学校教育系教授

近代日本租税史年表

注 1）各税法が公布された年月日を載せたが，細かな法改正などは省略した．
　2）同一の税目で，税法の名称などが変わった場合，改正欄に載せた．

今村千文編

年	月	新規公布	改　正	備　考	税　目
明治元年	6 月 29 日	会計官に租税司を設置			
	11 月	牛馬売買者に対し冥加永徴収の件（会計官達）			牛馬売買免許税
2 年	4 月 3 日	禄税徴収の件		同年 12 月，禄制改正に伴い廃止	禄税
	9 月	輸出生糸蚕種に関する税則（民部省布達）			蚕種生糸税
	12 月	船税税率制定の件（民部外務両省布達）			船税
3 年	1 月 27 日		郵船及び商船規則		船税
	3 月 14 日		牛馬売買者に冥加金賦課の件		牛馬売買免許税
	5 月	漁猟税の件（開拓使布達）			北海道水産税
	6 月	会計官権判事神田孝平，「田租改正建議」を提出			
	8 月 20 日		畑方米・大豆正納の分は以後石代金納とし，田方はすべて米納とする		
	8 月 20 日	蚕種製造規則（鑑札）			蚕種生糸税
	10 月 14 日	猟師役と改称の件（大蔵省達）			狩猟免許税
		田方検見規則			
4 年	4 月	清酒，濁酒，醤油鑑札収与並ニ収税方法規則		鑑札を廃止	酒税，醤油税
	4 月 7 日	専売略規則		明治 5 年廃止	専売特許税
	8 月 5 日		船税規則	明治 16 年改正	船税
	10 月 9 日	絞油税則		明治 5 年以降施行，明治 8 年 1 月廃止	

5年	2月5日	東京府下市街地に地券を発行し，課税する．10日，東京府下の地租を2%に決定			地券証印税
	2月15日	国立銀行条例		国税を課税する規定があるが，11年まで実施されず．	国立銀行税
	2月20日		狩猟免許税と改称の件（大蔵省達）		狩猟免許税
	3月23日		土地永代売買解禁		
	4月	地券渡方規則			地券証印税
	6月14日		蚕種製造規則（免許印紙料へ）	明治6年廃止	蚕種生糸税
	8月7日	壬申地券の公布（すべての土地に地券を交付）			
	8月28日	大蔵省租税寮に地租改正局を設置			
	9月4日		地券渡方規則追加，10月30日同規則改定		
	11月4日		牛馬売買免許税規則	明治30年1月より廃止	牛馬売買免許税
6年	1月12日	港内取締規則			港湾碇泊税
	1月20日	鳥獣猟免許取締規則			狩猟免許税
	1月30日	僕婢馬車人力車駕籠乗馬遊船等諸税規則		明治8年廃止	
	1月30日	生糸製造取締規則		明治10年廃止	蚕種生糸税
	2月17日	受取諸証文印紙貼用心得方規則			印紙税
	3月18日	鳥獣猟規則			狩猟免許税
	3月23日		生糸売買鑑札渡方規則	明治10年廃止	蚕種生糸税
	4月28日		蚕種取締規則	明治8年廃止	蚕種生糸税
	7月20日	日本坑法			鉱区税
	7月28日	地租改正法			
	12月27日	家禄税を設くる件，華士族禄税制		翌日，官禄税の件出される．	禄税
7年	2月18日		艀漁船並びに海川小廻船等船税規則	明治16年改正	船税
	5月12日		地租改正条例第8章追加		
	7月29日		証券印税規則	7年9月施行	印紙税
	10月13日	株式取引所条例			取引所税

	11月10日		国内廻漕規則	明治8年停止	港湾碇泊税
8年	2月4日	北海道諸産物出港税則並びに各港船改所規則			北海道水産税
	2月20日	車税規則		営業税法の制定に伴い廃止，地方へ委譲（明治30年1月施行）	車税
	2月20日	酒類税則（清酒，濁酒，醤油鑑札収与並ニ収税方法規則廃止）			酒税
	2月20日	煙草に課税の件			煙草税
	2月22日		蚕種製造組合条例（蚕種取締規則廃止）	明治11年廃止	蚕種生糸税
	5月20日	米穀相場会社税額制定の件（米穀相場会社税）			取引所税
	8月5日	度量衡取締条例		明治24年度量衡法制定（明治26年施行）により廃止	度量衡税
		雑税整理（旧幕からの1500以上の雑税を整理．煙草税，録税，鉱山税，証券印紙税，郵便税，蚕種税，船税，車税，銃猟税，牛馬売買免許税，海関税） 租税金穀出納順序			
	10月4日	煙草税則		明治9年1月施行	煙草税
	12月9日		賞典禄に課税の件		禄税
9年	8月1日		米商会所条例		取引所税
	8月5日		金禄公債証書発行条例	明治10年以降施行．明治13年官禄税廃止．	禄税
10年	1月4日		地租軽減の件（太政官布告1号）	地価の2.5％へ軽減	地租
	1月20日	売薬規則		38年，売薬税法へ．昭和15年廃止	売薬税
	2月3日		煙草印紙貼用方の件		煙草税

	8月11日		北海道諸産物出港税則並びに各港船改所規則		北海道水産税
11年	7月	地方税規則			
	9月28日		国立銀行税額並びに納期（布告29号）	明治32年に国立銀行が満期を迎え，自然消滅する．	国立銀行税
	9月30日		株式取引所条例に基く税額及び納期制定の件		取引所税
		国税金領収順序制定			
13年		酒造税則（酒類税則廃止）			酒税
		麴麹営業税則			酒税
14年	5月25日		地券証印税則	明治19年登記法公布により廃止	地券証印税
15年	12月27日		煙草税則	明治16年7月より施行．煙草営業税は，明治29年廃止．	煙草税
16年	4月1日		米商会所並株式取引所仲買人納税規則		取引所税
	4月17日		船税規則	営業税法の制定に伴い廃止，地方へ委譲（明治30年1月施行）	船税
	7月		改正煙草税則		煙草税
17年	2月16日		根室県下捨昆布税及び函館県下帆立身税徴収の件		北海道水産税
	3月15日	地租条例			地租
18年	5月8日	醤油税則		昭和15年廃止	醤油税
	5月8日	菓子税則		営業税法の制定に伴い廃止（施行は30年1月）	菓子税
	12月1日		米商会所並株式取引所収税規則		取引所税
20年	3月	所得税		7月1日施行	所得税
	3月31日		北海道水産税則	明治34年4月より北海道地方税へ	北海道水産税

21年	4月11日 6月18日 8月1日	沖縄県酒類出港税則	 醤油税則 兌換銀行条例	昭和9年廃止，酒造税法へ統合 大正15年廃止	酒税 醤油税 日本銀行券発行税
22年		国税徴収法 国税滞納処分法			
23年		間接国税反則者処分法			
25年	10月6日	狩猟規則			狩猟免許税
26年	3月3日 4月20日	取引所税法 酒精営業税法		 明治32年8月廃止（明治31年公布）	取引所税 酒税
28年	3月27日		狩猟法		狩猟免許税
29年	3月28日 3月28日 3月28日 3月28日 3月28日 3月28日 11月	営業税法 登録税 葉煙草専売法公布 酒造税法（酒造税則廃止） 混成酒税法 自家用酒税法 税務署，税務管理局の設置		大正15年廃止 4月施行 31年1月施行，煙草税則廃止 10月施行 明治34年廃止，酒精及び酒精含有飲料税法へ 明治32年1月廃止	営業税 登録免許税 煙草税 酒税 酒税 酒税
30年			国税徴収法全面改正（国税徴収法と国税滞納処分法の統一）		
31年	1月 12月30日 12月30日	葉煙草専売法施行	 田畑地価修正法（法律31号） 地租条例中改正法律（法律32号）	 市街宅地は地価の5.5％，その他は3.3％に増徴．明治32年1月19日から施行．ただし明治32年分から同36年分まで適用．	煙草税 地租 地租

32年		印紙税法		4月1日施行	印紙税
			酒税増税		酒税
	2月13日		所得税法	第1種所得（法人所得），第2種所得（公債社債利子），第3種所得（それ以外の所得）に分かれる．	所得税，法人税
	3月1日		葉煙草専売法改正（輸入葉煙草も専売に）		煙草税
	3月10日		兌換銀行券に発行課税の件		日本銀行券発行税
33年			間接国税反則者処分法全文改正		
	4月1日	自家用醤油税法		大正15年廃止	醤油税
34年	3月30日	麦酒税法		10月1日施行	酒税
		砂糖消費税法			砂糖消費税
	3月30日		酒精及び酒精含有飲料税法（混成酒税法廃止）	10月1日施行	酒税
	4月13日		狩猟法	7月施行.	狩猟免許税
	10月		ビール，アルコール飲料にも課税実施		酒税
35年		骨牌税			トランプ類税
37年		醸造試験所設置			
	4月1日	非常特別税法		明治41年，石油消費税法へ，明治43年織物消費税，同年通行税法	
		（地租，所得税，営業税，酒税，砂糖消費税，醤油税，登録税，取引所税，狩猟免許税，鉱区税，各種輸入税の増徴）		地租は市外宅地地価の8%，郡村宅地地価の6%，その他の土地の地価の4.3%に課税	
		石油消費税（非常特別税法）		明治41年，石油消費税法へ	石油消費税
		毛織物消費税（非常特別税法）		明治43年織物消費税法へ	織物消費税
	4月1日		煙草専売法	7月1日施行	煙草税
38年	1月1日	非常特別税法改正		同日施行	

		（地租，所得税，営業税，酒税，砂糖消費税，醤油税，登録税，取引所税，狩猟免許税，鉱区税，売薬営業税，印紙税，各種輸入税の増徴）		地租は市外宅地地価の20％，郡村宅地地価の8％，その他の土地の5.5％に課税	
	1月1日	相続税法		4月1日施行	相続税
	1月1日	塩専売法			
	1月1日	通行税（非常特別税法改正）		明治43年通行税法へ	通行税
	1月1日		織物消費税（非常特別税法中改正）		織物消費税
	5月26日		売薬税法	大正15年廃止	売薬税
	7月1日	鉱業法			鉱区税
39年			非常特別税法改正（戦時臨時税を経常税へ）		
41年	3月16日	石油消費税法		大正12年4月廃止	石油消費税
			酒税増税		酒税
43年	3月25日	織物消費税法		昭和25年廃止	織物消費税
	3月25日		通行税法	大正15年廃止	通行税
	3月25日		地租条例中改正法律（法律2号）	宅地地価の2.5％，田畑地価の4.7％，その他の土地の地価の5.5％に課税．明治44年1月1日より施行，44年分より適用．ただし，宅地以外の土地は明治43年分より適用．	地租
	3月25日		宅地地価修正法（法律3号）	宅地の賃貸価格を基礎として地価修正を行う．明治43年4月14日より施行．翌年分より修正地価による．	地租
44年	1月1日		売薬規則中売薬営業税に関する事項廃止		売薬税
大正2年	4月8日		所得税法中改正法律（法律13号）	勤労所得控除，少額所得控除導入．	
3年			取引所税法	9月1日施行	取引所税

	3月31日		地租条例中改正法律（法律46号）	田畑の租率を地価の4.5％に低減．大　正3年4月20日施行，大正4年分より適用．	地租
7年	3月23日 4月4日	戦時利得税法	 狩猟税法	大正8年分限りで廃止 大正8年施行．昭和23年地方委譲	戦時利得税法 狩猟免許税
9年	7月31日		所得税法（法律11号）	少額所得控除廃止．扶養控除導入．	所得税
12年	4月6日		所得税法中改正法律（法律41号）	生命保険料控除導入	所得税
15年	3月27日 3月27日	清涼飲料税法 資本利子税	 所得税法改正	昭和25年廃止．物品税へ 昭和15年廃止	清涼飲料税 資本利子税
昭和2年		営業収益税法		昭和15年廃止	営業税
6年	3月31日		地租法（法律28号）	地租の課税標準を賃貸価格に改め，その3.8％を地租とした．同年4月1日施行．昭和22年地方へ委譲	地租
10年	3月30日	臨時利得税法		昭和21年廃止	臨時利得税
12年	3月30日 3月30日 3月30日 3月30日 3月31日 8月12日 8月12日	臨時租税増徴法 有価証券移転税法 北支事件特別税法（物品税） 配当利子特別税（北支事件特別税法）	 法人資本税法 揮発油税法 アルコール専売法	 昭和25年廃止 昭和15年廃止 昭和18年廃止．昭和24年揮発油税法公布 昭和13年廃止 昭和13年廃止	 有価証券移転税 法人資本税 揮発油税 酒税 物品税 配当利子特別税法
13年	3月31日 3月31日	支那事変特別税法（以下参照） 通行税法（支那事変特別税法）		昭和15年廃止 4月1日施行	支那事変特別税 通行税

	3 月 31 日	入場税法（支那事変特別税法）		4 月 1 日施行	入場税
	3 月 31 日		物品税（支那事変特別税法）		物品税
	3 月 31 日		配当利子特別税（支那事変特別税法）		配当利子特別税法
14 年	3 月		支那事変特別税，臨時所得税各増徴法公布		
	3 月 31 日	建築税（支那事変特別税法中改正）		昭和 15 年廃止	建築税
	3 月 31 日	遊興飲食税（支那事変特別税法中改正）		昭和 15 年廃止	遊興飲食税
15 年	3 月 26 日		入場税法		入場税
	3 月 29 日	法人税法		所得税法中第 1 種所得と法人資本税を統合して成立	法人税
	3 月 29 日	特別法人税法		昭和 23 年廃止．法人税へ統合	特別法人税
	3 月 29 日		通行税法		通行税
	3 月 29 日		物品税法		物品税
	3 月 29 日		酒税法	4 月 1 日施行．酒造税法，酒精及び酒精含有飲料税法，麦酒税法など廃止	酒税
	3 月 29 日		配当利子特別税法	昭和 21 年廃止	配当利子特別税法
	3 月 29 日		建築税法	昭和 21 年廃止	建築税
	3 月 29 日		営業税法	営業収益税廃止．昭和 22 年廃止．	営業税
	3 月 29 日		鉱区税法	昭和 22 年地方へ委譲	鉱区税
	3 月 29 日		遊興飲食税法	昭和 22 年地方へ委譲	遊興飲食税
	3 月 29 日		地租法中改正法律（法律 34 号）	地租を賃貸価格の 2％とする．昭和 15 年 4 月 1 日より施行．	地租
	3 月 29 日		所得税法改正（法律 24 号）	分類所得税と綜合所得税とに分ける．源泉徴収制度の導入	所得税
17 年	2 月 23 日	電気瓦斯税法		昭和 21 年廃止	電気瓦斯税

	2 月 23 日 2 月 23 日	広告税法 馬券税法		昭和 21 年廃止 昭和 23 年廃止	広告税 馬券税
18 年	3 月 16 日	特別行為税法		昭和 21 年廃止	特別行為税
19 年	2 月 15 日		所得税法外 29 法律中改正法律（法律 7 号）	地租を賃貸価格の 3％とする．昭和 19 年 4 月 1 日 より施行．	

参考　『内国税の課税標準・税率及び納期等に関する沿革適要』（大蔵省主税局，1954 年）．

有志舎

出版図書目録

2008.5

ご 挨 拶

本年度の出版目録をここにお届けさせていただきます。

弊社は、2003 年に開業、2006 年より本格的に出版事業を開始致しました、新しい出版社です。

社名の由来は、つねに志をもって出版を行なっていくこと、そしてその志とは、「知」の力で地球上から戦争を無くしていきたいというものです。

もとより、これは簡単なことではないことは分かっています。しかし、出版業というものは単なるビジネスではなく、理想を追い求める「志の業」でもあると私は信じています。

ですから、これからも理想を掲げ、良質の学術成果を読者の皆さんにお届けできるよう鋭意努力して参りたく念願しております。

この方針に則り、小社は近現代史を中心に、人文・社会科学に関する学術出版を行なって参ります。

まだまだ歩み出しはじめたばかりではありますが、新しい知の風を多くの方に届けられるよう全力を尽くして参りますので、ご支援・ご鞭撻のほど、どうぞよろしくお願い申し上げます。

2008年5月

有志舎

代表取締役 **永滝 稔**

核兵器と日米関係 【フロンティア現代史】

アメリカの核不拡散外交と日本の選択　1960－1976

日本の「非核」政策はいかにして選択されたのか？
歴史の中から核拡散問題の原点を読み解き、核時代の日米関係や北東アジア地域安全保障の在り方を考える。

黒崎　輝 ［著］

（くろさき　あきら）
1972年生まれ、東北大学大学院法学研究科前期2年修了。現在、立教大学兼任講師

定価 5040円（税込）
A5判・上製・カバー装
320ページ
ISBN 4-903426-01-7

2006年度 サントリー学芸賞受賞

1960～70年代、核拡散問題は日米関係に大きな影響を及ぼした。米ソ両核大国と対立し、核・ミサイル開発に邁進する中国。核拡散を憂慮し、ソ連とも協調して核不拡散条約の成立を目指すアメリカ。この激動の国際情勢の中、核武装論者として知られる佐藤栄作とその政権は、なぜ「非核」という選択を行ったのか。沖縄返還や冷戦構造の変容という変数も加え、北東アジアにおける核拡散問題のルーツを新資料などから解き明かす。

本書の内容

序　章＝核時代の日米関係を再考する
第1章＝中国の原爆実験と米国の対日政策への影響－1960～1965年－
第2章＝核不拡散条約交渉と日本外交－1965～1968年－
第3章＝米国の不拡散政策と日本の宇宙開発－1960～1969年－
第4章＝ABM・SALTをめぐる日米協議－1965～1972年－
第5章＝佐藤政権と核四政策－1964年～1976年－
第6章＝日本のNPT署名・批准と米国の対日外交－1969～1976年－
終　章＝北東アジアの核拡散問題と日米関係の過去と未来
あとがき／索引

兵士と軍夫の日清戦争

戦場からの手紙をよむ

いま、日清戦争が問い直されている！　出征から異国での戦闘、「他者」への視線、そして最初の植民地戦争へ。戦地から届いた兵士たちの声は何を語るのか。

日清戦争の戦場には、兵士だけでなく、補給・輸送を担う民間人軍夫の姿が大量に見られた。彼らはどのような思いで近代日本最初の対外戦争を戦い、そこで何に直面したのか。戦地から日本へ届いた兵士や軍夫の手紙から戦場の風景を再構成し、「戦争を体験すること」の意味を問い直す。兵士たちの肉声が、この戦争の本当の姿を描き出す。

大谷　正［著］

（おおたに　ただし）

1950年生まれ、大阪大学大学院文学研究科博士課程退学。現在、専修大学法学部教授

定価 2415円（税込）

四六判・上製・カバー装

240ページ

ISBN 4-903426-02-5

●2006年12月24日付『朝日新聞』読書欄「書評委員　今年のお薦め」に掲載（赤澤史朗氏評）

本書の内容

明治維新を考える

新しい歴史理解の地平をひらく！複雑系モデルを応用すると、明治維新をどう理解できるのか？　ナショナリズムとどう付き合っていくのか？

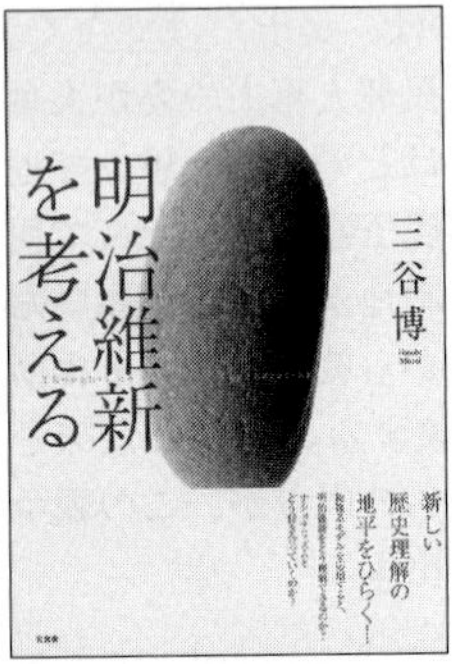

明治維新は、日本国内だけでなくアジア・太平洋地域の国際秩序を一変させた。しかし、それがどんな変革であったのかは実は今でもよく分かっていない。農民・町人は武士の支配に異議を唱えなかったし、欧米からの開国要求も国内体制の激変を説明できない。そして、維新を主導した武士階級自体がその維新によって消滅するという「階級の自殺」がなぜ起こったのか…。原因らしい原因が見あたらないにもかかわらず、世界的にも稀な巨大変動が生じたそのメカニズムを、複雑系という新しい理論を応用して理解することを提唱し、近代化とナショナリズムについても論じていく。

三谷　博［著］

（みたに　ひろし）
1950年生まれ、東京大学大学院人文科学研究科博士課程修了。現在、東京大学大学院総合文化研究科教授

定価 2940円（税込）
A5判・並製・カバー装
256ページ
ISBN 978-4-903426-03-7

2006年9月17日付
『朝日新聞』読書欄に書評掲載（野口武彦氏評）

本書の内容

幕末民衆の情報世界

風説留が語るもの

幕末はすでに情報社会だった！外国船来航、災害、戦争、一揆の蜂起。市井の情報人が残したユニークな記録から、幕末日本の姿を明らかにする“情報の社会史”。

落合延孝［著］

（おちあい　のぶたか）

1948年生まれ、東京都立大学大学院人文科学研究科博士課程単位修得。現在、群馬大学社会情報学部教授

定価 2625 円（税込）

四六判・上製・カバー装

230 ページ

ISBN 4-903426-04-1

幕末の日本には、多くの情報が飛びかっていた。外国船の来航、火山の噴火や地震などの災害、幕府と長州との戦争、そして身近に迫る一揆の動き。このようななか、これらの情報を積極的に入手して蓄積し、そこから自らの政治的立場を創りあげていった「情報人」も存在した。そのうちの一人、森村新蔵という一地方役人が書き残した情報集（風説留）を読みながら、国民国家形成へと向かう幕末日本にどのような情報社会が成立していたのかを明らかにする。

本書の内容

もうひとつの明治維新

幕末史の再検討

長州藩「俗論派」、薩摩藩「反討幕派」、中立諸藩、中下層公家…。薩長討幕派中心の歴史ではなく、沈黙させられた勢力などから幕末史を再構築する！

幕末史を考えるとき、もはや薩長両藩を中心にすえて考える時代は去った。複雑な利害関係にある諸政治勢力を、討幕派と佐幕派の二項対立図式で描くことは、もはや許されない。本書は、長州藩内の「俗論派」といわれた人々や薩摩藩内の「反討幕派」、さらに中立諸藩や朝廷内の中下層公家勢力など、これまでの薩長討幕派史観によって光が当てられてこなかった諸勢力をはじめて分析し、新たな幕末維新史を構築する。

家近良樹［編］

（いえちか　よしき）
1950年生まれ、同志社大学大学院文学研究科博士課程単位修得。現在、大阪経済大学経済学部教授

定価 5250円（税込）
A5判・上製・カバー装
270ページ
ISBN 978-4-903426-05-1

2006年12月17日付
『朝日新聞』読書欄に書評掲載
（野口武彦氏評）

本書の内容

序＝幕末維新史の再構築に向けて…家近良樹／長州藩正義派史観の根源—天保改革期の藩内勢力と政治力学—…家近良樹／文久二・三年の尾張藩と中央政局—徳川慶勝・茂徳二頭体制下の尾張藩の政治動向—…藤田英昭／文久三年京都政局と米沢藩の動向…友田昌宏／幕末朝廷における近臣—その政治的活躍のメカニズム—…仙波ひとみ／京よりの政治情報と藩是決定—幕末期鳥取藩池田家の情報収集システム—…笹部昌利／長州再征の目的—慶応二年六月開戦前後の徳川幕府—…久住真也／将軍空位期における「政令一途」体制構築問題と諸侯会議…白石　烈／武力倒幕方針をめぐる薩摩藩内反対派の動向…高橋裕文／あとがき

戦後日本と戦争死者慰霊

シズメとフルイのダイナミズム

慰霊とは何なのか。そして何でありうるのか。
長崎原爆慰霊を通して、死者への向き合い方を問う。
死者と生者の宗教学！〔2007年度国際宗教研究所賞受賞〕

多くの戦争死者に対して、戦後を生きるものたちは、どのように向き合ってきたのか。本書では、兵士だけでなく、原爆・空襲などにより亡くなった人びとを総称して戦争死者と呼び、戦後日本におけるその慰霊のあり方を、「シズメ」と「フルイ」という対概念のダイナミズムのなかから分析。さらに長崎の原爆慰霊を通して、政治レベルでの「顕彰」と「追悼」を争うだけでは済まない、新たな死者への向き合い方を考える。

西村　明［著］

（にしむら　あきら）
1973年生まれ、東京大学大学院人文社会系研究科博士課程単位修得。現在、鹿児島大学法文学部准教授

定価 5250円（税込）
A5判・上製・カバー装
240ページ
ISBN 4-903426-06-8

2007年2月25日付
『朝日新聞』読書欄に書評掲載
（赤澤史朗氏評）

本書の内容

先住民と国民国家 【国際社会と現代史】

中央アメリカのグローバルヒストリー

「敗者」は勝利をもたらすか？　サンディニスタ、サパティスタ、そしてチャベスへ…。国民国家に抑圧されつづけてきた先住民からの問いかけ。

多くの先住民「インディオ」にとって、国民国家とは欧米の価値観や文化を強制する想像上の共同体にすぎなかった。しかしいま、中米では新たな挑戦が始まっている。先住民は国民国家そのものを拒絶するのではなく、むしろみずからその内部へと進入し、その本質を多文化主義的で共生可能なものへと変容させ始めたのである。中米の先住民が歩んできた過酷な歴史をたどりながら、グローバリゼーションの時代を生きる彼／彼女らが私たちに問いかける新しい国家のかたちと、その変革の道について考える。

小澤卓也［著］

（おざわ　たくや）
1966年生まれ、立命館大学大学院文学研究科博士後期課程修了。現在、立命館大学ほか非常勤講師

定価 2520円（税込）
四六判・上製・カバー装
240ページ
ISBN 978-4-903426-07-5

本書の内容

問い直される国民国家―中米からラテンアメリカ、そして世界へ Ⅰ＝上からの国民国家形成と先住民―19世紀後半から20世紀前半（国民化しない先住民／ヨーロッパ的国民国家をめざして／深まる民族対立、迷走する国民化政策／恒常化する国家暴力）Ⅱ＝下からの反米ナショナリズムと先住民―20世紀前半から後半（「国民革命」神話のかげで／アメリカの侵略と反米主義／反米主義からナショナリズムへ／「国民革命」と抵抗する先住民／下からの運動の下で）Ⅲ＝先住民がつくる国民―20世紀後半から現在（国民的主体としての先住民／押しつけられた「混血国民」意識／社会的弱者のための国民国家を求めて／サパティスタ運動の現場から／「敗者」は」勝利をもたらすか？）

植民地朝鮮／帝国日本の文化連環

ナショナリズムと反復する植民地主義

親日ナショナリズム、浪漫主義、東亜協同体論…。総力戦下の植民地・帝国の間で敵対しながらも連環した文化とナショナリズム。今も朝鮮半島に「帝国」の亡霊は徘徊しているのか？

趙 寛 子［著］

（ジョ　グァンジャ）
1964年生まれ、東京大学大学院総合文化研究科博士課程修了、中部大学人文学部准教授

定価 5040 円（税込）
A5判・上製・カバー装
300ページ

ISBN978-4-903426-08-2

「帝国」の知と植民地の知はいかに連環していたのか。日中戦争期に展開された朝鮮知識人の言論・文化活動を中心に、帝国日本と植民地朝鮮のナショナリズムが敵対しながらも絡まりあう現実から、コロニアリズム下の思想運動・歴史認識の構造を分析する。さらに朝鮮半島「解放」後の南北両国家に継承された「帝国の遺産」についても考察。日本・韓国・北朝鮮のナショナリズムを共に批判し、トランスナショナルな空間生成の可能性を問う新たな挑戦。

本書の内容

遊女の社会史

島原・吉原の歴史から植民地「公娼」制まで

日本の「性的奴隷」制の歴史を、遊女・遊廓史から解明する。新しい解釈や新史料を使った、本格的な廓《くるわ》の歴史。

アメリカ下院の「従軍慰安婦」決議に見られるように、世界の視線は日本の「性的奴隷」制に向けられている。そのなかで、「かぶき者」、島原、吉原の歴史からはじまって、植民地「公娼」制までを、周縁民衆史研究の第一人者が書き下ろした力作の歴史書。従来の論争を踏まえ、新史料を発掘し、絵画や写真資料を豊富に掲載。

今西　一［著］

（いまにし　はじめ）
1948年生まれ、立命館大学大学院文学研究科修士課程修了、小樽商科大学商学部教授

定価 2730 円（税込）
四六判・上製・カバー装
280 ページ
ISBN978-4-903426-09-9

本書の内容

満洲国と日本の帝国支配

満洲国とは日本にとっていかなる存在だったのか。朝鮮・日本本国との構造連関から、新たな満洲国像を描き出す。

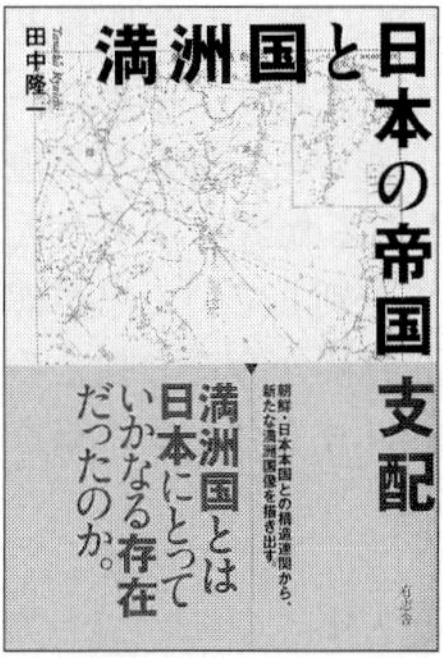

田中隆一［著］

（たなか　りゅういち）
1967年生まれ、大阪大学大学院文学研究科修了、韓国東南保健大学講師

定価 5880 円（税込）
A5 判・上製・カバー装
320 ページ
ISBN978-4-903426-10-5

満洲国とは、帝国日本にとっていかなる存在だったのか。本書は植民地朝鮮との相関関係を中心に、満洲国統治を植民地帝国日本のなかに位置づけ、その構造を明らかにする。日本・韓国・中国における満洲国・植民地研究の最新成果をふまえ、満洲国統治機構の運営実態や権力構造、日本本国・植民地朝鮮との構造連関、そして越境していくヒト・モノ・カネとそれによって変容する中国東北社会の姿などを分析、新たな日本「帝国」像を描き出す。

本書の内容

第１部＝東アジアの歴史認識と満洲国（日本における満洲国研究の動向／韓国における満洲・満洲国研究の動向／中国における満洲時期研究の動向）／第２部＝満洲国統治機構の形成と治外法権撤廃（満洲国における憲法制定問題／満洲国治外法権撤廃と満鉄／満洲国時期の領事館警察と中共満洲省委の都市工作―ハルビンを事例にして―）／第３部＝満洲国期の在満朝鮮人問題（「満洲国民」の創出と在満朝鮮人問題 ―「五族協和」と「内鮮一体」の相剋―／満洲国時期在満朝鮮人の「対日協力」―ハルビンを事例に―／満洲国期朝鮮人の自我意識と日常生活―関東憲兵隊『通信検閲月報』を中心に―）／第４部＝満洲国と朝鮮植民地支配―その構造連関―／満洲国期の満鉄と「日本海ルート」／ 満洲国と帝国日本の異法域統合）／付録／参考文献／あとがき

異教徒から異人種へ

ヨーロッパにとっての中東とユダヤ人

「他者」はどのようにして創られるのか！　中世ヨーロッパの「異教徒」観から、反セム主義（反ユダヤ主義）の登場までを明らかにする。

ヨーロッパ世界にとって、中東世界とはどのようなものだったのか。中世ヨーロッパの「異教徒」観から、やがて人種論が創出され、「内なる他者」ユダヤ人を「異人種」として差別していく思想構造を分析する。欧米世界が今なお抱える中東・ユダヤ人への「まなざし」の原点を問う。

井村行子［著］

（いむら　ゆきこ）
1949年生まれ、東京大学大学院人文科学研究科博士課程中退、都留文科大学非常勤講師

定価 2310円（税込）
四六判・並製・カバー装
200ページ
ISBN978-4-903426-11-2

本書の内容

プロローグ—「異人種」の創造／Ｉ＝異教としてのイスラム（第１章＝コーランのラテン語訳—言葉による改宗の兆し／第２章＝ラモン・リュイ—言葉による改宗／第３章＝ピエール・デュボワ—国家による十字軍—／第４章＝ギヨーム・ポステル—国家による改宗）／Ⅱ＝転換（第５章＝「神の言葉」を求めて—アラブのもう一つの顔／第６章　バロックの退屈—「客観的な学問」の兆し）／Ⅲ＝人種論の生成（第７章＝セム語学の成立—宗教に対する寛容と人種に対する不寛容／第８章＝インドの再発見—インド・ヨーロッパ語学の成立／第９章＝「セム族」の神話—再び敵となったアラブ／第10章　アーリア神話の誕生—人種論の生成）／エピローグ—よりあわされた視線／参考文献／あとがき

ボスニア内戦

【国際社会と現代史】

グローバリゼーションとカオスの民族化

「民族浄化」とは何だったのか？　グローバリゼーション下で起こったジェノサイドの原因を歴史のなかから解明する。

佐原徹哉［著］

（さはら　てつや）
1963年生まれ、東京大学大学院人文科学研究科博士課程中退、明治大学政治経済学部准教授

定価3360円（税込）
四六判・上製・カバー装
450ページ
ISBN978-4-903426-12-9

ボスニア内戦は、1990年代のヨーロッパで「民族浄化」と呼ばれる残虐行為やジェノサイドを現出させた。この内戦の本質は民族の怨念だったのだろうか？　本書は、市民同士が突然「殺し合う」ようになった真の原因が、グローバリゼーションの圧力であったことを、ボスニア社会の構造と歴史から明らかにした。ボスニアで起こったことは、カオス化する現代社会に共通する病理であり、どこでも起こりうるのだ。我々はこの暴力の連鎖をどう断ち切るのか。

本書の内容

イギリス帝国と帝国主義

比較と関係の視座

「帝国史」という試み！
帝国支配の構造と心性とは何か。

かつて地球上の陸地の四分の一を支配したといわれるイギリス帝国。その影は、21 世紀の現在にまでも長くのび、「未完の脱植民地化」という問題を残し続けている。そのイギリス帝国と帝国主義の歴史を、日本帝国とも比較しつつ論じ、「帝国史」の新たな局面をひらく。

木畑洋一［著］

（きばた　よういち）
1946 年生まれ、東京大学大学院博士課程中退、東京大学大学院総合文化研究科教授

定価 2520 円（税込）
四六判・上製・カバー装
270 ページ
ISBN978-4-903426-13-6

本書の内容

＊今後の出版予定（書名は仮題）

武装親衛隊とジェノサイド－暴力装置のメタモルフォーゼー…芝　健介著

戦時体験の記憶文化……滝澤民夫著

自他認識の思想史－日本ナショナリズムの生成と東アジアー……桂島宣弘著

中国抗日戦争史……菊池一隆著

日本近世社会と明治維新……高木不二著

近現代の朝鮮人女性と植民地主義……宋　連　玉著

戦後像を問う……長志珠絵・大門正克編

「村の鎮守」と国家神道……畔上直樹著

暴力と和解の南部アフリカ－植民地主義とその遺産－……永原陽子著

占領空間と戦争の記憶……長　志珠絵著

在日朝鮮人と「祖国」……小林知子著

戦後沖縄における「占領」と「主体性」……若林千代著

明治国家と音楽文化……塚原康子著

創られた“人種”－近代社会のなかの部落差別－……黒川みどり著

近代日本軍用墓地の研究……原田敬一著

軍事占領とジェンダー－占領下日本における米軍と買売春－……平井和子著

海外引揚げ－戦後日本の異相－……加藤聖文著

ベトナム人民軍の現代史……小高　泰著

戦後の教育経験……大門正克著

帝国の思考－植民地主義と台湾原住民－……松田京子著

植民地朝鮮の警察と民衆世界　1894－1919……愼　蒼　宇著

華　族　論……後藤致人著

男性フェミニストの系譜……天野正子著

＊書店様へ

●当社の主な契約取次店は、JRC（人文・社会科学書流通センター）です。
また、八木書店とも契約しています。

●ただ、お客様からのご注文には柔軟に対応致します。

小社は、大手の取次店とは直接契約していませんが、在庫品はトーハン・日販含め、どの取次店経由でも出荷できます。

直接小社へご注文ください。

JRC→鍬谷書店→貴店帳合の取次店、のルートで送品いたします（貴店帳合取次店への搬入は、受注日から3〜4営業日後となります）。

なお、八木書店からの送品をご希望の書店様は、その旨を当社へお伝えいただくか、直接八木書店までご注文下さい。

●取次店連絡先

JRC（人文・社会科学書流通センター）

電話：03-5283-2230　FAX：03-3294-2177　メール：info@jrc-book.com

八木書店

電話：03-3291-2968 FAX：03-3291-2962　メール：dist@books-yagi.co.jp

●お問い合わせは、有志舎　担当：永滝(ながたき)まで

電話：03-3511-6085　FAX：03-3511-8484

＊読者の皆様へ（書籍のご購入にあたって）

●小社の出版物は、最寄りの書店でお求めになれます。店頭に見当らない場合は、書店にご注文ください。どの書店からでもご注文可能です。

●ただ、小社が大手の取次店（いわゆる問屋のようなものです）と契約していないため、ご注文の際にお店の方が、「取り寄せできません」とおっしゃる事がありますが、その時はその書店の方から小社宛てにお電話を入れていただいて下さい。小社から直接、書店の方にご説明いたします。

●お急ぎのお客様へは、直送のご注文も承っております。お手数ですがＦＡＸ、または電子メールにて小社宛てお申し込みください。原則としてヤマト運輸のメール便でお送りしますので、送料はどの本でも１冊80円です。

●メール便は、郵便のように、ご家庭のポストへ届けさせていただくもので、受け取りのサインは必要なく、ご不在時でも荷物が届きます。ただし、到着日・曜日などの指定はできません。ご了承願います。

●商品と一緒に、納品書兼請求書・郵便振替用紙（振込手数料は当方負担）をお送りしますので、商品が届き次第お振込みをお願いします。

●ご注文点数・冊数が多い場合には、お客様のご了承をいただいたうえで、ヤマト運輸の代金引換便（コレクト）にてお送りさせていただく場合もあります。

※一度に２冊以上をご購入の際の送料に関しては、あらかじめ小社へお問い合わせください。

●ご購入申し込み先

FAX：03-3511-8484

メール：yushisha@fork.ocn.ne.jp

※ご注文の際には、

ご注文書名・冊数・お名前・ご住所・お電話番号を忘れずにご記入ください。

なお、ご記入いただいた購入者情報は、ご注文いただいた書籍の発送、お支払い確認などの連絡、及び小社の新刊案内送付のために利用し、その目的以外での利用はいたしません。また、ご記入いただいた購入者情報に変更が生じた場合は、小社までご連絡ください。

有限会社
有志舎

〒101-0051　東京都千代田区神田神保町 3-10、宝栄ビル 403
TEL：03-3511-6085　FAX：03-3511-8484
E-mail：yushisha@fork.ocn.ne.jp

有志舎のホームページ
http://www18.ocn.ne.jp/~yushisha

デザイン：古川文夫